LE
SÉNÉGAL.

FAUTES

A CORRIGER AVANT LA LECTURE.

Pag.	lig.	Au lieu de :	lisez :
100	20	homme soupçonné	homme est soupçonné
169	10	leurs ombilics	leurs masses placentaires
203	23	plions-là	plions la
234	23	flame..ts	filaments
309	21	qui la soutient	qui les soutient
328	21	de la boue la	de la houe la

LE
SÉNÉGAL

ÉTUDE INTIME

PAR LE Dr F. RICARD.

> Le Sénégal se présente à nous non seulement comme
> colonie d'un immédiat avenir, mais encore comme la clé
> de la colonisation française.
>
> (DE L'OUVRAGE. Préambule.)

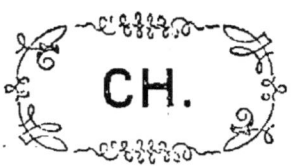

PARIS

CHALAMEL AINÉ, ÉDITEUR,

LIBRAIRE POUR LES COLONIES, LA MARINE ET L'ORIENT,

30, RUE DES BOULANGERS.

1865

GÉNÉRALITÉS SUR LES COLONIES.

Avant de chercher à résoudre les questions coloniales aujourd'hui si compliquées, il faudrait préciser les avantages que les nations européennes sont en droit d'attendre de leurs colonies.

Le problème colonial s'est trouvé presque interverti par les progrès de la science dans ces derniers temps ; et les raisons qui, aujourd'hui, engagent les métropoles à conserver leurs colonies, sont bien différentes de celles qui les ont poussées autrefois à les fonder ou à les acquérir.

L'application de la vapeur à la navigation au point de vue matériel et au point de vue moral, les tendances économiques modernes, ont profondément modifié la raison d'avoir des possessions outre-mer.

En présence du développement de la marine marchande des Etats-Unis, qui n'ont pas de colonies, il est difficile de continuer à faire dépendre d'une manière trop absolue notre navigation commerciale de l'existence de nos établissements coloniaux.

Avant d'attribuer à notre développement extrà-européen, une trop grande part dans l'extension de notre marine militaire, il faut prendre garde au cercle vicieux, de la nécessité réciproque des colonies pour s'assurer une force maritime imposante et de cette force maritime pour défendre les colonies.

Les pays privés de colonies ne paient pas plus cher que les autres, les productions coloniales : le café, le cacao, le coton, etc.

Il est inutile de demander aux possessions d'outre-mer des revenus directs. C'est indirectement en cherchant la prospérité de ses colonies que la Hollande a trouvé du bénéfice à leur possession. Parmi les métropoles qui conservent un régime colonial, l'Espagne seule possède des colonies à revenus, mais ce résultat n'est obtenu qu'au détriment de l'intérêt et du développement de ces colonies et par la conservation d'une institution dangereuse, l'esclavage. On doute que l'Espagne puisse se maintenir longtemps en possession de Cuba sans renoncer à détourner de la prospérité de la reine des Antilles, la plus grande partie des revenus de cette île.

Il est donc impossible d'affirmer que des colonies puissent être une cause absolue : 1º du développement des marines marchande et militaire; 2º d'une augmentation de revenus; 3º d'une plus grande abondance à meilleur marché des produits coloniaux.

Ces avantages sont procurés non par une occupation de colonies, mais par la possession de colonies prospères.

Les idées modernes d'économie politique ne permettent guère à un pays de considérer une fraction de son territoire comme une source légitime de revenus directs. L'équilibre du budget général doit être obtenu par la somme des budgets locaux équilibrés.

Quand une nation fait des sacrifices pour une partie déshéritée de son territoire, c'est toujours en vue de l'intérêt général ; intérêt physique lorsqu'elle accroît par des travaux appropriés, la valeur d'un sol improductif ; intérêt moral lorsqu'elle n'épargne rien pour le défendre.

Quand des lois inspirées par des vues étroites tiennent une partie d'un pays sous l'exploitation de l'autre, le pays entier subit un tiraillement funeste qui appelle une solution violente.

Si la fraction exploitée est considérable et énergique, rien ne peut s'opposer à sa séparation dans un prochain avenir. C'est ainsi qu'à l'Angleterre ont échappé les Etats-Unis ; que l'Espagne et le Portugal ont perdu les autres états indépendants de l'Améque. Ainsi le Sud des Etats-Unis fait pour se séparer du Nord un effort suprême qui n'est que le premier pas du fractionnement économique sinon politique de la grande République Américaine.

Quand les colonies ne sont pas assez fortes pour secouer le joug, elles dépérissent de langueur comme l'esclave surchargé de travail. L'un et l'autre succombent si le maître ne devient humain ou politique par intérêt.

Les métropoles ne doivent compter sur leurs colonies que pour les avantages indirects qu'elles en retirent. Ces avantages sont légitimes parce qu'étant liés au développement de la richesse coloniale, ils donnent des profits réciproques. Ceux qu'en retire la métropole sont supérieurs aux fruits d'une exploitation injuste.

Aujourd'hui que le Canada est traité équitablement, cette colonie est plus productive pour la Grande-Bretagne qu'au temps où sa métropole lui demandait des revenus directs et où son essor était comprimé par des lois restrictives du commerce et de la liberté,

Au point de vue pratique, il serait inutile de rechercher si les colonies de la France lui sont avantageuses : elles sont unies à la métropole par le lien du fait et celle-ci ne peut ni exploiter celles qui sont une source de revenus indirects, ni répudier celles qui lui seraient à charge.

On a trop de tendance à considérer les colonies comme devant donner des résultats spéciaux et à vouloir subordonner un régime colonial à ces spécialités.

Mais les productions des départements du Midi de la France sont différentes des productions des départements septentrionaux ; les productions des pays de plaine sont différentes de celles des pays de montagnes ; celles du littoral différentes de celles de l'intérieur.

Pour la défense du pays, chaque contrée produit des hommes d'aptitudes diverses. Les côtes fournissent des marins, les montagnards deviennent tirailleurs, les plaines élèvent des cavaliers. A-t-on songé pour cela à soumettre chacune de ces contrées à un régime particulier ?

On a reconnu que chaque pays fournit en autant plus grande abondance ses productions spéciales, qu'il est donné à son activité générale un plus libre essor.

De l'influence incontestable des colonies sur le développement de la marine et de l'industrie nationales, on s'est trouvé porté à ne vouloir faire aux colonies presque rien pour les colonies elles-mêmes, presque tout pour un de ces *desiderata* métropolitains.

Malgré les sacrifices faits en faveur des colonies dans une intention métropolitaine, la prospérité coloniale n'a pas fait des progrès en rapport avec les dépenses et les efforts de la métropole.

On est trop porté à rendre les possessions coloniales responsables de toutes les crises que devraient atténuer des colonies en voie de prospérité. Le commerce maritime vient-il à languir ? La guerre d'Amérique a-t-elle privé nos fabriques du coton qui les alimentait ? En présence de toutes ces difficultés, l'attention publique se porte vers les colonies, mais pour demander à quoi elles servent.

Sans doute nos possessions peuvent aider au développement et au soutien de notre marine marchande. Elles sont capables de fournir à nos manufactures un supplément de coton propre à atténuer la crise que traverse notre industrie des tissus ; mais c'est à condition qu'on ne demandera impérieusement à nos colonies ni frets pour nos navires, ni coton pour nos fabriques.

Quand un agriculteur veut faire rendre à un troupeau de brebis une grande quantité de fumier actif, il les nourrit bien ; s'il veut en retirer du laitage gras et abondant, il les nourrit bien ; s'il veut de la laine lourde fine et bien tassée, il les nourrit bien. C'est une solution bien simple pour des exigences si complexes. Tel est le cas des colonies.

Recherchons la prospérité des colonies pour elles-mêmes et les produits et les avantages coloniaux nous seront donnés par surcroît.

Etudions leurs intérêts propres, ne les poussons pas à sacrifier aux profits transitoires et incertains du commerce d'échange et de cultures industrielles trop spéciales les avantages définitifs et réguliers d'une saine agriculture.

Seule, l'agriculture normale favorise l'accroissement de la population dont le travail fournit les matières premières, frets de nos navires et aliments de nos fabriques et dont la consommation écoule les produits de nos manufactures.

Ne nous inquiétons pas de la nature des productions de nos possessions d'outre-mer. Leur activité étant excitée, colonies, elles ne peuvent que nous donner des produits coloniaux. Mais ce résultat ne sera obtenu qu'après la satisfaction de leurs intérêts économiques propres. Par la faute de notre impatience à ne pas attendre que cette condition soit remplie, nos colonies sont restées peu productives.

Les colonies de la France ne sauraient lui être à charge. Des contrées aussi favorisées par la nature, ne peuvent que dédommager la métropole des dépenses faites réellement pour elles-mêmes. Il faut reconnaître que la plupart des dépenses faites aux colonies servent des intérêts purement métropolitains. Un membre du Parlement anglais accusait le gouvernement britannique de regarder les colonies comme des prétextes à emplois.

Chez nous ce reproche ne serait pas fondé. Mais puisque la France considère ses colonies comme faisant partie de son territoire, elle tient à honneur de les mettre hors de l'atteinte des ennemis qu'elle pourrait avoir. Les colonies sont une occasion de dépenses militaires onéreuses pour leur métropole, sans profit pour les possessions d'outre-mer. Celles-ci n'auraient pas besoin de travaux de défense, si pays neutres, elles se trouvaient en dehors de toute hostilité.

Nous avons vu que la raison d'être des colonies a bien changé avec le temps par le fait de l'application de la vapeur à la navigation et par les progrès de la science économique.

Ne pourrait-on pas trouver pour défendre nos dépendances coloniales, des moyens plus en harmonie avec la tactique et l'économie militaire modernes?

L'importance des colonies pour les métropoles a bien diminué depuis nos grandes guerres maritimes. Croit-on qu'une partie belligérante puisse tenir beaucoup à occuper des colonies qu'il lui faudrait peut-être rendre à la paix ou dont la possession ne lui serait que d'un avantage limité : lorsque pour ce résultat précaire, il lui faudrait amoindrir les forces qui doivent frapper le coup décisif?

Si une colonie était considérée comme point stratégique, sa défense n'en paraîtrait-elle pas mieux assurée par des garnisons et des flottes de secours que par une accumulation d'ouvrages permanents ? Quelles forteresses valent pour la défense d'une colonie, une population nombreuse, aisée et dévouée à sa métropole ?

D'après ces considérations n'y aurait-il pas avantage à tourner les dépenses des colonies vers leur prospérité propre et à les employer, plutôt qu'à des fortifications qui coûtent, à augmenter la matière imposable, la population qui rend pendant la paix et constitue la plus sûre défense pendant la guerre ?

Telles quelles, les colonies sont encore avantageuses à la France. En suivant dans sa circulation l'argent dépensé à propos des colonies, on verrait que le commerce métropolitain en reçoit une influence suffisante. Que serait-ce si nos colonies étaient plus prospères ?

Les colonies françaises peuvent être divisées en deux catégories : 1.º les colonies assez peuplées ou dont le peuplement peut s'effectuer en favorisant le rapprochement de populations disséminées : toutes dépendent de l'ancien continent, elles sont africaines ou asiatiques. Ce sont : le Sénégal, la Cochinchine et Madagascar.

La Réunion, d'un côté, île éloignée des terres, et d'un autre, dépendance de l'ancien continent, se présente comme transition entre les deux catégories. Le travail y est assuré par un mouvement régulier de coolies.

2° A la seconde catégorie appartiennent nos colonies du Nouveau-Monde. Elles ne peuvent être peuplées que par l'accroissement de la population, moyen lent, ou par l'immigration.

L'ancien continent doit repeupler le nouveau. Les résultats miraculeux obtenus par l'immigration européenne dans les contrées tempérées présagent des effets analogues de l'immigration africaine dans les contrées chaudes de l'Amérique.

Le continent africain n'est guère peuplé, il ne faudrait pas compter sur un excédant de sa population pour les colonies d'Amérique ; mais on pourrait en rendre la répartition plus favorable aux intérêts européens.

Une activité plus grande donnée à l'agriculture et au commerce sur divers points de la côte occidentale d'Afrique, exercerait une attraction puissante sur les peuples prompts à se déplacer de l'intérieur.

Une fois en mouvement, le flot de la population aurait de la peine à refluer. Plusieurs Africains poussés par l'esprit d'aventure et par la perspective d'avantages sérieux, se décideraient facilement à traverser l'Atlantique.

Les populations européennes ont été poussées à l'émigration par le miroitement des pays à or. Les noirs de l'Afrique occidentale jugent tout avec la passion agricole ; ils savent ce que vaut à ce point de vue une contrée aurifère ; ils sauront apprécier dans les Antilles, un sol riche fertilisé par des pluies abondantes. Le moment peut arriver où le noir africain libre se décidera à aller cultiver des terres dans nos Antilles, mais à son compte, comme les Allemands dans l'Amérique du nord.

Parmi les colonies faciles à peupler, le Sénégal est la plus ancienne, la plus rapprochée ; c'est celle dont l'importance commerciale actuelle est la plus solide. Si on trouvait le moyen d'augmenter sa production on serait sur la voie de ce qu'il convient de faire pour les colonies de même nature : la Cochinchine à peine, Madagascar encore peu occupés.

De toutes nos possessions, le Sénégal est : la plus simple à rendre productive ; la plus prête pour une expérience utile à toutes les colonies faciles à peupler; celle enfin dont la prospérité doit amener le repeuplement normal de nos colonies d'Amérique. *A tous ces titres, le Sénégal se présente à nous non seulement comme la colonie d'un immédiat avenir, mais encore comme la clef de la colonisation française.*

On reconnaîtra plus loin que tout, jusqu'à l'inclémence d'une température brûlante, concourt à faire du Sénégal le champ de colonisation le plus favorable à la production industrielle.

L'importance du Sénégal est manifeste. Le Gouvernement ne laisse passer aucune occasion de montrer l'intérêt qu'il porte à cette colonie. C'est pour servir cet intérêt que je publie cette étude.

PRÉAMBULE.

Le P. Labat nous a initié à la Sénégambie, du temps de la Compagnie des Indes. Le Sénégal actuel est connu au point de vue de la navigation et du commerce par un ouvrage de M. Bouët-Willaumez ; au point de vue historique et ethnologique par les divers *Annuaires* de M. Faidherbe ; dans ses *Esquisses*, l'abbé Boilat, indigène lui-même, nous présente les mœurs extérieures des indigènes du Sénégal. Plusieurs articles sur divers points de la côte occidentale d'Afrique ont été publiés dans les journaux et les revues. *De la Sénégambie* par MM. Paul Holl et Carrère est l'ouvrage classique et didactique du Sénégal.

Mon travail ne fera double emploi avec aucun de ceux qui traitent le même sujet. Je veux faire connaître les ressources que le Sénégal peut mettre au service d'une exploitation sérieuse et indiquer le moyen de les utiliser.

Pour la première partie de mon œuvre, je me servirai de mon observation personnelle des hommes et des choses, je me contenterai d'indiquer les faits généralement connus et j'insisterai sur les détails intimes les plus propres à montrer le pays sous son jour particulier. Je m'efforcerai en un mot, d'inculquer la connaissance du Sénégal, non par démonstration, mais par voie de sensation.

Quoique la plupart des faits que je raconterai n'aient jamais été publiés et que plusieurs d'entr'eux soient peu connus, ils sont tous d'une vérification facile, ils se rapportent au temps présent. Si je me permets une incursion dans le passé, dédaignant les lueurs incertaines de la tradition, je procèderai à la façon des géologues ; je reconstruirai les révolutions accomplies suivant ma connaissance des mœurs actuelles, par les traces qu'elles ont laissées dans le présent.

Je laisserai découler des faits observés mes appréciations, sans leur attribuer moi-même une grande importance. Je n'ai pas le loisir de les défendre, je les sais toutes très-attaquables en particulier ; je compte sur leur ensemble pour donner à réfléchir aux personnes qui s'intéressent aux Colonies en général, au Sénégal surtout.

Il ne faut pas être étonné si mon Sénégal n'est pas identique à celui des autres. Le paysage change bien avec le point de vue. Je dois à une disposition d'esprit particulière et à des positions exceptionnelles d'avoir vu différemment.

Pour juger des effets du contact de notre civilisation sur les peuples noirs, je me suis fait nègre ; notre administration, je me suis fait administré ; la manière dont l'homme nu ressent les influences physiques et morales, je me suis dépouillé ; le terrain, je l'ai cultivé ; les hommes, je les ai fréquentés.......

J'ai cru reconnaître que rien dans l'organisation civile, politique, religieuse et sociale des peuples du Sénégal, ne s'opposait à leurs progrès matériels. Cette conviction est-elle le résultat de mes observations, ou ai-je étudié le pays sous l'obsession de cette idée préconçue ? Je ne suis pas mon juge.

Dans un pays où se parlent tant de langues diverses, mon observation personnelle eût laissé inexplorés des détails intéressants, si je n'avais eu la bonne fortune de rencontrer des observateurs connaissant parfaitement diverses langues de la côte d'Afrique. Grâce à eux, j'ai pu saisir les nuances importantes de faits autrement dénués d'intérêt.

Parmi les personnes dont j'ai mis à contribution les connaissances approfondies, je citerai particulièrement le P. Lossedat et M. Girardot.

Le P. Lossedat, missionnaire du St-Esprit, aujourd'hui curé de Gorée, a été longtemps supérieur et économe de la mission catholique du Gabon. L'amiral Pénaud, quand il commandait la station des côtes occidentales d'Afrique, a eu plus d'une fois recours à sa connaissance parfaite des mœurs du Gabon et des délicatesses de la langue 'mpongoé.

En étudiant à fond les mœurs des Noirs du Gabon avec le secours de l'interprétation toujours juste du P. Lossedat, j'ai appris à juger les intérêts des peuples à la mesure de leurs besoins sans me laisser égarer par des idées développées en d'autres lieux sous d'autres mœurs.

Le supérieur de la mission du Saint-Esprit demanda au P. Lossedat d'écrire sur le Gabon pour les *Annales de la Propagation de la Foi*. Le P. Lossedat fit quelques efforts pour satisfaire au désir de son supérieur. Découragé, il lui répondit que : dans les deux premières années de son séjour au Gabon, tout l'intéressait et l'étonnait, il se promettait bien d'écrire sur le pays dès qu'il le connaîtrait mieux. Depuis, il s'était tellement habitué à la manière d'être de ces peuples, qu'il ne saurait plus distinguer ce qui, dans leurs actes ou dans leurs mœurs, pourrait intéresser ou étonner un lecteur européen.

Je me suis laissé aller à rapporter cette manière de voir du père Lossedat, confirmée par l'expérience de tous ceux qui ont vécu dans les pays étrangers. Doive le lecteur me reprocher de ne pas connaître à fond mon sujet, si je parviens à l'y intéresser.

M. Girardot est un indigène du Sénégal, il a été élevé en France à l'école des arts et métiers de Châlons ; il est actuellement conducteur des Ponts-et-Chaussées au Sénégal. M. Girardot se recommande par sa connaissance de la langue Poul et de la politique et des mœurs du Haut-Pays.

Sous son prénom Ferdi (abrégé de Ferdinand), il est populaire sur les rives du Sénégal et de la Falémé, à la hauteur de Médine, Senoudébou, Kéniéba, les deux Farabana. Il a été mêlé à la politique du Haut-Pays, à l'époque la plus difficile, celle de l'invasion d'Alagui.

M. Girardot est resté très-longtemps dans ces contrées, soit comme chargé des travaux, soit comme commandant de poste. Lorsque Kéniéba dans le Bambouk a été occupé pour la recherche de l'or, le Gouverneur du Sénégal a mis M. Girardot à la disposition de l'Exploitation. Il a encore été laissé sur les bords de la Falémé, pour faciliter les relations avec les peuples dans les dernières explorations qu'on a voulu faire avant de renoncer tout-à-fait à la recherche de l'or. C'est dans cette dernière position que je l'ai connu.

M. Girardot a vécu dans le Haut-Pays au temps de sa prospérité agricole. Nous lui devons de connaître la castration des citrouilles usitée chez les Bambaras et que je décrirai à sa place.

J'avais décidé M. Girardot à demander au gouverneur de parcourir, pour l'étudier, la ligne de partage des eaux du Sénégal et de la Gambie. On verra plus loin quel intérêt j'attachais à ce voyage qui n'a pas été fait.

Cette courte digression sur les deux personnes dont j'ai mis à contribution la connaissance approfondie des langues et des mœurs des peuples de la côte d'Afrique, n'est pas perdue pour le sujet général, mais elle m'a détourné du préambule ; ma dette de reconnaissance acquittée, j'y reviens.

J'aurai quelque embarras pour faire apprécier, dans une langue qui repousse le mot approprié, par des lecteurs couverts jusqu'au bout des ongles, les mœurs de peuples peu vêtus et dont le langage est plus nu encore. Je ne me flatte pas de pouvoir maintenir mon instrument au point juste où la lumière éclaire l'objet observé sans blesser la vue de l'observateur, d'autant plus que ce point varie avec les individus.

Ce travail n'est la critique ni d'une politique ni d'une administration. Mon appréciation de la société sénégalaise est très-différente de celle qui a cours, le moyen que je propose est très-différent de ceux mis en œuvre ; les deux systèmes dans leur théorie et leur pratique sont trop dissemblables pour se prêter à une comparaison. Bien plus, le moyen de transformation du Sénégal que j'indique peut fonctionner parallèlement au système actuel sans en être gêné.

Mon œuvre comporte deux divisions :

1° L'Etude du Sénégal ;

2° Le Moyen colonisateur.

Pour mettre quelque clarté dans les faits que je rapporte à l'*Etude du Sénégal*, je les répartirai dans deux subdivisions :

1° Le Sénégal naturel *ou* les Etats indépendants.

Sous les trois titres : LES CHOSES, LES HOMMES et LE TRAVAIL, je grouperai les notions utiles sur les Etats indépendants du Sénégal.

Dans les *Choses*, je comprends la terre, les eaux et l'atmosphère ; le fleuve, ses débordements ; les terrains, la topographie et la géologie générales ; les saisons, les pluies ; les richesses naturelles, minérales, végétales, animales.

Sous le titre : *Les Hommes*, j'apprécierai la constitution politique, religieuse, civile, sociale.

Dans le *Travail*, on verra l'homme modifiant les choses. Les animaux y seront des troupeaux, les terrains seront des champs, des jardins. Nous y étudierons les aliments et toutes les industries qui mettent en œuvre les produits des troupeaux et des cultures.

2º Le Sénégal modifié *ou* les agents civilisateurs, les données colonisatrices.

Dans cette partie je parlerai des missions, de l'armée, de la politique, du commerce des villes et des villages soumis à la loi française, des diverses cultures propres aux pays intertropicaux : la canne à sucre, le tabac, le coton, le café, l'arachide ; et des moyens matériels de colonisation : les routes et les canaux.

Les développements donnés dans cette PREMIÈRE DIVISION me permettront d'exposer dans la SECONDE, le moyen de colonisation que je propose, sans avoir besoin d'indiquer les raisons qui m'ont engagé à suivre, dans les détails, une conduite plutôt qu'une autre.

ÉTUDE

DU SÉNÉGAL.

LES ETATS INDÉPENDANTS.

LES CHOSES.

A propos du Sénégal, ce n'est pas sans raison qu'on a adopté, pour désigner le pays, le même nom qu'on avait attribué au fleuve. Il nous suffit de parler du fleuve pour faire comprendre le pays.

Dans la partie inférieure de son cours, le Sénégal offre une différence de niveau si faible, que dans les basses eaux le mouvement des marées se fait sentir jusqu'à Podor (à environ 140 milles marins de l'embouchure) et la salure de l'eau plus haut que Richard-Toll (à plus de 80 milles marins). Cette partie est accessible toute l'année aux bâtiments de rivière.

Plus on remonte dans le fleuve, plus on trouve le courant rapide dans les hautes eaux, et plus tranchées les différences de niveau.

Dans les basses eaux, le haut-fleuve consiste en bassins navigables aux embarcations, séparés par des obstacles à la navigation. En bas, ces obstacles sont des plans inclinés qu'on peut faire franchir à des chalans, en les traînant sur les galets du lit du fleuve, ou sur des rouleaux. Plus haut, ces plans inclinés se changent en cataractes qui opposent à la navigation une barrière infranchissable.

Les postes du Sénégal sont divisés en ceux du Bas et ceux du Haut-Pays, suivant qu'on peut ou non les approvisionner toute l'année par les bateaux à vapeur du fleuve. J'adopterai une division plus favorable à l'exposé des faits concernant : la géodésie, la géologie, la navigation, l'agriculture. J'appellerai : Bas-Sénégal, la partie du fleuve toujours accessible aux bâtiments; Moyen-Sénégal, la partie de son cours coupée par des rapides; je réserverai le nom de Haut-Sénégal à la partie interceptée par les cataractes.

Etendant le même nom aux pays arrosés et inondés par ces différentes divisions du fleuve, je dirai :

Le Bas-Sénégal est un pays d'alluvion formant une immense plaine bornée et coupée par de faibles élévations dont le squelette est un amas de pierres ferrugineuses arrondies, liées par un argilo-sable roux. Le terrain cultivable de ces terres est assez fertile, quoique de consistance sablonneuse.

Dans le Moyen-Sénégal, ou pays à rapides, les hauteurs sont plus multipliées, plus considérables, mais toujours arrondies ; les plaines sont moins étendues. La carcasse des élévations est formée par des pierres ferrugineuses plus abondantes et par des affleurements de roches schisteuses ; la terre cultivable offre plus de ténacité.

Le Haut-Sénégal, ou pays à cataractes, ressemble à tous les pays de montagnes formés de terrains primitifs. Des pierres ferrugineuses, on arrive au minerai de fer. Les couches de schiste sont plus nombreuses, plus puissantes, elles sont entremêlées de quartz, et le tout repose sur la roche granitique. Le terrain à culture est variable, suivant qu'il est considéré dans les vallées ou sur les flancs des coteaux ; il est généralement fertile et tenace.

Le débordement du fleuve se comporte différemment dans les trois régions dont je viens d'esquisser la géographie physique.

Dans le Haut-Sénégal, l'inondation n'offre pas le caractère d'unité qui la distinguera vers le bas du fleuve. Elle se compose de crues d'eau, correspondant à chaque recrudescence de pluies, suivies de baisses dans les moments de répit. Le voisinage d'une cataracte favorise l'écoulement dans le bief inférieur, de l'eau tombée dans le bassin supérieur. Chaque fois le niveau baisse jusqu'à une hauteur, au dessus du seuil de la cataracte, variable suivant le plus ou moins de temps qu'il reste sans pleuvoir.

Dans le Haut-Pays comme dans tous les pays de montagne, la moindre pluie remplit les torrents, mais en peu d'heures de beau temps, ils sont à sec. Quand dans une excursion dans cette contrée, on rencontre après une forte pluie, un rapide cours d'eau, le plus sage et le plus court est d'attendre que l'eau se soit écoulée.

Dans le Bas-Sénégal, l'inondation affecte une marche régulière. La crue n'a pas de retour, elle va en augmentant progressivement dès les 15 jours environ qui suivent les premières pluies. Plus tard, l'augmentation va se ralentissant jusqu'à ce que la crue arrive à sa plus grande hauteur, où elle reste 5 ou 6 jours stationnaire. Le mouvement de descente est plus rapide que celui de la crue. Il est précipité au commencement et activé par les vents brûlants et secs de la direction de l'Est. Ensuite, la baisse s'effectue plus lentement et aussi d'une manière presque insensible jusqu'à l'époque des pluies.

En remontant dans le fleuve, on trouve que le mouvement de crue se compose de mouvements oscillatoires de hausse et de baisse partielles toujours plus accusés, sans altérer le caractère progressif de l'accroissement général du niveau des eaux.

La plus grande hauteur à laquelle arrive l'inondation, va en augmentant depuis l'embouchure où elle ne s'élève guère à plus de 1 mètre au-dessus de la haute mer, jusqu'aux premières cataractes où elle peut atteindre la hauteur de 12 mètres.

L'inondation gagne en étendue dans le Bas-Sénégal ce qu'elle perd en hauteur.

D'une année à l'autre, le niveau du débordement varie, au point que dans les années d'inondation, les bateaux à vapeur peuvent naviguer à travers des plaines, que l'eau du fleuve n'atteint pas dans les années ordinaires. Quoique les grands débordements du fleuve ne soient pas soumis à des retours bien réguliers, on s'attend à une inondation tous les quatre ans.

Quelques habitants du pays croient pouvoir indiquer la hauteur à laquelle le fleuve atteindra, d'après la position des nids de certains oiseaux sur les rives. Des pêcheurs donnent comme présage d'inondation la rencontre de certains poissons à une certaine époque. Mais les noirs sont intéressés pour leurs cultures à prévoir la marche de l'inondation; ils auraient égard à ces signes s'ils leur reconnaissaient une valeur quelconque.

Les affluents du Sénégal appelés Marigots (1),

---

(1) On donne aussi ce nom à certains bras du fleuve. Le Marigot de Douai est le bras qui sépare de la rive gauche, l'île à Morfil.

sont des canaux par lesquels le fleuve remplit les plaines basses et des lacs plus ou moins étendus. Par ces mêmes marigots, l'eau accumulée dans les terres basses et les lacs intérieurs, rentre dans le fleuve dès que la baisse commence à se prononcer.

Ces lacs et ces marigots apportent dans le régime du fleuve une régularité favorable à la navigation. En détournant une partie des eaux pendant la crue, ils ralentissent le courant, et en restituant au fleuve les eaux qu'ils avaient tenues en réserve, ils amortissent le mouvement de baisse pendant la sécheresse.

Le lac de Panié-Foul sur la rive gauche, sur la rive droite le lac Cayar, et sur les deux rives, des plaines très-étendues, demanderaient peu de chose à la main de l'homme pour remplir utilement les fonctions qu'on attribue au lac Mæris dans l'Egypte Ancienne.

L'esquisse que j'ai tracée du cours et des débordements du Sénégal donne une idée de la Gambie et des contrées qu'elle traverse. La Basse-Gambie s'étend plus avant dans le Haut-Pays, que le Bas-Sénégal et la partie du fleuve anglais navigable en toute saison, est plus voisine de notre établissement de Sénoudébou que la partie analogue du fleuve français.

Il serait très-intéressant de connaître la ligne de partage des deux fleuves. Faute de données positives, j'imagine qu'elle est formée par une succession de faîtes, de monticules arrondis se déprimant d'autant plus qu'on les imagine plus loin des cataractes et plus près des terrains d'alluvion. La ligne de faîte se relève vers la côte pour former les hauteurs du cap Vert. Au point le plus bas de cette ligne, trouvera-t-on une brèche par laquelle les deux fleuves communiquent entr'eux dans les hautes eaux ? ou plutôt existe-t-il une vallée intermédiaire sans issue dont le thalweg serait une succession de lacs ou de marais qui conserveraient leur eau assez avant pendant la saison sèche ?

Ces suppositions ne tiendraient pas devant le moindre fait positif, et j'engageai M. Girardot à demander de faire le voyage par terre de Sénoudébou à Saint-Louis.

Il est étonnant que nous connaissions si peu le pays qui sépare le Sénégal de la Gambie. On se trouve entraîné à favoriser plutôt les voyages plus difficiles, et dont les résultats sont plus éloignés et plus incertains. On donne surtout la préférence aux explorations qui ont la vogue du moment : aux cataractes du Sénégal ; à ses origines bleues, rouges, blanches, (les sources du Sénégal ont la même désignation que celles du Nil,) au Fouta-Djalon, à Tombouktou surtout ! Il est vrai que la Gambie appartient aux Anglais, on peut vouloir éviter un voisinage qui ne serait pas sans inconvénients.

J'exposai à M. Girardot les raisons suivantes qui me faisaient attacher une grande importance à ce voyage.

Le chemin à parcourir n'est pas long, 100 lieues marines en ligne droite ; il ne s'y trouve en fait d'obstacles, ni monts, ni fleuves ; ce pays est bien caractérisé sur la carte la plus récente et la plus soignée : *désert et sans eau*, mais jusqu'à démonstration, je préférerais m'en tenir aux hypothèses de géographie physique que j'ai énumérées et aux réflexions suivantes.

Les Maures dans leurs excursions sur la rive gauche du Sénégal ont l'habitude d'épargner leurs voisins ; s'ils trouvent un appui dans les populations du Valo et du Fouta, auxquelles seules nous avons affaire, c'est qu'ils connaissent dans l'intérieur une matière à razzia.

J'ai de la peine à admettre de grandes accumulations d'hommes, en un point quelconque de l'Afrique ; mais j'ai plus de peine encore à croire, qu'une grande étendue de terre cultivable ou pâturable, y soit absolument inhabitée.

Les Anglais font dans la Gambie un commerce important d'arachides et de peaux, j'étais en droit de présumer que la rive droite de la Gambie entrait pour quelque chose dans cette production.

Ce chemin est la voie naturelle d'un canal de navigation ou au moins d'irrigation. C'est le seul champ à donner à des cultures d'exemple, qui n'apportent dans le pays aucun trouble politique ou économique, ainsi que je l'établirai plus loin.

Un jour on vint avertir M. Girardot qu'un noir de l'intérieur était dans le village de Sénoudébou et qu'il désirait le voir.

C'était le fils du chef de Nyam. Il nous dit que son village, habité par des Peuls pasteurs, était situé à égale distance de la Gambie et du Sénégal, par le travers de Matam ; son père et ses sujets faisaient, par la Gambie, un commerce important d'arachides et de peaux ; ils iraient bien à Matam s'ils n'en étaient détournés par les Toucouleurs ; dans son pays, il y avait des lacs ou des mares où les pasteurs abreuvent leurs troupeaux ; il offrit de conduire M. Girardot à Saint-Louis en passant par Nyam ; ils seraient obligés de s'approvisionner d'eau pour deux jours.

Des notions géographiques générales précédentes sur le Sénégal vont découler quelques remarques pratiques.

De tout temps on s'est préoccupé des obstacles que les rapides apportent à la navigation du Moyen-Sénégal pendant la saison sèche. On a cherché par des travaux peu suivis à y apporter une facilité partielle, on a fait sauter quelques rochers. Dans ces derniers temps on a fait étudier le cours du fleuve.

L'existence de rapides indique une différence de niveau entre deux bassins. On fait sauter une roche qui gêne dans le lit d'un fleuve, mais l'obstacle d'un rapide est de ceux qu'on ne fait pas sauter ; il ne faut rien moins que la construction d'écluses pour le tourner.

Il serait difficile d'établir des écluses dans le lit d'un fleuve qui offre des crues de 10 à 12 mètres. Si l'importance de la navigation du Haut-Pays permettait une construction dispendieuse, il serait plus avantageux d'exécuter un canal. Partant de la Falémé, ou d'une branche du Sénégal à travers la Falémé, il irait déboucher dans le Bas-Sénégal, la Basse-Gambie ou mieux dans la rade de Gorée, seul point de la côte libre de barre de plage.

Pourquoi n'aurait-il pas cette triple issue ?

Si une pareille entreprise est hors de proportion avec l'importance actuelle de la Sénégambie, je démontrerai que l'établissement d'un canal d'irrigation suivant ce même parcours, est un projet dont la réalisation prochaine n'entraînerait pas une grande dépense, rapporterait de grands bénéfices et changerait la face de la contrée.

Dans le chapitre du travail à propos de l'agriculture, j'indiquerai l'influence de l'inondation sur la répartition des cultures dans les trois régions du

Sénégal Je me contenterai ici d'une appréciation sommaire de la valeur arable de la couche superficielle du sol.

Sablonneux sur les terres hautes du Bas et du Moyen-Sénégal, le sol arable est argileux dans le Haut-Sénégal et dans les terres inondées du Moyen et du Bas-Sénégal. Mais les argiles du Haut et du Bas-Sénégal offrent une différence essentielle dans leur origine et dans leur valeur agronomique.

Dans le Haut-Pays, l'argile est neuve ; elle provient de l'émiettement des roches, dans le Bas-Pays c'est le dépôt le plus fin du limon du fleuve. Dans cette dernière contrée, le sol argileux sert bien de base à des cultures après inondation, mais ces argiles donnent de mauvais résultat quand dans les années à faible crue, on veut les cultiver après les pluies ; au contraire, l'argile du Haut-Pays donne d'excellentes récoltes, cultivée sur pluies. Il est vrai que les pluies sont plus abondantes dans le Haut que dans le Bas-Pays.

D'après les règles de l'art du potier, l'argile du Bas-Sénégal déposée le plus loin par le fleuve étant la plus tenue, devrait être la plus tenace et la plus plastique. Cependant les murs faits avec la terre pétrie sont plus solides dans le Haut que dans le Bas-Pays ; les briques de Saint-Louis sont moins serrées, elles s'émiettent plus facilement que celles du Haut-Sénégal ; celles-ci étant plus solides et plus sonores.

Ces différences ne doivent pas être attribuées entièrement à la nature de l'argile, il faut en rapporter une part à l'action de l'air. Le Bas-Sénégal est soumis à une alternance de vents secs d'Est et humides et salés d'Ouest, qui compromet la durée des constructions. Le climat de Londres parvient bien à déliter des pierres sur lesquelles le climat de Paris est sans action.

Le Haut-Sénégal étant une formation de terrains primitifs, on ne s'attendra à y trouver ni roches calcaires ni charbon. Les couches de schiste y étant fortement inclinées ne nous laissent aucun espoir d'y mettre à jour des eaux souterraines. Lorsque dans la région montagneuse nous trouverons une chaîne d'élévations affectant la direction méridienne, nous nous souviendrons que Humbolt assigne cette direction aux monts aurifères. Aucun fait récent n'a altéré la généralité de cette loi, formulée avant la découverte des gîtes de la Californie et de l'Australie.

L'orientation de la chaîne de montagnes dont le versant oriental forme le Bambouk, relevée par notre regretté ami, M. Pascal, apporte un fait de plus à la confirmation de cette loi.

Les indigènes nous ont précédés dans la recherche de l'or du Bambouk et dans la fonte des minerais de fer. Je suis certain que le temps viendra où nous les suivrons dans cette voie, armés des forces que la science moderne à mises à notre disposition.

Le Bas-Sénégal offre le calcaire sous forme d'amas coquilliers exploités à découvert. Une partie de la chaux qui a servi à la construction du poste de Sénoudébou, provient d'un banc de coquilles situé plus haut dans le lit de la Falémé.

Dans tout le Sénégal, les populations éloignées du fleuve et des lacs se procurent l'eau pour leurs besoins économiques par le creusement de puits. Dans le Bas-Sénégal les puits creusés dans la terre argileuse ne donnent que de l'eau saumâtre. En creusant dans les terres sablonneuses jusqu'à la couche imperméable, on obtient une eau douce très-pure. Dans la plupart des pays sablonneux et à dunes, il se fait un appel d'eau entre les parcelles de sables, et cette eau suivant la surface de la couche imperméable s'accumule dans les godets accidentels ou produits par l'art sur cette surface. Telle est la théorie de ces puits profonds du Cayor, qui donnent à la constitution politique et économique de cette contrée un caractère particulier.

Dans le Haut-Sénégal, en creusant un trou dans un bas-fond, on appelle une filtration d'eau. On pourrait augmenter la surface filtrante par le creusement de galeries horizontales, comme on le fait avec succès dans les terrains schisteux du versant maritime du département du Var.

On suppose la chaleur sénégalienne plus excessive qu'elle n'est ; elle est surpassée par la température de la Syrie et par celle des bords de la Mer Rouge.

Dans le Haut-Pays, je n'ai trouvé de forcément incommode que la chaleur du mois d'Avril ; elle dépassa 40 degrés. L'air était tellement sec et raréfié que la respiration en était pénible. Un jour, sans que la direction du vent ait changé, sans qu'il soit tombé une goutte de pluie, sans même que le ciel fût plus couvert, la température s'abaissa, l'air reprit de l'humidité et les arbres bourgeonnèrent ; je suppose qu'il avait plu dans l'intérieur. Les désagréments de la saison sèche avaient fini dès ce jour, quoique les pluies ne soient arrivées que plus de 15 jours après.

Les indigènes et les européens qui habitent le Sénégal depuis longtemps, préfèrent la saison des pluies ; à ce moment l'air est humide et la température ne dépasse jamais 32 degrés.

Au point de vue de la valeur du sol, le Sénégal n'a à envier à l'Egypte ni sa température, ni les inondations fécondantes de son fleuve. Il a de plus que l'Egypte l'avantage de pluies suffisantes et régulières.

Les années de sécheresse sont plus rares au Sénégal

qu'en Algérie. Toute l'agriculture du Cayor, la contrée la plus productive du Bas-Sénégal, ne repose que sur l'abondance et la régularité des pluies.

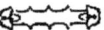

A propos des productions naturelles du Sénégal, je n'ai pas l'intention de faire connaître la *flore* ni la *faune* de cette contrée ; je me contenterai d'indiquer les faits généraux qui caractérisent spécialement ce pays, et les faits particuliers qui touchent à l'alimentation et à l'industrie des indigènes.

Le Bas-Sénégal étant une plaine exposée aux inondations, aux vents et à la sécheresse, n'est pas favorable à la venue des espèces arborescentes. Parmi les arbres monocotylédonés, on n'y rencontre guère que le ronnier, les cocotiers provenant tous de plantations. Les indigènes estiment assez les fruits du *ronnier*, petits cocos dont ils sucent la filasse, imprégnée d'un jus jaune sucré et très-odorant; ils n'en mangent l'amande qu'après l'avoir fait germer. Le ronnier acquiert une grande hauteur ; certains de ces arbres isolés indiquent les villages du fleuve ; ils servent pendant la nuit de point de repère pour la navigation du Sénégal.

Pour constructions dans l'eau, comme soutien de pont, comme pilot, pour bordures de quais, le pied de ronnier l'emporte sur toute autre essence de bois ; aussi le gouvernement français s'est-il réservé, dans le traité de paix avec les Trarzas, la faculté d'exploiter les ronniers situés sur la rive des Maures.

Les arbres dicotylédonés du Bas-Sénégal appartiennent presque tous au genre acacia. De loin, à la vue de la teinte sombre que ces arbres projettent à leur pied, le voyageur se flatte d'y trouver un ombrage rafraîchissant ; en s'approchant il ne tarde pas à reconnaître que ces feuilles composées, se contentant de tamiser les rayons du soleil, ne lui donnent que l'ombre d'un abri.

Le plus répandu des acacias arborescents est le *gonakié*. Il ne craint pas les inondations ; j'ai vu un de ces arbres dans le lit du fleuve, changer l'époque de sa floraison pour ne pas périr. Le bois du gonakié est rouge, aussi lourd que le bois de chêne, qu'il remplace sans désavantage dans les constructions navales. Le gonakié fournit aussi pour le tannage des peaux, non son écorce comme le chêne, mais ses fruits, que l'industrie emploie sous le nom de blah-blah.

On rencontre l'*acacia à gomme* sur les rives du fleuve, par sujets isolés ; les forêts de gommiers se trouvent assez loin dans l'intérieur, sur les deux rives; celles de la rive des Maures, fournissent la presque totalité de la gomme qu'on exporte du Sénégal.

On remarque auprès de presque tous les villages

du Moyen-Sénégal de grands *tamariniers*; quoique ayant des feuilles composées, ces arbres donnent une ombre moins illusoire que celle des acacias du Bas-Sénégal. J'ai été surpris de voir auprès de Bakel des palmiers à plusieurs têtes.

En remontant dans le Haut-Pays ou en s'éloignant des rives du fleuve et des terrains bas et inondés, on rencontre une plus grande variété d'espèces arborescentes. Dans le Cayor et dans le Haut-Sénégal on trouve divers arbres dont les fruits, modifiés par la culture et la greffe, pourraient acquérir une valeur réelle.

Je citerai en passant, pour sa valeur économique, *l'arbre à beurre* du Haut-Pays, dont le produit est estimé des habitants du Sénégal. On confond souvent ce beurre d'origine végétale appelé beurre de Galam, d'un usage purement médical, avec le beurre de Bakel. Ce dernier est un beurre de brebis qu'on achète des Maures; les habitants de St-Louis le préfèrent au beurre de vache pour la cuisine et surtout pour la préparation du riz.

J'oublierais les arbres qui donnent à certains points de la côte Occidentale d'Afrique leur aspect propre, si je ne parlais des grandes malvacées, le baobab et le bombax.

Les *bombax* sont très-répandus en Afrique; leur

grande masse de verdure tient lieu de caps et de points élevés, pour guider les navigateurs qui atterrissent sur les terres basses du littoral, particulièrement sur celles qui font partie du delta du Niger.

C'est l'arbre fétiche par excellence ; il est défendu contre les offenses de la hache : par son port majestueux, par sa masse imposante, par son rang divin......, peut-être aussi par l'inutilité de son bois impropre même à brûler. On peut creuser son tronc en pirogues, mais les embarcations faites de ce bois n'ont pas de durée.

Le bombax a été pris par plusieurs voyageurs pour un cotonnier arbre; le duvet du bombax, cassant et court, ne peut être filé ni même feutré.

On a multiplié les plantations de bombax autour des postes et dans les villages du fleuve. C'est un arbre bien choisi pour animer le paysage, sa venue est facile et rapide ; ses feuilles donneraient une ombre suffisante, mais elles tombent trop vite.

Les noirs du Sénégal envoyés au bas de la côte, faute de feuilles de baobab, emploient comme aloo pour la préparation de leurs mets, les feuilles du bombax. Guidés par leur goût, ils ont deviné entre ces végétaux un lien de famille que les botanistes ont reconnu, par des considérations plus scientifiques.

On a fait au *baobab* une réputation de grandeur imméritée. Pour la taille, les proportions, le port, il le cède au bombax ; son tronc très-court manque d'unité; il paraît composé d'arbres soudés. J'ai parlé des feuilles du baobab employées à la préparation des mets ; ses fruits donnent le pain de singe, d'une grande importance dans l'alimentation demandée à la production spontanée. Des Noirs voulaient s'établir sur la rive droite de la Falémé, un des points explorés fut adopté parce qu'il s'y trouvait de l'eau et des baobabs.

Dans le Bas-Sénégal, pendant la saison sèche, il serait facile de dresser la carte de l'inondation, d'après la manière dont sont distribuées les diverses espèces de plantes herbacées : depuis le *nénuphar* qui ne végète que dans les fonds toujours inondés, jusqu'au *vétivert* dont la racine vivace ne résiste pas à une trop longue humidité.

On s'attend à rencontrer au Sénégal de grandes forêts vieilles et difficiles à défricher ; on y trouve plus communément de grands espaces recouverts par des arbres tout jeunes. Les forêts ont de la peine à se faire, dans les pays où les pasteurs mettent le feu aux herbes sèches, pour favoriser la pousse de l'herbe prochaine.

Dans la plupart des pays à cultures irrégulières, les chasseurs et les voyageurs brûlent les herbes pour rendre le pays viable ; les indigènes attendent que les herbes soient assez généralement sèches, pour qu'aucun espace ne puisse échapper à l'action du feu.

Ils sont contrariés lorsqu'un chasseur met le feu accidentellement avant le moment favorable ; les herbes brûlées prématurément ne charbonnent pas assez bas, et elles laissent un chaume résistant qui offense les pieds nus des voyageurs.

L'habitude qu'ont les Noirs d'abandonner les terrains épuisés par quelques années de culture, étend encore la surface de ces taillis. On trouve dans le Moyen-Sénégal de grands espaces de terrains cultivés avant la dépopulation d'Alagui. Enfin les pasteurs contribuent à empêcher la venue des grands arbres sur leurs terrains de parcours ; ils abattent les petits arbres qui bourgeonnent avant la poussée de l'herbe, pour en mettre le feuillage à la portée de leurs troupeaux, en cette saison difficiles à nourrir.

Le *tamaris* recouvre de grands espaces dans le Bas-Sénégal. Une méprise, à propos de cet arbuste, m'a suggéré des réflexions que je soumets au lecteur.

De Dagana, je faisais souvent des incursions à Tod pour étudier, en vue de projets agricoles, la configuration et la production du sol de cette île. Dans une de ces visites, je fus tout étonné de sentir craqueler sous mes pas, le sol recouvert d'une croûte saline.

Rentré chez moi, je reconnus sur un échantillon, dans cette croûte, du sel marin ; comme les Maures apportent du sel gemme à nos marchés, je crus avoir rencontré l'affleurement d'un amas de ce sel, et résolu de poursuivre ma découverte, je retournai à Tod avec deux hommes et des pioches.

La croûte saline mince reposait sur une argile imperméable et non salée ; je la suivis en remontant et j'en perdis la trace dans un bosquet de tamaris. J'étais absorbé par les réflexions que m'inspirait cet incident, lorsque ma main humide de rosée, portée machinalement à la bouche, m'y laissa un gout fortement salé ; je fus alors forcé de reconnaître dans la croûte, cause de ma recherche, un résidu de l'évaporation de l'eau, découlée des tamaris sur un sol imperméable.

J'avais remarqué l'état salin de la ramure de tamaris voisins des rivages, mais je le rapportais au dépôt des embruns ; — c'est le nom que les marins donnent à l'eau de mer soulevée et pulvérisée par les vents. — L'eau qui découlait des tamaris de Tod était trop abondante et cette île trop éloignée de l'océan ; je ne pouvais continuer à admettre la cause mécanique du transport du sel par les vents.

J'étais forcé de reconnaître, dans le sel découlant des tamaris, un produit de la végétation de ces arbustes ; soit que le tamaris constitue en chlorure de sodium, les éléments de ce sel dissociés dans le sol et l'atmosphère, ou qu'il se borne à attirer les molécules de sel marin tout formé, disséminées dans ces milieux. En faveur de la dernière hypothèse, on peut invoquer la nature saumâtre de tous les puits que j'ai fait creuser à Tod et les circonstances de salinité, favorables partout à la venue des tamaris.

Il ne résulte pas moins du fait précédent, facile à vérifier en qualité et en quantité, la notion indiscutable que *la végétation des tamaris produit des dépôts de sel.*

Si on considère que la croûte saline rencontrée à Tod, assez étendue et assez épaisse, provenait de l'exsudation d'un petit bosquet de tamaris pendant quelques mois seulement, — cette partie de l'île est inondée toutes les années, — on pourra conclure que : *dans les pays chauds et secs, même pendant la période actuelle, les tamaris peuvent donner lieu à des dépôts exploitables de sel gemme et à des lacs salés.*

En nous reportant aux temps primordiaux, invoquant l'activité de végétation qui caractérise ces époques de formation et la durée de cette période, *nous sommes fondés à attribuer aux tamaris l'origine de la plupart des mers intérieures, des lacs salés et des grands amas de sel, tous placés au dessus du niveau des océans.* Ces conclusions choquent de prime abord, mais l'habitude seule nous empêche de remarquer ce qu'il y a de forcé à invoquer toujours, pour expliquer ces phénomènes, les actions peu économiques du soulèvement des terres ou du retrait des mers.

Dans l'explication de l'origine des sédiments terrestres, l'action lente des transformations inorganiques abandonne chaque jour du terrain aux actions plus expéditives des organismes vivants. S'il a été donné à la vie animale et végétale de laisser pour résidu des amas puissants : de charbon, de chaux, de silice, etc. ; si des organismes de transition ont épuré la terre de tous les sels qui la rendaient inhabitable pour les êtres vivants de notre formation : pourquoi le tamaris n'aurait-il pas été chargé d'enlever à la croûte terrestre, le chlorure de sodium contraire à la plupart de nos végétaux ? Ne suis-je pas fondé à dire qu'au lieu d'être surtout l'origine, l'océan pourrait bien n'être plutôt que la fin du sel dit marin ?

Si on suppose la formation végétale possible pour les dépôts de chlorure de sodium, il faut la reconnaître nécessaire pour les amas des autres sels de soude : carbonate en Egypte, nitrate au Chili. Comment persévérer à admettre, que l'azote des pluies d'orage ou des débris animaux, a pu transformer en azotate, un dépôt de chlorure de sodium assez épais ; lorsque cette réaction devient si naturelle, appliquée à du sel découlant peu à peu des tamaris ?

Comme réflexion pratique, on peut dire que : soit qu'il rassemble les particules salines répandues dans l'atmosphère et dans le sol, ou qu'il constitue le chlorure de sodium par sa végétation, le tamaris peut servir à fabriquer le sel marin. Il pourrait en fournir économiquement dans les parties, telles que l'intérieur de l'Afrique, où ce condiment a une grande valeur. Cet arbuste pourrait entrer dans les assolements, pour fournir le salin favorable à la qualité des cotons longue-soie.

Si le tamaris ramène à la surface le sel qui s'oppose à la végétation d'un terrain, des plantations de cet arbuste pourraient servir à épurer le sol, de cette substance, nuisible à la plupart des cultures.

Puisqu'à propos d'un fait observé au Sénégal, je me suis laissé entraîner à de longues réflexions sur l'origine du sel marin, je puis bien consigner ici qu'un autre phénomène de la côte occidentale d'Afrique, a fait soupçonner aux géologues l'origine organique du diamant.

Dans les possessions portugaises au sud du Gabon, on extrait de la terre des boules de gomme-copale, pour les vendre au commerce européen. L'exploitation fossile de cette substance n'a pu induire en erreur sur son origine organique; cette gomme-résine n'a pas changé de nature et on la récolte presque identique, non loin de là, sur les arbres d'où elle découle naturellement.

On comprend que les arbres d'une forêt ayant péri de vieillesse ou autrement, leur produit ait résisté par sa nature résineuse, aux causes désorganisatrices du bois des arbres producteurs.

Des géologues ont pensé que : le diamant pourrait bien n'être qu'une gomme ou une résine, dont les composants gazeux se seraient dégagés sous diverses influences; la forme, la grosseur des diamants et la croûte amorphe qui les recouvre, s'expliquent très-bien par cette origine. Dans la transformation opérée, le carbone laissé a dû adopter la forme cristalline qui lui est naturelle.

On reconnaît l'origine végétale de tous les grands amas de charbon de notre globe; pourquoi admettre une exception à propos du diamant, la manifestation du carbone la plus pure et la plus rare ?

Les exigences de l'inondation ont contraint les animaux non soumis à l'homme, qui habitent le Bas-Sénégal, à des habitudes qui leur seraient inutiles dans les autres pays ; ainsi tous les mammifères du Sénégal nagent, presque tous les oiseaux perchent.

Je ne connaissais pas cette particularité, et confiant dans la répulsion pour l'eau, qu'on attribue aux animaux de la race féline, j'avais laissé en liberté dans l'île de Tod, des reproducteurs mérinos par lesquels je voulais améliorer la laine des moutons du pays. Un lion de la rive droite dont j'entendais les rugissements de mon campement agricole, passait à la nage le bras du fleuve qui sépare l'île, de la rive des Maures.

De mes cinq reproducteurs, il n'a laissé que les cornes, renvoyant à un autre temps, l'amélioration des troupeaux du Sénégal.

Le *lion* du Sénégal n'est pas inférieur en taille à celui de l'Atlas : les Maures vendent souvent des peaux de lion parmi les peaux de bœufs. Ce fait donnerait, de la taille du lion sénégalien, une idée exagérée, si je laissais ignorer que les peaux de bœufs du Sénégal sont loin d'être aussi épaisses et aussi grandes que les peaux de bœufs d'Europe ; — le commerce les classe parmi les vachettes.

Quoique dépourvu de crinière, le lion du Sénégal ne manque pas de majesté ; sa face est ample, sa démarche est grave, sont port majestueux. Habitant un pays de plaine abondamment pourvu de gibier, il ne se montre pas autrement dangereux pour l'homme, qu'en prélevant l'impôt de quelques têtes sur les nombreux troupeaux des peuples pasteurs.

Les Maures craignent de tirer un lion à découvert ; ils ne l'attaquent avec le fusil, que protégés par un obstacle ou par leur position, sur un arbre par exemple. On comprend cette réserve envers un ennemi aussi fort, et dont ils connaissent l'habitude de se jeter sur son agresseur.

Un Maure, me parlant du roi des animaux, disait qu'il fallait être deux fois homme pour oser tirer un lion. Je lui demandai comment ils pouvaient se procurer les peaux de lion qu'ils apportaient à l'escale ;

il me fit remarquer qu'aucune des peaux n'offrait de traces de balles, parce que les lions avaient été tués à coups de bâtons.

Il me raconta que : lorsque par les hurlements des chiens et les mouvements du troupeau, on sait qu'un lion a pénétré au milieu des bœufs, tous les hommes du camp entourent le parc, armés de bâtons gros et courts. Le lion étourdi par le bruit et embarrassé au milieu des bœufs agités, cherche une issue à travers les intervalles des bêtes du troupeau ; partout où il se présente, il est reçu à coups de bâtons sur le museau et refoulé jusqu'à ce qu'il succombe sous les coups.

Ce récit s'écarte trop des mœurs du lion reconnues classiques pour ne pas être vrai; je n'ai jamais assisté à ce combat, mais j'ai vu plusieurs peaux de lion non trouées. Les Pourognes, esclaves maures, jouent du bâton avec beaucoup d'adresse.

Empruntons au récit des pasteurs du Sénégal, quelques autres traits des mœurs du lion, presque aussi extraordinaires que le précédent.

Quand il emporte sa proie égorgée, le lion est plus embarrassé d'un mouton que d'un bœuf. En le tenant par le cou entre ses dents, et en en rejetant le corps sur ses reins, un lion porte un bœuf égorgé sans rien en laisser traîner qui ajoute une trace à l'empreinte de ses pas. Le corps d'un mouton est trop court pour recevoir cette position; n'étant retenu que par la machoire du lion, ce corps traîne entre ses jambes, entrave ses mouvements, s'accroche aux épines, et ajoute aux traces qui peuvent guider vers son repaire.

Un lion qui enlève pendant le jour un bœuf au milieu d'un troupeau, n'est pas arrêté par l'unique gardien qui connaît le danger de s'opposer à un lion affamé. Pendant que le ravisseur éventre sa victime et qu'il assouvit sa faim en fouillant dans les entrailles, le gardien court avertir dans le camp. Les bergers accourent sans armes, ils trouvent le corps du bœuf, ils le dépècent et en rapportent les quartiers chez eux sans avoir été inquiétés par le lion. Quand j'étais à Tod, les Peuls qui faisaient paître leurs troupeaux dans l'île, ont rapporté les quartiers d'un bœuf que le lion leur avait enlevé en plein jour. J'ai fait mon repas avec les restes du roi...... des animaux.

Quand les choses se passent ainsi, les principaux intérêts sont sauvegardés : le lion s'est repu des entrailles gorgées de sang ; mais tout en se faisant la meilleure part, pour un lion, il a laissé aux pasteurs, la viande dont ils se nourriront et la peau qui représente le plus net de la valeur du bœuf.

Dans le Haut-Sénégal ou assez loin des rives du fleuve, les lions sont plus redoutés ; ces pays sont moins riches en gibier et moins parcourus par de nombreux troupeaux. Les indigènes ne parlent qu'avec frayeur du lion noir du Yolof qui ose attaquer l'homme. Sa noirceur doit-elle être admise au propre ou au figuré ?

Parmi les fauves qui peuvent attaquer les animaux domestiques, je citerai l'hyène, qui n'a pas de la lumière une peur aussi absolue qu'on croit. Un de ces animaux a enlevé un veau, dans une partie du jardin du poste de Sénoudebou, éclairée par la lumière d'un appartement. J'ai vu une galerie creusée par une hyène, pour atteindre par dessous le mur une chèvre laissée la nuit dans une case isolée. A moins de caisses bien clouées et peut-être vissées ou d'une maçonnerie ancienne recouverte d'une forte dalle, on n'est jamais sûr de mettre les corps à l'abri de la voracité de ces animaux.

Les pâturages du Sénégal sont parcourus par des herbivores de toutes sortes. Les *éléphants* creusent dans les terres détrempées, avec les colonnes qui soutiennent leur vaste corps, des trous larges et profonds, dangereux pour les cavaliers. On pourrait confondre avec leur trace celle des *hippopotames* ; mais les empreintes des bipèdes latéraux de ce monstrueux pachyderme, sont séparées par la large traînée formée par le passage de son ventre. Dans tous les marais du Sénégal, se vautrent des *sangliers* à la face ornée de favoris, mais déformée par des protubérances verruqueuses.

On rencontre des *girafes* dans les plaines qui avoisinent le lac Panié-Foul. Partout où il y a de hautes herbes, on met en fuite des troupeaux de *biches* d'espèces variées.

On trouve en abondance par places, une espèce de rongeur, lapin de garenne par la taille et la couleur de sa chair, lièvre par ses habitudes de gîte ; c'est le *lièvre* du pays. Le *rat palmiste* de la grosseur et de l'apparence d'un écureuil, a des retraites souterraines à double issue ; la chair en est très-délicate.

Les espèces de *singes* du Sénégal ne sont pas très-variées, les plus hardis sont les cynocéphales et les plus grands, parmi ces derniers, habitent le Haut-Pays. Il m'a été donné pendant mon dernier séjour au Sénégal d'assister à un paisible défilé de ces animaux ; les petits se tenaient à cheval sur les mères. Cette position m'a extrêmement surpris, j'avais toujours vu les petits collés au ventre de leurs mères qu'ils tenaient étroitement embrassées ; il est vrai qu'il ne m'avait été donné de les voir que sautillant dans les arbres ou poursuivis à terre entre deux bosquets. J'ai vu des singes privés traverser l'eau à la nage sans y être forcés par une poursuite.

Les seuls maraudeurs nocturnes à craindre pour les récoltes sont les biches et les sangliers. Les singes regagnent les bois dès que la nuit arrive, ils ont cela de commun avec les oiseaux granivores; mais avec les singes, la surveillance n'a de répit que pendant la nuit.

Les déprédations des *oiseaux* n'ont lieu qu'à leurs heures de repas, de six à neuf heures du matin et de trois à six heures du soir. Dans les quartiers affranchis de singes, les gardiens des récoltes rentrent dans leurs villages et font tranquillement la sieste pendant les heures chaudes de la journée.

La plupart des oiseaux ennemis des cultures sont les passereaux de toute espèce, recherchés en France comme oiseaux de volière et connus dans le commerce sous les noms de *cardinaux, gendarmes, veuves, cous-coupés, combassots, sénégolis*, etc. Pour les habitants du pays, ce sont tous des mange-mils.

Les oiseaux les plus redoutés des cultivateurs dans le Haut-Pays et dans le Cayor, sont la *perruche* et le *marabout*. Tout le monde connaît la gracieuse perruche verte du Sénégal, avec son collier noir et sa longue queue. Sa gravité et sa discrétion ont fait donner par les indigènes le nom de marabout, à un grimpeur un peu plus petit et surtout plus ramassé que la perruche. Il a une queue courte, il est multicolore, il siffle peu et ne parle pas.

Les troupeaux *d'autruche* évitent le voisinage de l'homme. Les peuples nomades chassent ces oiseaux pour leur chair, leur graisse et leurs plumes. On apporte dans les postes et les villages, des œufs d'autruche et même des petits à peine éclos, que leurs plumes réduites à la portion tubulaire, font ressembler à des hérissons. Les petites autruches supportent bien la domesticité, elles vivent libres dans les villages et leur accroissement est rapide. La chair des autruches élevées en demi-liberté est moins grossière et moins sèche qu'on ne le croit.

On sait l'attrait qu'a l'autruche pour tout ce qui brille ; souvent ces animaux, dans les villes, arrachent aux négresses leurs boucles d'oreilles, qu'elles portent en or pur et massif. Comme les autruches ne rendent jamais dans leurs excréments en leur forme solide, les corps minéraux qu'elles ont avalés: métaux, verres, on doit supposer que leur estomac secrète un suc, capable de dissoudre tous les métaux et les matières siliceuses et calcaires.

Ce goût des autruches pour ce qui brille devrait empêcher d'en élever dans les villages : ces animaux s'en prennent aussi bien aux yeux des enfants qu'aux bijoux.

A côté de l'autruche, dont les plumes de la queue servent dans les industries de la toilette, je dois mentionner le *marabout*. Cet échassier, grave dans sa démarche, cache sous les laides plume de sa queue, des plumes duvetées dont la blancheur et la grâce ne sont surpassées par les plumes d'aucun oiseau. L'*aigrette* est très commune aussi au Sénégal.

Il me suffit d'ébaucher une énumération sommaire des oiseaux recherchés par les chasseurs, depuis l'outarde jusqu'au mange-mil, en passant par la poule pharaon, la pintade, la perdrix, la caille d'Europe et la caille de Barbarie, le canard armé, la délicate canette ; je finis par une remarque générale sur la chasse au Sénégal.

<hr>

Dans un pays parsemé d'incultes, la chasse offre de plus grandes difficultés que dans les contrées régularisées par la culture ; aussi la chasse au Sénégal est-elle moins productive, que ne le ferait supposer l'abondance du gibier qui couvre le pays. Il est difficile d'y entretenir de bons chiens ; ces animaux perdent l'odorat, ne conservent pas leur entrain, ou ils meurent piqués par des serpens, ou d'anémie. Pour rapporter du gibier au Sénégal, il faut être deux fois chasseur ; il faut y arriver bon chasseur et y devenir chasseur du Sénégal.

La plupart des Européens amateurs de la chasse en France, s'adonnent à cet exercice dans les premiers temps de leur arrivée dans la colonie ; un grand nombre d'entr'eux ne tarde pas à y renoncer. Par amour-propre cynégétique, ils couvrent leur retraite du prétexte de la prudence commandée par le climat ; mais en réalité, ils n'abandonnent la chasse que parce qu'ils y sont malheureux.

Les chasseurs du Sénégal épargnent la tourterelle. Quelques-uns de ces oiseaux sont plus délicats que de vieilles perdrix ; mais ils picorent comme des poules autour des habitations et des villages, ils se laissent si facilement approcher que leur meurtre n'est pas un exploit.

Les mange-mils volent quelques fois par bandes assez nombreuses pour simuler un nuage dans l'air. Quand on a la chance d'envoyer dans l'épais d'un banc de ces oiseaux un coup double chargé à cendrée, on peut en abattre une cinquantaine.

Ce produit d'un coup de fusil est reçu sans ironie à la table des chasseurs: Outre que ces becs-fins forment un rôti très-savoureux, on ne fait pas naître de ces bonnes fortunes à volonté. Quand un vol de mange-mils a éprouvé l'inconvénient d'être massé, ces oiseaux imitent la manœuvre de nos tirailleurs devant la mitraille, ils s'éparpillent pour n'offrir au coup de feu qu'un but de trop peu de valeur.

Les chasseurs qui, en France, ont voulu forcer une compagnie de perdrix bien décidées à ne pas s'enlever, sauront apprécier la fatigue occasionnée dans un pays chaud, par la poursuite d'une bande de pintades. Quelle peine n'a-t-on pas à suivre de près une outarde qui tient, de sa parenté avec l'autruche, la faculté d'une course rapide et soutenue !

Sa grosseur, la difficulté de sa chasse, l'étrangeté

de sa chair font de l'*outarde* le gibier le plus honorable. C'est une pièce de rôti distinguée, pourvu que l'amphytrion ait mis chaque convive à même de goûter ensemble, la chair blanche des cuisses et la chair noire des muscles de l'aile.

Depuis une douzaine d'années que je fréquente le Sénégal, plusieurs Européens s'étaient fait des réputations de chasseurs justement méritées ; au capitaine du génie Gazel revient la palme des exploits cynégétiques accomplis au Sénégal. Tous ses confrères en Saint-Hubert lui reconnaissent un bonheur extraordinaire et une persévérance rare. J'ai dit que le bonheur à la chasse rend les chasseurs persévérants ; on pense bien qu'un bonheur soutenu est la preuve d'une adresse hors ligne.

J'étonnerais ceux qui se font une idée des difficultés de la chasse au Sénégal, si je transcrivais ici les résultats d'une sortie de dimanche du capitaine Gazel dans les environs de Saint-Louis, ou le relevé du gibier récolté dans une de ses excursions du matin dans le fleuve.

S'il n'avait tué que du gibier, j'aurais reculé devant l'opportunité de témoigner, dans un ouvrage de cette nature, au capitaine Gazel ma reconnaissance gastronomique.

Mais en même temps qu'il fournissait à la table, notre ami travaillait pour la science. S'il se délassait des travaux de sa profession de la semaine par la chasse du dimanche, il oubliait les fatigues d'une matinée de chasse par une après-midi de mise en peau.

Il a été donné à un homme seul de faire, en oiseaux, reptiles, mammifères du Sénégal, la collection la plus complète qui existe ; il y a des hommes dont l'activité résiste même au climat du Sénégal.

Dans ses chasses, le capitaine Gazel a été en contact avec les indigènes, dont il a bu le lait acidulé de l'hospitalité. Ses avis m'ont été souvent utiles ; c'est de lui que me sont venues les rares objections qui m'aient donné à réfléchir. Je me croirai dans la vérité, si malgré leur hardiesse, mes appréciations trouvent grâce devant son bon sens de chasseur du Sénégal.

Dans le Haut-Pays, quand les marigots et le fleuve même vont se desséchant, on établit à la limite des eaux décroissantes, une cabane de feuillage d'où on peut tuer des masses d'animaux de toute taille, attirés par la soif. Ce meurtre productif n'a qu'une saison bien courte.

Les Noirs ne tirent guère le gibier qu'au posé ; il est vrai que ceux d'entre eux qui chassent au fusil ne se servent pas de chiens. Les Laobés chassent à courre avec chiens sans armes à feu. Ils forcent les biches, les sangliers, et ils les achèvent avec la sagaye.

J'ai suivi à la chasse un Toucouleur, célèbre chasseur d'éléphants et d'hippopotames. Il est boiteux, sa longue carabine doublée en cuivre ne manque guère son but, même quand il vise un homme. Ce noir dangereux, par son adresse et par sa connaissance parfaite des manières des blancs, a été exilé au bas de la côte. *Carel* a une manière de chasser originale ; c'est en marchant qu'il tue les perdrix ou les canettes. Quand il a pris connaissance d'une compagnie ou d'une bande de ces animaux, il tache de conserver l'allure la plus naturelle, en suivant une direction oblique qui le rapproche du groupe d'oiseaux. Lorsqu'il se juge assez près et qu'il relève plusieurs pièces alignées, sans hésiter, sans changer son pas, visant à peine, il abat le gibier, entretenu dans la sécurité par le naturel de ses mouvements.

On rencontre communément au Sénégal parmi les *serpents* venimeux, le serpent noir et le trigonocéphale ; et parmi les inoffensifs, une couleuvre verte commune et un boa de moyenne taille, dangereux seulement pour la basse-cour.

Tous les reptiles, serpents et sauriens, sont décimés par le marabout et par une espèce de cigogne noire, basse sur pattes, à gros bec, de la grosseur d'un dindon, que les noirs appellent *dobine*.

Tous les reptiles terrestres traversent spontanément le fleuve à la nage.

Le Sénégal nourrit deux sortes de *crocodiles* de grande taille; dans leur classification pratique, les Maures les distinguent suivant leurs rapports avec l'homme, en ceux qui nous mangent et ceux que nous mangeons.

Le fleuve est très-poissonneux. Les blancs estiment les *poissons* écailleux : le *capitaine* analogue au Bar, mais plus grand ; une espèce de carpe, de goujon ; les Noirs préfèrent les poissons sans écailles : le *galar*, le *poisson électrique* et le *machoiran*. Ce dernier est trop méprisé par les Européens, à cause de son avidité qui le rend peu délicat sur sa nourriture.

Je parlerai à l'article travail, des genres de pêche usités plus spécialement dans le fleuve Sénégal.

Je me hâte de mentionner, parmi les insectes : à côté des *abeilles* sauvages utiles par leur miel et leur cire, les *moustiques* incommodes pour les hommes et dont il importe de préserver les bêtes de trait, les *tiques* qui s'attachent aux bœufs maigres. On verra par quels soins les Noirs mettent leurs récoltes à l'abri des *termites* ou fourmis blanches, et comment ils atténuent le désastre d'une irruption de *sauterelles*, etc.

Les eaux du Sénégal nourrissent deux sortes de *sangsues*: des grandes sur la rive droite, et des petites sur la rive gauche. Quand ces annelides étaient plus employées, on en expédiait de cette dernière espèce aux Antilles.

Il fallait un amendement calcaire aux terres argileuses du Sénégal, à celles des bas-fonds. Cet amendement ne pouvait être espéré de l'action du fleuve sur des rives appartenant soit au terrain primitif, soit au terrain de sédiment. Il est fourni avec lenteur et parcimonie par les dépouilles de mollusques, bivalves de marais de la famille des mactracées.

Je me suis laissé aller à écrire ce nom scientifique, dont l'origine *mactra* (pétrin), se rapporte à l'usage que faisaient les Romains, des valves d'une espèce de cette famille, *la lutraire*. Les ménagères du Sénégal les emploient de même à râcler le mortier, dans lequel elles préparent la nourriture de la case.

LES HOMMES.

En coulant de l'Est à l'Ouest dans la partie moyenne et inférieure de son cours, le fleuve Sénégal partage la contrée qu'il arrose en deux parties : l'une septentrionale, rive droite, parcourue par les Maures ; l'autre méridionale, rive gauche, habitée par les Noirs.

Le Sénégal est, sur la côte occidentale d'Afrique, la ligne de séparation des deux races, blanche et noire.

Les travaux ethnographiques du général Faidherbes, lèvent un coin du voile qui couvre les origines des peuples du Sénégal ; je mentionnerai mon opinion fondée sur l'observation la plus superficielle de la physionomie de ces peuples.

Les *Maures* du Sénégal offrent le type arabe, altéré chez les femmes surtout, par la saillie en haut et en dehors des os de la pommette. Ce caractère distinctif de la race mongole serait-il dû à des alliances avec les barbares qui, sous le nom de Vandales, ont enlevé le nord de l'Afrique occidentale à la domination Romaine? Ces peuples ont dû être refoulés dans l'intérieur par les conquêtes de l'Islam.

L'adoption du Coran a maintenu chez les Maures du Sénégal la langue arabe, dans un état de pureté suffisante, pour que les natifs d'Algérie puissent s'entendre avec eux, dès qu'ils ont trouvé la clef du mode d'altération que cet idiome a subi.

Les Noirs captifs des Maures, désignés sous le nom de *Pourognes*, paraissent provenir de l'Afrique centrale. Ils sont d'un noir absolu, très-rare chez les nègres de la côte occidentale; les femmes Pourognes sont d'une belle stature, elles jouissent d'un embompoint naturel; — on verra que les jeunes filles des maures blancs sont poussées à la graisse par des moyens artificiels.

Les Noirs de la rive gauche peuvent être classés suivant les trois langues Volof, Poul et Mandinque.

Le *Volof* est la langue des Yolofs qui peuplent le Cayor, le Valo et le Djolof. Le Cayor est un pays productif, d'une organisation politique forte, qui nous intéresse surtout par sa limite maritime, récemment annexée au Sénégal et qui s'étend entre Gorée et Saint-Louis. Le Valo s'appuie sur la rive gauche du fleuve, depuis Saint-Louis jusqu'à une limite qui recule à mesure des annexions. Le Djolof est un pays qui ne confine ni au fleuve ni à la mer; il est situé entre le Cayor et le Valo, il formait autrefois un état puissant.

La langue *Poul* est en usage chez les Peuls, peuples pasteurs qui parcourent la rive gauche ; elle est parlée en outre par des populations sédentaires, qui cultivent le pays compris entre le Fouta Sénégalais et le Fouta Djalon, en passant par plusieurs états de moins d'importance. Le Fouta Djalon est connu par les récits des voyageurs et par les produits qu'apportent dans le Haut-Pays, de petites caravanes de ses habitants ; c'est un pays de montagnes, c'est le point de départ des grands fleuves, du Sénégal jusqu'au Niger, qui vont se jeter dans l'Atlantique au dessus de l'équateur.

Le Fouta Sénégalais nous intéresse de plus près ; c'est le pays qui s'appuie sur la rive gauche du Sénégal, depuis Dagana jusque vers Bakel : ses habitants sont nommés Toucouleurs.

Ce que j'appelle langue *Mandingue* n'est guère qu'une fiction ; c'est un type auquel je rapporte un grand nombre de langages de l'intérieur, différents entr'eux, mais rapprochés par un certain nombre de radicaux importants : le Malinké, le Soninké, etc. Les peuples qui parlent ces langues seront pour nous des Bambaras,— je laisserai leur vrai nom de Bamanos aux Bambaras proprement dits. — Les caractères arabes sont employés dans l'écriture pour toutes les langues du Sénégal.

Les ethnologistes ont placé le sous-type Yolof en tête de la race noire. Les Yolofs sont les premiers noirs libres qui aient été en contact avec les Européens ; nous nous sentons portés à attribuer plus d'intelligence aux gens et aux animaux qui vivent près de nous, surtout s'ils nous ressemblent par un point quelconque. On verra plus loin que les Yolofs, subissant comme nous la nécessité du travail, ont avec nous une communauté d'idées, qui n'a pas été sans influence sur les classificateurs.

Au premier aspect, les Peuls se rapprochent bien plus que les Yolofs du type caucasique par leur couleur rougeâtre, la disposition de leurs traits et la saillie de leur nez ; je leur attribuerais volontiers une origine indienne comme à la race des zébus ou bœufs à bosse, dont se composent leurs troupeaux. Leur langage est doux comme celui des Indiens ; ils ont de la peine à prononcer le jota qui rend si gutturaux l'Arabe et le Volof, langues de leurs voisins les Maures et les Yolofs.

Quand on a vécu au milieu de divers peuples noirs libres, dans différents pays, on ne tarde pas à découvrir de graves défauts, à toutes les classifications imaginées dans les races humaines. Outre que les caractères manquent le plus souvent de fixité, les groupes auxquels on les attribue, sont presque toujours mal définis, ou formés par une erreur analogue à celle du singe de la fable, qui prit le nom d'un port pour un nom d'homme. Qui ne reconnaît, dans le mot *Bochismanes* dont on a fait une famille-type de nègres, le surnom Bushman (homme des bois), donné par les Anglais à la côte d'Afrique, à tout noir de l'intérieur.

On a essayé de titrer les noirs en intelligence, sur des données physiques d'une influence contestable; le plus lumineux de ces caractères, l'angle facial lui-même, ne projette qu'une lueur spécieuse sur les faits généraux ; il s'éteint quand on veut en éclairer les cas particuliers.

Il se trouve en Europe des sous-races d'hommes tout aussi diverses par leur coloration, leur taille, leurs traits que dans la race éthiopienne. Les Russes, les Anglais, ressemblent peu aux Grecs, aux Espagnols, aux Arabes : Pourquoi ne pas essayer de les classer en intelligence d'après leurs traits, en s'aidant des faits de leur histoire et de la connaissance de leurs mœurs artistiques, etc. ? Si nous trouvons qu'une pareille appréciation serait fausse, ridicule, inconvenante, pourquoi nous la permettre envers une race voisine ?

Comme les blancs, les peuples noirs diffèrent, non par la quantité, mais par la nature de l'intelligence ; chez les uns, la conception est plus prompte, mais l'impression dure d'autant moins qu'elle s'est produite plus tôt ; si les autres comprennent plus tard, la réflexion leur fait découvrir les conséquences de la notion mieux assimilée.

Par rapport au travail, les Noirs peuvent être classés suivant la saillie du talon, la longueur de la jambe, ou la grosseur du mollet ; — deux quelconques de ces caractères étant la conséquence naturelle du troisième. — Si le talon est saillant, le raccourcissement des muscles qui le mettent en action sera considérable ; le mollet sera donc appuyé sur une jambe longue ; il sera grêle, son action étant favorisée par un long bras de levier. Par une raison semblable, un talon court sera mû par un muscle court mais considérable, dans ce cas un mollet gros sera soutenu par une jambe courte.

On aurait voulu faire de la saillie du talon en arrière, un caractère de la race nègre ! Cette disposition est sous l'influence du genre de vie, de travail, etc.

Les Yolofs ont généralement les jambes longues ; leurs mouvements sont vifs, ce sont des marcheurs intrépides. Les Bambaras ont les mollets plus fournis, les formes moins élancées ; ils sont susceptibles d'un travail plus fort et plus soutenu. Les noirs du Fouta sont intermédiaires aux deux types.

Les Kroumen, — habitants de la côte de Krou, — sont les noirs qui présentent les muscles les plus développés, du corps en général et particulièrement ceux du mollet.

Le lecteur remarquera qu'en fait de races d'hommes, d'animaux, d'espèces végétales, il y a une grande similitude entre le Haut-Sénégal et la côte d'Afrique au sud de Gorée.

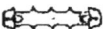

La généralité des peuples du Sénégal professe la religion Musulmane ; leur constitution civile est basée sur la polygamie et l'hérédité directe ou latérale ; leur gouvernement naturel paraît être le patriarcat. La société sénégalienne repose sur la captivité et la division en castes.

Je tâcherai de préciser le sens dans lequel on doit entendre les mots mahométisme, polygamie, captivité, castes. J'essaierai ainsi de donner de la constitution religieuse, civile, politique et sociale d'une société si différente de la nôtre, l'idée la plus approximativement juste, à laquelle il nous soit donné d'atteindre.

Le *patriarcat* est le gouvernement naturel aux peuples à organisation simple qui n'ont ni armée, ni travaux publics, ni finances. La société primitive s'est constituée par une extension de la famille. Faute de moyens de centralisation, le pouvoir patriarcal s'affaiblit en s'étendant ; son cercle d'action est naturellement borné à la tribu chez les nomades,

GOUVERNEMENT.

au village ou au groupe de villages chez les peuplades fixes. Dans cette société, le pouvoir appartient au plus influent : par sa famille, ses serviteurs et ses biens ; il est d'autant plus respecté, qu'il ne donne aucun avantage matériel à celui qui l'exerce.

Des gouverneurs du Sénégal et d'autres pays analogues, ayant méconnu la force que cette autorité puise dans sa simplicité d'action, ont cru pouvoir la déplacer en faveur de sujets qu'ils supposaient être plus favorables à leurs vues ; ces tentatives ont toujours échoué. Il ne suffit pas d'investir un indigène d'un pouvoir patriarcal, il faut encore lui donner les moyens de l'exercer : la richesse, les serviteurs et surtout une nombreuse famille.

Au milieu d'une population remuante, de races diverses et des mœurs guerrières, la tribu et le groupe de villages n'offrent pas une résistance suffisante, aux ambitions qui peuvent surgir au moindre prétexte. Ce danger exigeait des groupements politiques plus considérables, et nous voyons sur la rive droite les Maures divisés en Trarzas, Braknas et Dowiches ; et sur la rive gauche, les Noirs groupés en habitants du Cayor, du Valo, du Fouta, etc.

Il n'est pas sans intérêt de rechercher les causes qui ont fait naître ou entretiennent ces divisions politiques. Si les peuples du Sénégal sont groupés d'après des nécessités géographiques ou suivant des convenance d'origine, de langage, d'intérêt ; les états qu'ils forment ayant en eux-mêmes leur raison d'être, peuvent se passer d'un soutien continu : à peine serait-il utile de les défendre contre des agressions passagères.

Si ces groupements ont été produits par des guerres ou des invasions, il ne serait pas avantageux d'entretenir le pays en état de guerre sous prétexte de les conserver; si enfin ils avaient été formés ou maintenus en vue d'un intérêt particulier, il n'y aurait pas lieu de risquer en les défendant de compromettre des intérêts plus généraux.

Quand une grande puissance veut dominer un pays par les armes, la politique ou le commerce, elle imagine dans la population de ce pays, le fractionnement qu'elle croit favorable à son action; et toute sa politique tend à amener et à conserver cette division-type en états, assez petits pour être facilement dominés, assez grands pour simplifier les relations.

On se trouve entraîné à rapporter aux exigences du commerce de la gomme, la division des Maures en trois gouvernements : *Trarzas*, *Braknas* et *Dowiches*. Un certain groupement de ces tribus nomades était utile pour concentrer la responsabilité commerciale, organiser les escales, régler les droits, etc. Cette supposition se trouve confirmée par un examen superficiel de l'existence politique de ces peuples.

Les tribus passent d'un scheik à un autre, obéissant à des affinités de parentés, de convenances, etc., ou gagnées par des présents.

Les Dowiches ne présentent aucune cohésion. Les Braknas sont depuis longtemps divisés en deux partis principaux, que nous sommes forcés de reconnaître alternativement. Un moment, les tribus des Trarzas ont été tenues liées en faisceau, sous le génie gouvernemental de Mohamed-Labib ; ce scheik est mort assassiné, victime de ses efforts à donner une cohésion factice à des éléments naturellement mobiles.

Aux tribus belliqueuses des Maures, groupées sur la rive droite par les exigences du commerce de la gomme, les Noirs ont dû opposer sur la rive gauche des Etats tout aussi puissants. Vis-à-vis les Trarzas, le *Valo* ; résistant aux Braknas, le *Fouta*. Les Etats du Sénégal supérieur peuvent subsister plus divisés, les Dowiches leurs voisins, sont moins turbulents. Plus éloignés de nous que les autres Maures, ils n'ont pas été forcés de s'organiser et de se s'unifier pour l'attaque et pour la défense.

Je ne crois pas qu'il y ait dans tout le Bas-Sénégal, un seul état qui ne doive tout ou partie de son existence politique aux exigences du commerce de la gomme ; mais quelques-uns d'entr'eux ont subi des influences que je dois indiquer.

Les habitants du Cayor ont trouvé dans notre voisinage immédiat, des avantages considérables et des dangers aussi grands. Pour profiter des avantages de notre commerce, ils se sont faits laborieux ; pour garder leur indépendance contre un voisin redoutable, ils se sont donné un gouvernement fort. Les gouvernants du Cayor se sont exagéré leur puissance : en voulant nous empêcher de mettre en communication Saint-Louis et Gorée, ils nous ont mis dans la nécessité d'absorber leur littoral.

Après avoir conquis leur pays sur la nature, en creusant des puits dans un sol sablonneux, les Yolofs du Cayor ont demandé à l'organisation militaire le moyen de les défendre contre les étrangers. Après avoir écrasé les Noirs et les Maures des rives du Bas-Sénégal, la grande invasion partie du Fouta, sous Abd-el-Kader, est venue se briser contre la valeur et contre l'organisation du Cayor.

Les invasions venant du dehors, des dissensions intestines, ont amené des changements dans les états du Haut et du Moyen-Sénégal. Mais les plus grandes perturbations politiques ont été causées par les agitations religieuses, conduites par des marabouts fanatiques et remuants, qui avaient cherché dans le pèlerinage de la Mecque une sanction à leurs vues intéressées et ambitieuses.

Son organisation fédérative fait du Fouta le berceau naturel de toute idée perturbatrice ; mais une fois produits, ces grands mouvements ont plus de facilité à s'étendre vers le Haut-Pays où ils trouvent à absorber des états faibles et sans cohésion.

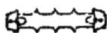

Il nous a été donné de suivre, dans ces dernières années, un fait politique de cet ordre, un des plus considérables qui aient troublé le Sénégal; je vais essayer de caractériser à ma manière l'agitation d'Alagui.

Je ne me sens guère attiré, comme les auteurs de la *Sénégambie*, à rapporter à un plan déterminé la conduite politique du Toucouleur *Oumar*, plus connu au Sénégal sous le nom d'*Alagui*, par corruption de son titre de pélerin. Les événements que l'historien est forcé de grouper autour de cette personnalité considérable, me paraissent bien moins avoir été conduits par une volonté humaine, que s'être succédés dans l'ordre naturel des choses.

De retour de la Mecque, Oumar a l'adresse de choisir sa résidence loin du Fouta Sénégalais, sa patrie ; il sait que nul n'est prophète dans son pays. Connaissant de plus la versatilité des Toucouleurs, ses compatriotes, il ne veut se montrer à eux que sous le prestige de la distance et dans l'auréole du pélerinage et de la vénération.

Ses premiers visiteurs, ses parents, ses amis ou des fanatiques, ne peuvent consentir au ridicule d'un voyage sans résultat. Quelle que soit l'impression ressentie de leur visite au Marabout, tous les pèlerins sont forcés de l'exalter prophète dans l'intérêt de leur considération personnelle. Par cette cause et par l'adresse des réponses du saint hadji, le mouvement de pèlerinage s'étant généralisé, il en résulta pour Alagui des richesses et une grande influence.

La nécessité de mettre à l'abri sa personne et ses trésors, poussa Oumar à s'emparer d'un point fortifié ; il choisit Tamba sur la limite de plusieurs états et sur la route la plus fréquentée du Haut-Sénégal. Il a peut-être moins recherché dans cette forteresse, une position stratégique comme on l'a dit, qu'un lieu plus facilement accessible au plus grand nombre de pèlerins.

A cette époque l'influence d'Alagui est purement religieuse et même mystique ; le prophète ne porte le trouble que dans les consciences ; le mouvement matériel qu'il occasionne se résume en pèlerinages individuels, d'où les fidèles rapportent une plus grande ferveur et des formules de prières orthodoxes, puisées à la source de l'Islamisme.

A mesure que la popularité d'Alagui grandit, son nom, même sans qu'il le veuille, devient le gage de toute espérance, le drapeau de tout mécontentement, et par suite une menace pour tout pouvoir existant. Ainsi compromis par son interposition consentie ou forcée, dans toutes les difficultés politiques du Sénégal, Oumar n'est plus protégé suffisamment par son influence spirituelle et par sa forteresse ; il n'y a d'autre alternative pour lui que dominer la politique de son pays ou en être victime.

Alagui, à la tête de la politique du Sénégal, cesse d'être, pour les hommes religieux du pays, un marabout vénéré ; ils trouvent que ses conseils, ses actes, ne sont plus inspirés par une morale absolue. A cette période, Oumar justifie ses moyens déloyaux de conquête et de gouvernement, par la fin religieuse qu'il assigne à son règne ; il est cruel envers ses ennemis et il attire dans son armée de la foi, des Bamanos sans religion.

A bien des époques de sa puissance, Alagui eut peut-être voulu s'arrêter, mais un empire religieux ne peut se soutenir que par la conquête et par le prosélytisme. Quand le prophète eut dominé la plupart des états de race noire, il se trouva en présence de la race blanche, les Maures et les Français. Je renonce à trouver une cause certaine à l'hostilité des partisans d'Alagui contre les Maures. Invoquerai-je une concurrence de marabouts ? une haine de race ? Je puis mieux apprécier leurs sentiments à l'égard des Français.

Le gouvernement de Saint-Louis n'eut pas refusé de reconnaître Alagui almami du Fouta et le prophète s'est flatté un moment de cette possibilité. Elevé à Saint-Louis, Oumar ne pouvait se méprendre sur la force militaire des Français, et il aurait personnellement évité toute hostilité contre nous, s'il eût été maître du mouvement qu'il avait occasionné.

Mais les chefs qui suivaient la fortune d'Alagui ont saisi, dans l'agitation religieuse qui se faisait autour de son nom, un moyen favorable de regagner leur prépondérance, compromise par l'influence politique des Français. En sorte que le mouvement alaguien, loin d'être révolutionnaire, a été plutôt conservateur des distinctions de la société Africaine, compromises par le contact nivelateur de notre civilisation européenne.

Il faut reconnaitre à Alagui, le grand mérite d'avoir su conserver le prestige de son autorité, en déclinant toute responsabilité des insuccès de la pratique. Il connaît la versatilité de ses compatriotes et pour ne jamais faillir, le Prophète évite toute action personnelle; il est le génie inspirateur de toutes les entreprises, mais c'est par des alphas (ses lieutenants), qu'il dirige les armées ou administre les états.

Il se ménage la ressource de pouvoir rejeter les revers, sur les péchés des peuples ou sur l'inhabileté des chefs. Comme Moïse, Alagui prie sur la montagne, quand son alpha guide ses guerriers au combat dans la plaine ; comme le chef des Hébreux, il veut soustraire son peuple à tout contact étranger.

Désespérant de rejeter les Blancs sur leurs vaisseaux, il veut ruiner leur commerce en dépeuplant leur voisinage. Il provoque une émigration en masse de ses fidèles vers le Haut-Sénégal et armé de la force considérable, que met à sa disposition ce soulèvement des peuples, il essaie d'enlever aux Français, toute prétention sur le Haut-Pays où il veut fonder son empire théocratique.

Dans ce but, il nous attaque à la fois dans notre prestige militaire, dans les facilités de notre navigation sur le fleuve et dans nos intérêts commerciaux. Il rue ses guerriers sur le poste de Médine, le plus faible et le plus éloigné, et occupe ses travailleurs à entraver la navigabilité du Sénégal, deux entreprises également folles ; Alagui devait aussi inévitablement échouer contre notre organisation militaire, que contre la force irrésistible du courant du Sénégal en hautes-eaux. Oumar trouvait contre nous des armes bien plus redoutables dans son talent de tailleur, que dans ses conceptions d'ingénieur ou de guerrier; il ne devait pas songer à proscrire absolument l'usage de nos tissus, dont une immémoriale habitude a fait une nécessité pour les habitants du Sénégal, il ne pouvait qu'en restreindre l'emploi.

Par une coupe en biais, de la culotte et du bonnet recommandé à ses fidèles, le Prophète est parvenu à obtenir une grande économie d'étoffe, sans préjudice de l'élégance et de la commodité de ces vêtements. Le bonnet d'Alagui servait de cocarde à ses partisans, et il n'eut pas été prudent pour un noir, de voyager dans le Haut-Sénégal ou dans le Fouta, sans un de ces bonnets. Toujours pour combattre le commerce français, Alagui recommandait à ses partisans le port d'une trousse : rasoir, pince et poinçon à épines, le tout de fabrication indigène.

Par suite de ses revers militaires contre les Français et des ravages faits par la famine dans les rangs de l'émigration, Alaguï, abandonné par un grand nombre de ses partisans, a renoncé à toute entreprise contre nous (surtout depuis la prise de Guémou) ; il s'est contenté de fonder un empire entre le Sénégal et le Niger, avec le concours de ceux qui sont restés fidèles, peut-être à lui mais sûrement à ses trésors.

Alagui a pris par ruse et par mauvaise foi tous les villages fortifiés qui voulaient lui résister. Les postes militaires du haut du fleuve ont suivi, sans pouvoir y mettre obstacle, les progrès de la puissance d'Alagui ; une organisation non militaire du Haut-Pays, celle par exemple que je proposerai plus loin, pour sauver ses intérêts menacés, se fût opposée activement à cette grande perturbation. Il lui eut suffi d'offrir aux timides un asile, de rallier toutes les oppositions et de jeter dix noirs résolus, dans tous les villages assez bien fortifiés et disposés à se défendre. Cette opinion ne peut affaiblir le mérite de la défense de Médine; pour essayer de prendre ce poste Français, Alagui a épuisé toutes l'énergie de ses nombreux combattants, il n'aurait pu demander à ses fidèles, de pareils efforts contre un village indigène.

C'est dans le Haut-Sénégal que peuvent naître, sans grands obstacles, des états formés et agrandis par la volonté et l'ambition d'un chef ; ces petits royaumes ne se soutiennent que par la valeur propre des fondateurs ; ils ne sont transmis à leurs successeurs que démembrés et amoindris. Telle a été, dans ces derniers temps, l'évolution du Bondou sous Saada, père de Boubakar.

Après avoir écarté ses frères et obtenu la renonciation du successeur légitime (pour donner à Charles-Quint l'Empire d'Allemagne, il fallait le refus de Frédéric-Le-Sage), Saada devint le chef d'un groupe de villages dans le Bondou. Il se donna la tâche de rétablir cet état, tombé en désuétude par l'insouciance des almamis, à faire acte de suzeraineté. Après avoir fait admettre sa suprématie par la plupart des petits chefs ses voisins, en les flattant ou les subjuguant, Saada voulut se faire reconnaître almami du Bondou à Boulébané, lieu consacré à cet usage par la tradition.

Comme tous les fondateurs d'empires, il trouva dans le cérémonial de l'investiture, l'occasion de marquer aux assistants, son intention bien arrêtée d'être maître dans ses états. La couronne n'étant pas, dans le Bondou, un attribut de la souveraineté, Saada ne pouvait ni la poser sur sa tête, ni dire : « Gare à qui y touche. » Il mit bas sa culotte et la montrant aux assistants : « Se trouve-t-il, parmi vous, des formes qui aillent mieux à ce vêtement que les miennes ? »

Il était petit et maigre ; cette culotte n'allait qu'à lui. Seul aussi il avait : assez de courage et d'énergie pour châtier ses ennemis et secourir ses alliés, assez de justice pour mériter l'estime de ses sujets anciens et nouveaux, assez d'intelligence pour comprendre la force et la richesse que son peuple retirerait de ses relations commerciales avec les Blancs.

Les états du Haut-Sénégal sont petits ; le Bambouk est formé par la confédération d'un certain nombre d'entr'eux. Dans leurs dissensions, les chefs des états confédérés en appellent souvent aux armes de leur protecteur, Sambala ou Boubakar (corruption d'Aboubêkre).

Ces deux chefs sont nos protégés. Le titre de *Sambala* est d'avoir associé son village de Médine à la défense du fort de ce nom, contre le siége et les assauts des bandes d'Alagui. Dans cette occasion

Sambala a fait preuve de dévouement aux Français et surtout d'un coup d'œil politique exceptionnel : il a su résister seul, à l'entraînement qui portait vers Alagùi, tous les autres chefs, même le fils de Saada, *Boubakar*. Ce dernier, chef actuel du Bondou, s'était toujours montré favorable à l'alliance française ; il a racheté son erreur par des services réels, à propos de l'occupation de Kéniéba et à l'attaque de Guémou.

Sambala, chef d'un pays peu favorable à des cultures étendues, envoie de ses sujets et de ses captifs, cultiver dans des pays plus ou moins éloignés, principalement dans le Bambouk : d'où ses relations dans ce pays. Son instinct guerrier pousse Boubakar à intervenir entre les états de cette confédération.

L'humeur belliqueuse de ces deux chefs, nos protégés, fait le plus grand tort à notre réputation de justice dans le Haut-Pays. Y consentant ou malgré lui, le gouvernement du Sénégal est toujours plus ou moins rendu responsable de l'intervention de ces deux rois : parce qu'ils sont nos protégés, et surtout parce qu'ils se disent autorisés et qu'ils peuvent montrer, aux premiers rangs de leur armée intervenante, des noirs soumis à la loi française.

On s'exposerait à s'égarer en cherchant, parmi les mobiles des ambitions européennes, les motifs qui ont poussé certains chefs noirs à étendre leurs domination. Ce qui m'a le plus frappé de ces fondateurs d'empires personnels, c'est leur empressement à imposer à leurs conquêtes, non pas des taxes mais une législation particulière.

Cette conduite me les dénonce comme ayant obéi dans leurs envahissements, bien plutôt qu'à un vulgaire intérêt, à une conviction religieuse ou philosophique. Ils me paraissent n'avoir cherché à étendre par leur domination, qu'un champ d'expériences, pour les conceptions gouvernementales de leur esprit. De ces législateurs philosophes on peut dire au propre aussi bien qu'au figuré : *ils ont soumis des peuples à leurs lois.*

Qu'on ne soit pas étonné de l'influence que peut acquérir, sur des populations à organisation simple, l'individu ayant foi dans sa mission. Dans nos pays à activité sociale, un utopiste végète et meurt d'inanition ou de folie ; mais dans les contrées où l'activité personnelle peut se développer en liberté, une idée fixe peut conduire haut et loin un homme bien né, bien apparenté et qui met une volonté ferme au service d'une ardente conviction.

Il est de fait que des populations récemment conquises, encore tout étourdies de leur changement de chef, sont tout disposées à servir de sujets aux expériences les plus hardies, à supporter les lois les plus étranges.

La fantaisie des législateurs africains reconnaît cependant des limites. Tous, nés dans la caste privilégiée, ils se garderaient bien de toucher à une organisation sociale dont ils bénéficient ; ils se verraient bientôt abandonnés par leurs pairs, s'ils laissaient deviner la moindre intention de niveler les castes ou de relever les captifs. De même, les réformateurs religieux ne peuvent se mouvoir que dans les limites d'élasticité des textes du Coran.

Il reste aux législateurs africains le sujet le plus varié et le plus intéressant : la femme.

La femme joue un rôle important dans notre société, mais elle tient peu de place dans notre code. Elle constitue l'intérêt dominant et peut-être unique de la société africaine, et cet intérêt est rendu plus complexe encore par la polygamie (1).

On peut admettre dans la société sénégalaise deux sortes de divisions distinctes : une division suivant la caste, une autre suivant la liberté.

Les *captifs* peuvent appartenir aux diverses castes ; un guerrier, un prince faits prisonniers deviennent captifs ; malgré leur état de dépendance, ils

---

(1) Le lecteur trouvera pages **119-121**, dans la *polygamie*, sa place naturelle, la fin de ces réflexions.

regardent au dessous d'eux un homme libre de condition inférieure. Il y a des captifs faits par la guerre, des captifs achetés et des captifs nés de captifs ; ces derniers, dits captifs de case, sont les plus estimés ; ils font partie de la famille. La plupart des captifs ne sont vendus que parce qu'ils valent peu.

On pourrait être étonné de voir désigner la dépendance par des mots différents, *esclavage* en Amérique, *captivité* en Afrique ; je vais montrer que la différence du mot se retrouve dans la condition elle-même, différente dans l'Ancien et dans le Nouveau-Monde.

En Amérique, il existe entre le maître et l'esclave une dissemblance tranchée et ineffaçable, d'origine, de race, de couleur. En Afrique, le captif est africain, noir comme le maître et tel changement de fortune s'est rencontré, qui a interverti les conditions. La différence de race, contribue à rendre les captifs des Maures plus malheureux que les captifs des Noirs.

Chez la plupart des peuples du Sénégal, pasteurs ou cultivateurs, le travail du captif se borne à assurer les besoins du maître et de sa famille, dont tous les membres l'aident dans les travaux des champs et dans la préparation des aliments. La tâche de l'esclave du colon n'a pas de limite, il doit travailler à la satisfaction des besoins de son maître et à l'accroissement sans bornes de sa fortune.

Lorsqu'on étudie la condition des captifs chez les

peuples privés de relations suivies avec les Européens, on la trouve peu différente de celle des hommes libres ; les enfants des captifs sont élevés comme les enfants de la maison, le fils du maître ne se distinguera du captif adolescent et homme, que par la possession d'un fusil, peut-être d'un cheval et de plusieurs femmes.

A mesure que nous considérons la captivité chez des peuples de plus en plus rapprochés de nos établissements, nous trouvons cette condition de plus en plus dure. Aucune production ne peut satisfaire les besoins de notre commerce ; d'un autre côté, les désirs des maîtres, et ceux plus impérieux de leurs femmes, sont d'autant plus aiguillonnés par l'attrait de nos marchandises qu'elles sont plus à leur portée; de là, dans la production, une activité plus grande obtenue par l'exagération du travail des captifs. Les captifs les plus malheureux du Sénégal, sont les noirs que les Maures occupent à la récolte de la gomme, ceux dont le travail poursuit un but plus spécialement commercial.

Les captifs plus rapprochés de nous sont soumis à un travail plus soutenu, et ils vivent au contact d'une société qui répudie l'esclavage! Ces deux positions s'ajoutent pour séparer les maîtres et les captifs ; enregistrons cet effet produit, comme un des dangers que les chefs clairvoyants reconnaissent à notre voisinage!

Aucune société ne pourrait conjurer les dangers de l'esclavage, si elle n'adoptait une mesure qui serve de soupape de sûreté, contre les situations tendues causées par cette institution.

En Amérique, les lois défendent l'esclave contre le caprice absolu de son maître, en le mettant sous la tutelle d'un avocat du gouvernement.

En laissant à l'esclave un moyen facile de se soustraire à un maître impitoyable, les sociétés moins organisées de l'Afrique forcent les maîtres à être humains et donnent à une captivité intolérable, une autre issue que la fuite ou l'assassinat.

Le moyen varie suivant la nature de la captivité. Dans les petits états du Bambouk, le captif, habitué à une servitude douce, a le droit d'être plus difficile et il se dérobe à un maître inquiet en en choisissant un autre, de préférence un parent ou un ami du premier.

Chez les Maures où les captifs peuvent être malmenés, chez les Toucouleurs et chez la plupart des Yolofs, on exige du dépendant un acte plus décisif ; le moyen paraîtra singulier : un captif choisit un nouveau maître en lui mordant l'oreille, ou à son fils ou à son cheval favori.

Les Maures les plus respectés pour leur esprit de justice, portent aux oreilles les traces de leur humanité ; quelques riches, les plus humains, sont entièrement privés de saillie auriculaire. Il est des pays où on marque les voleurs en leur coupant les oreilles !

De quelque manière légale que le captif force au changement de maître, le nouveau propriétaire acquitte à l'ancien la valeur minimum d'un captif ; le maître se trouve ainsi puni de son humanité et la richesse de la tribu ou du village ne se trouve pas amoindrie, puisque le captif est conservé.

Les peuples de l'Afrique ont raison de ne faire intervenir la justice entre le maître et le captif que dans le cas de sévices graves ; la plainte d'un serviteur contre son maître irrite celui-ci et rend plus pénible la dépendance du captif. La justice sénégalaise laisse le maître libre de ses actions ; mais, lorsque celui-ci est assez aveuglé par sa haine ou par sa mauvaise nature, pour passer outre à son intérêt, la loi donne au captif le protecteur qu'il s'est choisi, assez bon pour lui servir de maître, assez fort pour le défendre.

Les captifs de case ne recourent à ce moyen de changer de propriétaire, qu'à la dernière extrémité et ils savent choisir leur nouveau maître avec lequel ils se sont ordinairement entendus à l'avance. Les captifs récemment achetés fuient quelquefois trop facilement ; leur maître nouveau n'est souvent pas flatté d'un choix qui lui fait un ennemi, pour un captif dont il ne connaît pas la valeur ; quelques chefs indigènes se décident dans ce cas à ne pas sanctionner le changement.

Dans les états assez considérables du bas du fleuve, de pareilles décisions n'offriraient de dangers, que si les captifs étaient assez nombreux et assez forts pour se soulever ; mais dans les états plus petits du Haut-Sénégal, des captifs errants ont pu se réunir ; et sous la conduite de Bougoul, ils ont fondé, en Farabana, un refuge fortifié pour les captifs marrons.

Pendant mon séjour à Sénoudébou, Sambala, chef de Médine, mit le siége devant Farabana où s'étaient réfugiés cinq captifs évadés de chez lui. Le chef de Farabana, pour être sûr que les murailles seraient bien gardées, mettait en sentinelle pendant la nuit, les cinq captifs pour lesquels le village souffrait le siége. Peu de temps après, Boubakar faisait une expédition dans le Bambouk, il mettait de même le siége devant un autre village.

En écoutant le récit que nous ont donné de ces deux faits d'armes, des chefs qui y ont pris part, il nous semblait lire un passage du Livre des Rois, dans l'Ancien Testament : les assiégeants avaient construit un village auprès du village assiégé, et chacun récoltait le mil à sa portée, sans s'exposer aux coups de l'ennemi ; la victoire devait être le prix du plus patient. Sambala ne pouvant espérer la reddition de ses captifs, cherchait à les prendre par la famine, mais aussi par la crainte des Français dont il se disait autorisé.

Notre politique a poussé, tantôt à la protection,

tantôt à l'abandon de l'asile de Farabana ; chacune de ces manières de voir a son bon côté. Farabana répond à une idée d'affranchissement que nous ne pouvons qu'encourager ; d'un autre côté, ces esclaves fugitifs se conduisent quelquefois comme des voleurs. La moralité, au point de vue européen, de ceux par lesquels nous les laisserions attaquer, est-elle toujours irréprochable ?

Chez les Bamanos, l'autorité est ordinairement entre les mains de la domesticité d'origine captive ; les mœurs actuelles de ces peuples ressemblent, sous ce rapport, à celles de nos temps Mérovingiens éclairées par Augustin Thierry. Les rois confient leurs trésors, leurs négociations, leur armée, etc., à des captifs de case qui sont, pour les finances, les affaires étrangères, la guerre, etc., les vrais ministres du roi, dans l'acception latine du mot *minister*, serviteur ; une interversion dans la captivité n'est pas rare chez les Bamanos.

Je ne veux pas omettre sciemment, à propos de l'esclavage, deux faits à l'honneur des maîtres. J'ai eu à l'île de Tod pour travailleur, un captif des Maures qui s'était affranchi, en venant à nous pendant la guerre. Ce noir avait conservé la plus grande vénération pour ses anciens maîtres ; c'était avec un embarras respectueux sans humilité, qu'il adressait la parole aux Maures de race blanche, auxquels nous avions affaire.

Le chef d'un village voisin de Kéniéba ayant été assassiné, ses captifs se sont dispersés dans différents pays; mais ils sont prêts à se réunir autour du fils de leur ancien maître, élevé aux otages à Saint-Louis, dès qu'il sera en âge de s'établir.

Chez tous les peuples du Sénégal, les professions sont héréditaires; de là, la répartition des familles en castes.

La plus noble des professions est l'agriculture chez les peuples sédentaires, la conduite des troupeaux chez les nomades; les pasteurs ou les agriculteurs constituent la population fondamentale de l'état africain; c'est à eux surtout qu'est réservée la défense du pays.

Cependant, dans les états plus précisément organisés pour la guerre, la profession des armes devient une spécialité, exercée par une caste particulière plus ou moins considérée.

Les Tiédos forment la milice du Cayor; leur influence est grande comme corps, leur considération individuelle est moindre; leur organisation rappelle celle des Janissaires et des Mamelouks.

Les princes Maures (dans l'acception latine du mot

principes, principaux), auxquels le nom de seigneurs conviendrait mieux, forment des tribus essentiellement guerrières, qui remplissaient primitivement, dans leur société nomade, le rôle de protecteurs. Les tribus des pasteurs proprement dits et des marabouts s'occupent exclusivement du travail des troupeaux ou de commerce, sous la tutelle des tribus des princes, qui sont chargées de les protéger. Les tribus de travailleurs ainsi affranchies du souci de leur défense, paient pour leur protection. On donne le nom de tributaires aux groupes et aux hommes ainsi protégés, quand ces derniers ne sont pas marabouts. Actuellement, les tributaires sont guerriers, ils combattent généralement à pied. C'est l'organisation de l'Europe au moyen-âge.

Les marabouts s'occupent de commerce, d'instruction, de médecine, de législation ; ces lettrés de la société maure sont les ministres de la religion.

Chez les Maures, les différences de caste se retrouvent jusque sur le champ de bataille : un prince sort des rangs et provoque un prince du camp opposé ; son hérault, les héraults ennemis ; le forgeron, un forgeron ; etc. Un homme d'une caste inférieure ne peut tuer un ennemi d'une naissance supérieure ; dans le meurtre du roi des Braknas, chacun de ceux qui se trouvaient sous la tente, a été assassiné par un compétiteur de son rang.

Tous les métiers sont avilissants, le travail du bois,

celui des métaux. Ceux qui travaillent le fer travaillent aussi l'or, et ils sont nommés forgerons.

La caste objet de la plus grande répulsion, est celle des chanteurs ou griots ; ce sont les hérauts d'armes, ils suivent les guerriers et chantent leurs exploits ; Boubakar est accompagné par une femme griot d'une énergie peu commune, elle le suit à cheval partout, même dans la mélée, et Boubakar est très-brave ; dans le Haut-Pays les griots sont des parlementaires respectés, on voit que l'humilité de leur condition est compensée par certains avantages. Nous retrouverons ces castes dans la pratique de leurs métiers.

Les Laobés ou Labos forment une caste par leur profession, mais en réalité une sorte de nation disséminée dans le Sénégal, comme les Bohémiens en Europe. Les Laobés travaillent le bois et ils s'établissent en pleine forêt où ils débitent les arbres qu'ils changeront en mortiers, pilons, baganes ; ils sont très-sociables ; leurs femmes vont vendre dans les villages les produits de l'industrie de leur campement. Ils sont sans préjugés, mangent du sanglier, du serpent, chassent avec des chiens et marchent avec des ânes. Les ânes et les chiens des Laobés, traités avec égard et soignés par leurs maîtres, sont les plus beaux du Sénégal.

Je ne sais pas quelle peut être la population disséminée de cette tribu, sa coopération serait avantageuse, car elle renferme les hommes les plus adroits du Sénégal.

J'ai trouvé, éparses dans divers villages du Haut-Sénégal, des familles appartenant à une même race vivant d'une même industrie ; les hommes sont pêcheurs, les femmes fabriquent des poteries. Je n'ai pu me défendre, en présence de leur dissémination sans se confondre au milieu des peuples, de les comparer aux juifs ; leur nom de Djavaras, qui rappelle celui de Juiverie, a complété mon illusion.

***

La religion musulmane est suivie par la plupart des peuples du Sénégal, mais pratiquée différemment suivant leurs mœurs ou leurs caractères particuliers.

Les Maures, pasteurs nomades, ont été séduits par le mysticisme du Coran, en harmonie avec leur nature contemplative. Par une légère modification dans le mécanisme du chapelet, ils ont fait d'un acte pieux, un utile passe-temps de leur existence désœuvrée ; à une courte prière répétée 100 fois (nombre des grains du chapelet), ils ont substitué la répétition 100 fois, de chacun des mots ou groupes de mots dont se compose cette prière. Par cet artifice bien simple, l'égrènement du chapelet soustrait à l'empire de l'attention, devient un acte automatique qui ne coûte aucun effort à l'esprit; l'organisme est ainsi si bien monté pour la prière, qu'il faut un acte effectif de volonté pour ne pas prier. Il n'a fallu rien moins qu'une expérience personnelle, pour me révéler la vertu du chapelet maure comme distraction.

Les habitudes contemplatives de la vie pastorale et le besoin d'une prière automatique, n'expliquent guère que la religiosité individuelle des Maures. Ce peuple est entretenu, par l'influence des marabouts, dans une religiosité sociale qui l'entraîne à l'hypocrisie toujours, et quelquefois à un fanatisme cruel.

Leur science et leur richesse ne suffiraient pas à les maintenir à la hauteur des princes, les marabouts demandent à la religion un appui moral qui contrebalance, auprès des masses, l'ascendant de la force matérielle des tribus guerrières.

Les Peuls sont pasteurs comme les Maures, mais la simplicité de leur constitution sociale et l'égalité de ces hommes devant le troupeau, les affranchissent de la pression d'une tribu de Lévi, qui exploite leur esprit religieux; ils s'abandonnent à une religiosité douce, purement individuelle.

Nous remarquerons des différences analogues, dans la manière dont les peuples cultivateurs suivent les prescriptions du Coran.

La foi des Yolofs du Valo est ébranlée par le contact de notre croyance différente de la leur. Ne subirait-elle pas plutôt l'action dissolvante de notre indifférence? Le Cayor est la patrie du beau langage volof, la source des poésies et des chants qui se répandent chez tous les peuples de même langue; l'esprit religieux du Cayor se ressent de la spiritualité et du spiritualisme de sa population.

De tous les noirs du Sénégal, les plus fanatiques sont les Toucouleurs; ce peuple remuant forme dans le Fouta Sénégalais un certain nombre d'états confédérés, agités de passions politiques, religieuses et sociales; son chef électif, l'almami est presque un pontife dont on annule souvent le pouvoir temporel. Le Fouta est le refuge des marabouts les plus instruits, c'est le point de départ naturel de toutes les croisades prêchées, en faveur d'une idée religieuse ou sociale, par tout marabout revenu de la Mecque, qui a voulu ou voudra bouleverser le Sénégal.

Si du Fouta on avance dans l'intérieur, on voit la passion religieuse s'amortissant chez les peuples préoccupés de soins matériels. Elle se maintient cependant à un certain niveau jusqu'au Fouta-Djallon, à travers tous les peuples qui parlent le Poul; mais l'esprit religieux ne paraît guère s'accommoder de la langue mandingue. Les natures fortes en matière et en bonhomie des Bamanos, se prêtent peu aux rêveries du mysticisme ; les promesses du paradis de Mahomet, malgré leur matérialisme, ne réussissent pas à détourner ces hommes positifs, de la réalité des biens de ce monde.

Je n'ai pu découvrir la moindre pratique religieuse parmi les actes des Laobés : vivant dans les bois par petits groupes isolés, affranchis de toute loi civile ou religieuse, ils paraissent n'obéir qu'à leur droiture naturelle.

La plupart des peuples du Sénégal, même ceux qu'influencent faiblement les idées religieuses, ont accepté dans le Coran, un code civil en harmonie avec leurs mœurs. Parmi les défenses du mahométisme, la proscription des liqueurs fermentées, n'est pas la moins favorable à la moralité des populations indigènes.

Je vais présenter ici quelques réflexions sur le fétichisme et sur plusieurs coutumes barbares, plus ou moins dépendantes de la religion des peuples de la côte occidentale d'Afrique.

J'engage le lecteur, qui voudrait apprécier justement cette partie des mœurs africaines, à surmonter d'abord le sentiment d'horreur et de dégoût, inspiré à l'Européen, par les pratiques monstrueuses des sacrifices humains et de l'antropophagie religieuse.

En étudiant plus intimement ces mœurs étrangères, on est conduit à rechercher, si toutes ces cruautés ne sont pas d'une nécessité relative. Un abus quel qu'il soit porte en lui-même, dans sa nature même d'abus, la raison de sa fin ; des coutumes grossières, injustes et inhumaines ne sauraient persister aussi longtemps, chez autant de peuples, sans de puissantes raisons que je tâcherai de faire ressortir.

Celles des populations africaines qui ne sont pas musulmanes, sont dites fétichistes. On verra dans le cours de ce travail, le mot *fétiche* pris dans divers sens ; dans son acception la plus générale, il désigne des êtres matériels, animaux ou statuettes, adorés comme dieux. Je constate qu'on ne taxe de fétichisme que les peuples ignorant l'écriture ; parce qu'ils n'ont pas de livres sacrés où nous trouverions la preuve du spiritualisme de leur religion, et l'explication de ces symboles, que nous nous empressons de prendre pour des idoles ou des fétiches.

Existe-t-il une religion qui, vue extérieurement, ne nous présenterait pas des images fétiches ? Peut-on croire que Cicéron ait adoré Jupiter Capitolin ; Périclès, la Minerve de Phidias et les prêtres Egyptiens, le bœuf Apis ? Malgré leur intérêt à nous montrer les peuplades sauvages plongées dans le fétichisme le plus grossier, les missionnaires ont la bonne foi de constater l'idée spiritualiste, de la plupart des religions qu'ils ont étudiées avec quelque soin

Je ne connais pas en Afrique de population faisant la chasse à l'homme ou lui donnant la mort pour se nourrir de sa chair. S'ils peuvent justement se défendre d'être cannibales, presque tous les Africains non musulmans ne peuvent cacher leur attrait pour la chair humaine. Ils n'y goûtent ordinairement que dans des cérémonies religieuses, auxquelles ils n'admettent que les hommes faits et de condition libre. Dans les pays à mœurs patriarcales on ne sacrifie pour ces coutumes que des captifs criminels.

La population libre du Gabon est essentiellement pusillanime ; elle exploite la terreur qu'inspire aux captifs le redoutable festin, pour entretenir sous sa dépendance des individus parfois énergiques. La politique sociale des 'Mpongoés, consiste à avoir toujours un prétexte plausible et sacré, pour immoler un captif dangereux ou inutile. Ils ont imaginé pour cela le dogme de l'immortalité entière de l'homme libre, les animaux et par extension les captifs étant seuls sujets à la mort naturelle. Un libre ne pouvant s'éteindre de vieillesse ou succomber à une maladie, sa mort est toujours attribuée au poison servi par un captif ; une enquête dirigée avec habileté fait découvrir coupable, le captif voué d'avance au sacrifice : les Gabonais sont cruels par peur et par faiblesse.

En même temps que les distinctions sociales se compliquent, les sacrifices humains se multiplient et ils atteignent l'importance de première raison d'état dans le Dahomey, la plus fortement organisée des autocraties de la côte occidentale d'Afrique ; il suffit d'avoir la moindre notion de l'état social du Dahomey, pour reconnaitre l'inutilité de demander au souverain et aux grands de ce pays, l'abandon de la guerre au printemps et des hécatombes humaines : autant vaudrait leur conseiller le suicide. On ne peut songer à déraciner cette coutume. qu'en emportant l'état social sur lequel vit ce monstrueux produit.

Soyons moins sévères pour des populations peu cruelles, auxquelles il ne répugne pas d'utiliser le résidu de la vie humaine. Au Gabon, des Fans (vulgairement Pahouins) venaient simplement nous demander la permission de déterrer des morts pour s'en nourrir. La mode, adoptée par ces hommes, d'appointer leurs dents à la lime, leur donne un premier aspect féroce ; la plupart d'entr'eux sont doux, braves et positifs.

Je me sentirais plus en sûreté, prisonnier chez les Fans à la dent aiguisée contre les cadavres, que parmi des Maures et des Toucouleurs auxquels leur religion inspire le respect des morts, mais que le fanatisme et un caractère anxieux poussent à la cruauté envers les vivants.

Cette opinion n'a du paradoxe que le prime-aspect. L'utilisation du cadavre atténue dans mon esprit, la cruauté des cannibales, tout comme l'utilité de leur profession nous fait absoudre de leurs meurtres, le boucher, le chasseur et le destructeur d'animaux nuisibles : lorsque nous punissons le charretier qui maltraite ses bêtes de somme.

Au Dahomey, les nombreux cadavres des sacrificiés servent de trophée mais non de nourriture. Les chefs de ce pays croiraient affaiblir la terreur, importance morale des sacrifices humains, s'ils les faisaient servir à une satisfaction matérielle.

On a tort d'assimiler, au jugement de Dieu dans notre moyen-âge, l'épreuve du poison usitée chez un grand nombre de peuples africains. Ce breuvage judiciaire est loin d'être la remise au hasard, du prononcé d'un jugement difficile ; c'est quelquefois une épreuve morale, par laquelle le magistrat cherche à reconnaître la culpabilité dans la physionomie de l'accusé. L'avalement du fétiche africain est essentiellement: l'exécution par la divinité, d'un jugement rendu par les féticheurs.

Quand un homme soupçonné d'un crime capital, après une enquête et une instruction que ne désavouerait pas le plus retors de nos magistrats instructeurs, les débats ont lieu au grand jour sur la place publique ; le juge engage l'accusé à avaler le fétiche, dont il a gradué l'énergie d'après les charges de l'accusation. Le coupable convaincu tombe foudroyé tandis que l'innocent manifeste n'a bu que de l'eau claire ; des coliques servent d'avertissement et provoquent des remords, au coupable qui a bénéficié des circonstances atténuantes, ou d'une faiblesse dans la conviction du juge.

Je sais que dans les états où règne l'arbitraire, dans une société gangrénée, des juges corrompus proportionnent l'inocuité du breuvage à la générosité de l'accusé ; ce fait malheureusement commun ne prouve rien contre le fétiche judiciaire, le mode de procéder serait différent que la justice n'y gagnerait rien : une sentence tue aussi iniquement qu'un breuvage empoisonné.

Tout autre nous paraît ce système, fonctionnant dans un pays de moyenne moralité, dans lequel les juges sont retenus dans le droit par sentiment du devoir ou par égard pour l'opinion. On sent la vénération qui s'attache au magistrat dont la divinité elle-même se charge d'exécuter la sentence ; le sentiment religieux et le respect de la chose jugée sont fortifiés par l'accord du dénouement, avec la prévision de l'assemblée d'après la marche des débats. Dans les cas rares de divergence, l'individu sera d'autant plus porté à s'incliner devant la justice, que l'affaire aura été difficile, et qu'il reconnaîtra l'équité des autres jugements.

Le respect des Noirs pour les sentences au fétiche a sauvé la vie à Lander. Ce hardi voyageur avait descendu le Niger et il se voyait près de suivre jusqu'à la mer, ce fleuve au cours alors mystérieux, puisqu'il était arrivé dans un pays en relation avec des Blancs. Mais ces Blancs étaient des négriers intéressés à cacher leurs opérations, et ils engagèrent les chefs du pays à faire périr Lander. Les féticheurs accusèrent le voyageur d'avoir des intentions malveillantes, et sur ses dénégations ils lui proposèrent le fétiche comme preuve. Une dose d'émétique adroitement mêlée au poison servit à prouver l'innocence de Lander, qui rendu sacré par l'épreuve du fétiche, n'avait plus rien à redouter de ses ennemis.

Dans les sociétés africaines infestées de théocratie, toutes les lois humaines sont placées sous la responsabilité et la sauvegarde de la divinité : les prescriptions hygiéniques et les mesures de police tout comme les sentences judiciaires. On ne sera pas étonné si le mot fétiche que nous pourrions traduire par sacré, signifie le plus souvent, comme on va le voir, défendu mais défendu par une loi divine.

Pour réserver le poisson du fleuve de Grand-Bassam, les chefs du village de ce nom ont déclaré le fleuve fétiche pour la pêche, certains jours de la semaine pendant lesquels on ne peut chercher à prendre du poisson, sous peine de mort. Dans ce même village, le roi Piter fit déclarer fétiches, des reproducteurs de race bovine qu'on lui avait donnés ; en même temps Amatifou, chef d'Assinie, faisait déclarer fétiches des pigeons dont on lui avait fait cadeau; mais ces oiseaux s'étant multipliés au point de nuire, il fit renverser le fétiche; le meurtre d'un pigeon, qui auparavant était un crime capital, devenait dès lors œuvre-pie.

Toutes les lois fétiches ou théocratiques empruntent leur rigueur de l'origine sacrée qu'on leur attribue ; mesurée à l'importance de l'offensé, Dieu, l'offense de leur transgression, toujours extrême, appelle le châtiment extrême, la mort. On trouve très adoucie dans la pratique, la rigueur de cette déduction, chez ceux des peuples africains assez heureux pour jouir d'un gouvernement paternel, de juges justes et de ministres de la religion sages et moraux.

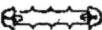

J'ai séparé avec intention la polygamie de la religion, pour la considérer partie intégrante de la constitution civile. Les habitants du Sénégal ne sont pas polygames parce qu'ils sont musulmans, mais ils n'ont adopté le mahométisme que parce que cette religion tolère la polygamie. Cette condition civile est naturelle aux habitants de l'Afrique, qui musulmans, fétichistes ou sans religion, sont à peu près tous polygames.

Tous les efforts des missionnaires chrétiens, catholiques ou protestants, ont échoué contre l'incompatibilité qui existe entre le christianisme et la polygamie.

Devant cet accord de la plus grande partie de la société asiatique et africaine, à persévérer dans la polygamie, on ne peut se défendre de soupçonner à cette institution, une cause impérieuse d'ordre physique. Une prédominance dans la population féminine est la première cause qui se présente à l'esprit, elle se trouve confirmée par l'examen des faits.

Par quelle voie qu'on procède à cette vérification sur une petite échelle, soit qu'on fasse un recensement partiel, soit qu'on enregistre des naissances au hasard, on constate une disproportion notable entre les deux sexes. Par ces deux moyens, j'ai trouvé entre les hommes et les femmes le rapport inquiétant : : 2 : 5. Si cette proportion existait dans une population de sept cents habitants nubiles, cette société étant monogamiquement organisée, elle présenterait deux cents ménages et trois cents femmes non pourvues !

J'admets que j'aie rencontré un écart exceptionnel; mais tant qu'il existerait une différence sensible, ne serait-elle que de un sur cinq, en enlevant à un cinquième ou à un sixième seulement des femmes, la possibilité de se marier, la rigueur d'une monogamie non mitigée, frapperait de dépréciation toute la population féminine de cette société.

J'ai souvent appelé l'attention des missionnaires, catholiques ou protestants, sur cette disproportion entre les sexes qui constitue, à la conversion des Africains, un obstacle insurmontable ; elle causerait un embarras toujours croissant dans leur société, si la monogamie leur était imposée par une pression civile ou religieuse.

Les missionnaires chrétiens ne peuvent nier l'évidence d'un pareil obstacle, mais ils trouvent dans l'ardeur de leur foi une espérance de le renverser.

Quelques-uns pensent que si la multiplicité des femmes nécessite la polygamie, en retour la polygamie exagère l'excès numérique des femmes ; ils espèrent qu'en rappelant les peuples à la monogamie, on ramènera dans les sexes une plus favorable proportion. Reste la difficulté de trouver une génération disposée à subir la disposition transitoire.

Ces missionnaires peuvent invoquer, à l'appui de leur espoir, le fait de quelques peuples riverains du Congo, de tout temps monogames. Ont-ils une seule femme, parce que les sexes sont balancés chez eux, ou l'égalité numérique des sexes est-elle obtenue, parce que les hommes n'ont qu'une femme ?

Des apôtres à la foi plus robuste, dédaignent l'argument précédent comme trop humain ; ils prient Dieu de faire cesser un état de nature, peu favorable à la propagation de son règne.

J'ai trouvé un prêtre qui a pris souci de ma remarque ; c'est un aumônier de notre flotte ; par son étude de l'homme sous tous les climats, il a appris à compter avec l'humaine nature. Après avoir reconnu qu'aucun des textes du Nouveau Testament ne s'oppose à la polygamie, il me répondit : « S'il y a un tel écart dans la proportion des sexes, la polygamie serait de nécessité naturelle et je crois le pape libre de déclarer, *ex-cathedrâ*, la polygamie compatible avec le catholicisme chez les peuples où elle existe civilement. La propagation du christianisme y gagnerait. »

D'après cela on pourrait croire les protestants libres de tolérer la polygamie ; mais les protestants paraissent se repentir d'avoir laissé tant de liberté dans le champ du dogme, ils sont d'autant plus sévères sur ce qui touche à la morale de convention chrétienne. Ils ont raison, car une religion dont on ne sentirait pas les entraves n'en serait plus une ; la religion qui se laisserait bercer par le rationalisme, se réveillerait philosophie.

La polygamie n'est pas seulement un obstacle à la propagation du christianisme ; comme institution civile, nous devons être prêts à compter avec elle dans notre extension coloniale.

Les unions polygames des indigènes musulmans de l'Algérie sont des contrats religieux. Nous voulons bien donner à ces contrats une sanction civile. Est-ce une concession à l'esprit religieux d'un peuple soumis, ou un moyen de tourner la difficulté de la prédominance numérique du sexe féminin ?

La population Européenne prend du développement en Algérie, il serait prudent d'en suivre le mouvement : la répartition des sexes dans les naissances, la plus grande mortalité des garçons. Tant que l'immigration qui porte principalement sur les hommes, fournira à l'accroissement de la population, la prédominance de la production féminine sera un bienfait ; il faut prendre des mesures pour le moment où cet avantage deviendra une difficulté.

Plusieurs de nos colonies commencent à ressentir les effets de cette difficulté ; le gouvernement doit prévoir le cas où il pourrait être mis en demeure d'avoir à faire céder, à temps dans l'intérêt de la morale, devant les exigences de la nature, des lois faites par les hommes, pour une zône particulière.

La polygamie est l'artifice par lequel, dans une société, la loi groupe toutes les femmes autour des hommes : ce groupement ne serait une répartition, que dans une société reposant sur l'égalité des conditions, ce qui n'est pas le cas du continent africain.

S'il y a plusieurs régimes sous lesquels un homme puisse épouser une seule femme, on peut imaginer une variété infinie de contrats pour lier un homme à plusieurs femmes.

La nature des obligations réciproques dépend principalement, des facilités qu'offre le pays à faire vivre ses habitants et de la proportion des femmes aux hommes. Ces obligations peuvent encore varier par suite de conditions morales, dont l'influence doit être prise en considération, quoiqu'elles soient moins importantes que les deux conditions d'ordre physique citées précédemment.

Pour ne pas avoir à entrer dans des détails d'une appréciation délicate, je vais mettre en regard les deux sortes de polygamies les plus disparates que j'aie rencontrées : l'une au Gabon, sous l'équateur, l'autre au Sénégal ; j'aurai soin de mentionner, après les détails concernant la polygamie de chacun de ces pays, les causes physiques auxquelles je rapporte les différences qu'on y remarque.

Au Gabon, un homme est considéré d'après le nombre de femmes qu'il a dans sa maison (le mot femme ne doit pas être pris ici dans le sens d'épouse car dans ce nombre, figurent sa mère, ses sœurs, ses filles, etc.) Aussi pour ne pas descendre en considération, un chef du Gabon ne donne-t-il en mariage à un autre chef, une fille, une sœur, qu'en recevant en retour une femme pour remplacer celle qui devra quitter sa maison. La différence de valeur des deux personnes échangées, convenue ou fixée par les anciens, est donnée comme appoint en marchandises ou en captifs.

Les Gabonnais estiment d'autant plus une femme, qu'elle est plus formée, qu'elle a plus d'enfants (ceux-ci suivent toujours la mère) ; chez eux la virginité donnerait lieu à réfraction. Au Gabon, chaque femme secondaire d'un chef polygame a un amant reconnu par le mari ; celui-ci le requiert pour ses travaux généraux, tels que pagayer dans sa pirogue de voyage, élever une case, etc.

La conséquence suivante est naturelle de cet ordre de choses : les jeunes gens du Gabon aspirent à avoir une femme à eux dans leur case, et tout l'effort de leur travail tend à les affranchir d'une dépendance qui les avilit et les prive de postérité. Le mari a acquis sa femme en en payant la valeur à ses parents ; toutes les femmes vivent en communauté avec le mari.

Le Gabon est un pays à bananes et à manioc ; la terre y fournit, à mesure des besoins, la nourriture de tous les jours ; l'homme n'est pas astreint à y construire des magasins pour renfermer ses réserves ; en un mot, au Gabon, la vie est facile, et comme conséquence les mœurs aussi. C'est le pays où j'ai relevé entre les hommes et les femmes, par le moyen peu rigoureux déjà indiqué, la proportion : : 2 : 5.

Au Sénégal, la polygamie est pratiquée suivant les prescriptions du Coran, je vais choisir quelques détails de mœurs qui la caractérisent plus particulièrement.

Le mari reconnaît à sa femme une dot considérable pour ses ressources. Il en paie comptant une partie assez faible, du cinquième au tiers. Il doit toujours le reste, mais il ne peut épouser une seconde femme qu'après avoir complété la première dot, et s'il dispose en outre de la première échéance d'une seconde dot.

Une femme adroite et jalouse a la faculté de pousser son mari à la dépense, pour le mettre hors d'état d'acquitter sa dot ; en agissant ainsi elle n'appauvrit pas ses enfants, si elle a le secret de s'enrichir par les cadeaux obtenus de la générosité de son mari.

La femme toujours maîtresse de ses biens, reste dans sa case à elle. Le mari qui a plusieurs femmes, doit les visiter toutes dans un ordre déterminé ; celle à laquelle il manquerait d'égards obtiendrait le divorce contre lui. En résumé le mariage est un contrat dans lequel la dot solde le dédit. Au Sénégal, la fidélité est obligatoire ; toute faute de l'homme ou de la femme entraîne déplacement de la dot au préjudice du coupable ; la dot sert à élever les enfants.

La virginité de la femme est reconnue par une addition souvent importante de la dot ; je connais un mari plein de munificence, qui a fait la galanterie de reconnaître sa virginité, à une veuve qui avait des enfants déjà grands.

Au Sénégal, le travail des champs dure peu de temps ; la nourriture récoltée en grains, riz, mil, maïs, exige d'être serrée dans des magasins, puis triée, pilée, granulée, cuite au fur et à mesure des besoins. La journée des femmes est très-occupée par les soins domestiques ; cette nécessité du travail accompagne ou produit une certaine sévérité dans les mœurs. Au Sénégal, la population féminine me paraît beaucoup moins prédominante qu'au Gabon.

Dans ces deux acceptions si différentes de la polygamie, constatons un résultat semblable que nous avons lieu de supposer propre à l'institution : par suite de la recherche des épouseurs, les filles sont, dans une société polygame, une richesse pour leurs parents.

Dans les climats chauds, l'homme ressent faiblement les besoins de s'abriter, de se vêtir ; la terre lui fournit l'aliment à peu de frais. On peut avancer hardiment, qu'au Sénégal la plus grande partie du travail des hommes sert à payer les dots de leurs femmes et à fournir à leurs caprices.

Il ne me plait pas d'insister sur les avantages de la polygamie au point de vue étroit de nos intérêts européens; je crois avoir fait entrevoir suffisamment que cette institution remplit le but, que je lui ai supposé, de répartir les femmes, en excédant dans une société, entre les hommes proportionnellement à la fortune de ceux-ci. Je désire amener mon lecteur à reconnaître que la polygamie pourrait bien être avantageuse surtout aux femmes.

Avant d'examiner, avec quelque délicatesse, une constitution civile qui mérite un examen sérieux par son extension à une grande partie de la terre, qu'il me soit permis de mettre hors de cause les pays où la polygamie n'a aucune raison d'être, d'ordre naturel.

Toute polygamie qui n'a pas son excuse dans un excès de population féminine, doit amener les conséquences les plus immorales. On est trop porté à étendre à la polygamie en général la répulsion qu'elle nous inspire dans son application à la Turquie.

Chez les Turcs vivant dans un climat européen, la disproportion numérique des sexes n'est guère appréciable; le but des harems des grandes villes est si peu de donner place à l'excédant de la population féminine que, pour les remplir, les envois des provinces de l'empire ne suffisent pas; on est forcé de les alimenter par des achats à l'étranger.

Une telle rupture d'équilibre amène comme résultats déplorables : la polyandrie, dans plusieurs des pays pauvres dont les jeunes filles sont vendues pour les harems et les habitudes turques, si communes chez les peuples qui ont subi la domination ottomane. Dans le harem turc, la femme vit dans l'indolence et l'oisiveté; souvent on l'y dispense de tout usage pour l'élever à la plus grande signification d'objet de luxe.

Les maures et les noirs du Sénégal n'ont pas subi

dans leurs mœurs, l'influence que j'attribue au contact de la domination turque.

Le législateur se borne à régler les relations individuelles dans l'intérêt de la société ; dans le mariage il se contente de faire exécuter les clauses d'un contrat, où se trouvent stipulés les droits des époux et des enfants.

L'œuvre du législateur est frappée de stérilité, si elle ne s'appuie pas sur les convenances individuelles dont l'étude est réservée au moraliste.

Il ne suffit pas de reconnaître dans le mariage sa signification la plus élevée, la perpétuité de l'espèce obtenue par le rapprochement des sexes, il faut encore avoir égard à l'intermédiaire apparent, sous lequel la nature cache ses vues sur l'espèce.

La nature ne nous montre directement que l'attrait des sexes comme moyen, et comme but que la satisfaction du désir des individus.

Sans l'attrait des deux sexes ou au moins de l'un d'entr'eux, il n'y a pas recherche, le mariage n'a pas de commencement ; sans leur satisfaction, il n'a pas de durée.

La polygamie remplit-elle ces deux conditions pratiques, d'encourager la recherche des sexes et de tendre à leur satisfaction commune ?

Ceux qui ne la connaissent que dans ses applications vicieuses admettent facilement que la polygamie est favorable aux hommes ; la considération suivante pourra atténuer ce que cette croyance a de trop absolu. Il n'est pas nécessaire de vivre longtemps dans une société régulièrement polygame, pour remarquer les embarras causés à l'homme, par la pluralité des femmes. Le plus grand de tous n'est pas l'obligation, où ses femmes le mettent, de travailler plus qu'il ne voudrait, pour satisfaire à leurs caprices.

Tout ce qui est un but à l'amour-propre de l'homme est pour lui une source de tracas : un équipage, une maison montée, une position honorifique élevée etc., dans notre civilisation européenne ; dans la société africaine, il faut y ajouter la pluralité des femmes.

Un fait prouvera mieux que tous les raisonnements ce que vaut la polygamie en faveur des femmes.

Un zélé missionnaire avait réussi à persuader un chef noir âgé ; il ne restait plus d'obstacles à sa conversion que ses nombreuses épouses. Le chef faisait volontiers le sacrifice de son ménage complexe et il consentait à le réduire à une seule femme, une des plus jeunes. Le sacrifice ne paraissait pas assez canonique au scrupuleux missionnaire, il lui imposa de garder pour femme la première en date, celle dont le contrat annulait celui des autres ; le vieillard céda encore sur ce point, à la condition que sa première femme consentirait à rester unique.

Le missionnaire ne doutait pas du consentement de l'épouse préférée par force, mais pour mieux l'assurer, il chargea la supérieure de l'établissement des sœurs, de la décider par les motifs que lui suggèrerait sa nature féminine.

On imagine l'éloquence de la sœur faisant appel à l'esprit de domination, à l'instinct de la jalousie, etc. La première femme lui répondit :

« Tu parles bien, mais si toutes les femmes partent,
« je resterai seule à la case et je m'ennuierai. Que me
« fait de commander si je suis seule femme ? De
« quelle considération peut jouir l'épouse d'un hom-
« me qui n'en a qu'une.....? »

J'arrive à l'argument d'ordre matériel... « Quand
« on est plusieurs femmes avec un homme, l'une va
« ramasser du bois, l'autre va chercher l'eau, une
« troisième le manioc, le feu est allumé par une
« autre, etc... la première femme ne fait rien.
« Quand on travaille la terre à l'habitation, on s'a-
« muse, on rit, on cause et le temps passe et la be-
« sogne se fait. Si mon mari était assez fou pour
« renvoyer ses autres femmes, plutôt que d'avoir
« tout à faire dans la maison, je partirais. »

Une dernière question d'ordre physiologique. La

polygamie donne-t-elle la satisfaction des sens la plus complète à la partie féminine d'une société? N'aurait-elle pas l'inconvénient d'éveiller chez toutes les femmes des désirs insatisfaits? Dans ce cas la monogamie serait plus juste, elle ne sacrifierait que la partie au lieu du tout. Les faits peuvent seuls répondre à une question aussi délicate.

Dans la plupart des pays polygames, tout comme dans les nôtres, les attraits naturels de la jeunesse et de la beauté, sont primés souvent par des exigences sociales, des considérations d'amour-propre, d'habitudes de luxe, de nécessités de la vie, etc.

De même que chez nous, des jeunes filles s'y laissent éblouir par des avantages de fortune, de position ; nous avons vu, dans l'exemple précédent, des femmes choisir les inconvénients de la polygamie, pour éviter une vie laborieuse dans une condition inférieure.

Les droits de la jeunesse et de la beauté ne règnent incontestés que dans les pays heureux, tels que Taïti, où la terre libérale laisse la femme, sans souci de son existence, libre de céder aux attraits de la nature.

Pour éclairer ce sujet délicat je dois combattre le préjugé qui attribue un tempérament exceptionnel aux femmes des pays chauds.

On prend à tort pour indice de tempérament, un naturel enjoué, des manières caressantes, l'amour de la flatterie, la coquetterie. On a l'habitude de faire, aux femmes coquettes, un mérite de leur habileté ou un reproche de leur peu de cœur ; je crois qu'elles ne méritent ni cet honneur ni ce blâme ; leur conduite est le plus souvent en harmonie avec leurs sensations.

L'étranger aux mœurs de l'Espagne, de l'Italie et surtout de certaines colonies étrangères, se méprend toujours dans son appréciation morale des femmes de ces pays.

Je ne crois pas qu'on puisse accuser justement de tempérament, des jeunes filles qui sortent à leur honneur, de certaines galanteries autorisées dans quelques contrées.

Le puritanisme américain ne manque pas de jeter la pierre à la facilité de quelques jeunes Allemandes immigrantes, aux Etats-Unis. Comment classer en moralité les jeunes filles de deux races : les unes résistent, les autres succombent aux pratiques dangereuses d'une *flirtation* outrée ?

Les unes offensent la morale naturelle, les autres la morale sociale.

La moralité et la pudeur ne perdent nulle part leurs droits absolus, mais leurs limites sont relatives aux races, aux climats et surtout aux difficultés matérielles de l'existence.

Dans les pays difficiles, où la virginité est en honneur, la moralité consiste à la garder. Dans les pays faciles, les relations naturelles sont tenues pour morales, est réputé immoral tout acte indirect.

Notre baiser européen, dont tant de formes sont innocentes, est regardé par certains peuples d'Afrique comme immoral ou insignifiant ; c'est au point que, dans la langue volove, il n'y a pas de nom pour rendre ce geste inusité chez les Yolofs ; quand ils voient deux européens qui s'embrassent, ils disent qu'ils se flairent.

Quoique dans certaines contrées les hommes soient presque nus, la pudeur n'a pas abdiqué chez eux ; elle se renforce en se concentrant, comme une défense repoussée jusqu'au réduit.

Nous stationnons sans rougir, au milieu des passants, devant des colonnes ou autres dispositions utiles, multipliées dans nos villes ; un besoin pressant pourrait seul faire surmonter à un noir, habituellement nu, sa répugnance naturelle.

Même dans les pays où elle est rendue nécessaire par l'excès numérique de la population féminine, la polygamie peut donner lieu, dans son application, à des mesures fausses et injustes ; on pourrait en relever dans la monogamie, telle qu'elle est pratiquée en Europe.

La valeur de l'institution n'est pas amoindrie par la manière vicieuse dont elle est appliquée.

Dans les deux formes extrêmes que j'ai esquissées de la polygamie, l'homme donne aux parents de sa femme ou à elle-même, une valeur qui varie suivant son âge, sa beauté, sa condition; il faudrait se garder d'en conclure que, par cette condition, le mariage devient un achat, la femme une marchandise.

Les Noirs, qui savent que chez nous les femmes apportent une dot en se mariant, disent : les femmes blanches valent donc bien peu qu'elles paient pour être épousées.

Celui qui se croirait obligé de répondre à une de ces deux appréciations, fournirait des arguments contre l'autre.

Le mariage n'emprunte pas sa moralité au côté d'où vient l'argent ni à son défaut d'intervention, mais au fait seul du libre consentement des parties contractantes; si après cela il consacre certaines injustices, elles sont généralement étrangères à l'institution, et dépendent de vices dans l'organisation sociale elle-même.

J'ai combattu la plupart des préjugés soulevés contre la polygamie, mais je ne défends pas cette institution; elle s'impose à toute société à prédominance féminine, comme la monogamie est naturelle aux populations à sexes à peu près égaux.

Les lois sur le mariage ne peuvent qu'être imparfaites chez tous les peuples; il est impossible de concilier, la mobilité d'esprit que les contractants tiennent de leur nature humaine, avec la nécessité sociale d'assurer une durée illimitée au contrat.

Cet antagonisme, entre les penchants naturels et les obligations sociales, apporte un élément bouffon à l'institution, la plus sérieuse de toutes par la gravité des intérêts qu'elle sauvegarde.

Les diverses législations sur le mariage, reflètent les mœurs des peuples et la préoccupation des législateurs. Parce qu'ils sont hommes et par de justes considérations d'héritage, les législateurs de nos pays organisés ont attribué plus de gravité à l'infidélité de la femme.

Etudiées avec cet esprit, les lois imposées par les conquérants africains nous paraîtront moins étranges. Nous devinerons l'infortune conjugale qui a fait édicter par l'un d'eux la peine de mort, contre la jeune fille trop impatiente et contre l'épouse infidèle la première année du mariage; l'infidélité n'étant passible, dans les années suivantes, que de peines pécuniaires très-adoucies.

Trop obsédé par un souvenir poignant, ce législateur voulait éviter à ses sujets un accident, qui avait fait le malheur de sa vie. Il ne croyait pas les autorités paternelle et maritale suffisamment armées, contre l'esprit de curiosité anxieuse qui pousse vers l'inconnu les jeunes individualités; il leur venait en aide par une loi barbare.

Quand on me demandera quelle a été l'efficacité d'une pareille loi, je répondrai qu'aucune femme n'a été mise à mort.

— Donc...?

— Non....! Les femmes ont trouvé un refuge naturel dans l'indulgence des pères et des maris, peu flattés d'une trop énergique immixtion de la loi dans leurs affaires de famille.

⁂

Les peuples du Gabon n'entendent pas la fidélité comme nous et comme les peuples du Sénégal ; la femme gabonaise n'est infidèle, que lorsqu'elle s'est cachée de son mari, et sa faute est atténuée par la circonstance de domicile conjugal : c'est, dans nos lois, la condition nécessaire pour rendre criminelle l'infidélité du mari !

A la jeune fille, les Gabonais préfèrent la femme dans son épanouissement ; tandis que, dans nos pays civilisés, la femme s'efforce de retenir les formes fugitives de l'adolescence, les Gabonaises cherchent à se donner précocement les apparences de l'âge mûr. C'est à la fois instinctivement et par coquetterie que les jeunes filles du Gabon au repos, joignent leurs mains sur le haut de leur poitrine ; dans cette posture, leurs bras exercent une action dépressive, toute contraire à celle que les dames civilisées demandent au corset.

Chez certaines peuplades de l'Afrique, on pratique des incisions sur la peau des seins aux jeunes filles, dans une intention de coquetterie, ou pour faciliter l'expansion ultérieure de ces organes de la lactation.

Les fonctions physiologiques suivent leur cours naturel ; aucune pratique ne peut les retarder ou les hâter, au gré des vœux contradictoires des peuples civilisés ou primitifs !

En accumulant à cette place des détails intimes de mœurs, je me suis proposé de montrer que, si les peuples dits sauvages diffèrent autant de nous, dans des actes purement individuels, nous devons nous garder de les juger à la mesure de notre société propre, si nous voulons apprécier sainement leurs intérêts économiques, politiques et sociaux. Je continue.

Tout le monde sait que les orientaux écrivent de droite à gauche contrairement aux peuples occidentaux ; il est moins connu que les peuples primitifs conduisent l'aiguille, dans l'action de coudre, inversement des peuples civilisés ; ils dirigent leur travail de gauche à droite et la main droite armée de l'aiguille, pique l'étoffe le pouce dirigé à droite et par conséquent la paume de la main en haut.

On croit à l'universalité de la pantomime, la langue par signes! Si, pour appeler un sauvage, vous persistez à ramener les doigts sur la paume de la main regardant en haut, comme à l'européenne, votre geste ne sera pas compris ; mais donnez à votre main la position inverse, et l'enfant de la nature répondra à votre appel.

Pour la plupart des hommes primitifs, la main fermée signifie cinq et la main ouverte zéro, toujours à l'inverse de la convention européenne. Enfin, plusieurs peuples comptent en partant du petit doigt.

Il ne me serait pas difficile de trouver des différences dans les actes moins usuels, je préfère en finissant signaler un accord : presque tous les peuples se servent de préférence de la main droite.

L'hérédité latérale est en usage chez quelques peuples du Sénégal comme elle l'était chez les Caraïbes; elle varie suivant la manière dont la propriété est constituée. Dans une société où un homme peut avoir plusieurs femmes, ayant chacune une habitation et des intérêts distincts, quelquefois opposés à ceux du mari, il était utile de donner à chaque femme, un tuteur pris dans sa propre famille.

Le frère aîné d'une femme, l'oncle maternel de ses enfants, se trouve le protecteur naturel de sa sœur et de sa famille; c'est à lui que la femme demandera conseil dans toutes les positions difficiles, et son consentement pour réclamer le divorce, contracter un nouveau mariage et marier ses enfants. Ces soins de protection attachent le frère à la famille de sa sœur, et ses neveux deviennent ses justes héritiers, si on a égard à la nature de l'héritage.

Les terres, au Sénégal, appartiennent au village ; le mobilier n'a jamais une grande valeur ; toute la fortune consiste donc dans les captifs ou les troupeaux. On comprend qu'il soit difficile de faire sortir les captifs de la famille de leur maître, représentée par la jeune fille avec laquelle ils ont été élevés, bien mieux que par le mari auquel elle est échue ; les troupeaux suivent les captifs, leurs gardiens.

En vertu de l'hérédité latérale, le père succède quelquefois au fils ; le neveu, après avoir hérité de son oncle, laisse en mourant son bien ou son titre à son père, à défaut d'ayant droit plus direct.

Chez les peuples du Sénégal, les injures majeures dédaignent la personne pour s'attaquer aux parents les plus vénérés ; il n'y est jamais question du père.

En Poul, langue des Peuls et des divers Foutas, on dit assez souvent *ifa foto* (par les glandes de ton oncle.) Les Yolofs injurient par la mère, la grand'mère ; ils demandent le mordant de leur insulte à des détails d'anatomie extérieure qui se dérobent, par leur précision, à l'artifice de la périphrase.

Les jeunes négresses ne cherchent pas à cacher une sujétion qui les consacre femmes ; pendant quelques jours du mois, elles portent une marque apparente, le plus souvent un mouchoir ou un ruban autour du cou.

Aux enfants des peuples généralement musulmans, dotés de l'écriture arabe, les marabouts apprennent à lire et à écrire des versets du Coran, à défaut de papier, sur des tablettes en bois ; par leur forme et leurs dimensions, ces tablettes ressemblent aux tables de la Loi, données par l'art comme attribut au législateur des Hébreux.

Chez les peuples ignorant l'écriture, l'enseignement privé de sa manifestation la plus commune, les caractères écrits, échappe à l'observateur superficiel ; un examen plus attentif fait reconnaître, même chez ces populations, un enseignement philosophique toujours pratique et quelquefois élevé.

Au Gabon, les enfants ne sont reconnus hommes et ne jouissent des prérogatives de cet état, qu'après un temps d'initiation pendant lequel, chez quelques peuplades, ils ne doivent pas se vêtir des étoffes de nos fabriques. Leur vêtement d'adolescent consiste en une ceinture d'où pendent, formant courte jupe frangée, un grand nombre de feuilles de palmier.

Je puis donner une idée de la philosophie pratique enseignée par les 'Mpongoës, au Gabon.

Ils supposent que la loi naturelle n'a pas même besoin d'être formulée, et ils se dispensent d'apprendre aux enfants leurs devoirs envers les personnes de leur condition. Mais ils reconnaissent les difficultés de la polygamie et les dangers de l'esclavage, et ils transmettent la règle de conduite, que l'expérience leur a révélée la plus propre à sauvegarder ces deux institutions bases de leur ordre social.

A leurs enfants, en les déclarant hommes, ils confèrent l'autorité sur leur famille; libres, ils les arment contre leurs captifs, de la permanente menace du redoutable festin. Ils leur enseignent une langue secrète, par laquelle les hommes libres peuvent se concerter sans être compris, au milieu de leurs femmes, de leurs enfants, de leurs captifs et des étrangers.

Les anciens du Gabon recommandent à leurs enfants de ne pas recourir souvent aux moyens de rigueur, généralement dangereux, bons seulement par exception ; ils leurs apprennent à ne compter, pour leur tranquilité dans la polygamie et pour leur sécurité au milieu de leurs captifs, que sur la douceur et sur l'esprit de justice. Les sauvages !

LE TRAVAIL.

—

La conduite des troupeaux et la culture forment la base du travail, chez les peuples sénégalais. Groupant autour de ces deux chefs les industries qui s'y rattachent, je traiterai de l'aliment, de l'habitation, du vêtement, des ustensiles de ménage, des instruments agricoles, des cultures et des industries commerciales. Je vais d'abord présenter quelques considérations sur la chasse et la pêche, ces deux industries qui fournissent à l'homme, primitif ou civilisé, un supplément d'alimentation.

Ni les Noirs, ni les Maures ne s'adonnent beaucoup à la chasse ; ils préfèrent, à la chair de gibier, la viande de boucherie abondante dans ce pays riche en troupeaux, parce qu'elle s'accommode mieux d'une préparation peu compliquée.

Les indigènes trouvent que la venaison est trop sèche, elle est peut être aussi trop difficile à se procurer. On a vu qu'au Sénégal la poursuite du gibier n'est pas exempte de fatigue et qu'à moins des circonstances fortuites et de peu de durée, de descente des eaux, de migrations d'animaux, la chasse n'y est productive que pour les chasseurs de profession.

Ceux, parmi les Sénégalais, qui ont acquis une certaine habileté à la chasse, recherchent le gibier généralement comme objet d'échange, pour se procurer les marchandises européennes dont ils ont besoin.

Les Laobés, isolés dans les bois, éloignés de la ressource des troupeaux, demandent à la chasse une distraction et un complément de nourriture ; ils forcent le sanglier, sans s'inquiéter de la proscription du Coran. En gens sans préjugés, ils savent apprécier, pour la délicatesse de leur chair, les serpents, les tupinambis (varans ou plus communément encore gueules-tapées), les rats et les singes : sans se laisser dégoûter par la forme et le contact glacé des reptiles, par le genre de nourriture des rongeurs et par l'apparence humaine des extrémités des quadrumanes.

J'ai dit que des Noirs et des Maures s'adonnaient à la chasse pour vendre du gibier aux Blancs, mais ce moyen d'existence, purement personnel, ne fournit qu'au goût des étrangers ; la chasse ne serait une profession que si, exercée par des familles particulières, elle donnait satisfaction à un besoin des indigènes.

Tous les noirs du Sénégal aiment le poisson ; les pêcheurs forment une catégorie sociale bien distincte ; leur industrie les classe dans une caste supérieure à celle des artisans, mais inférieure à celle de la noble profession agricole.

La préférence des Noirs pour le poisson, sur le gibier et même sur la viande de boucherie, sera expliquée par la connaissance de la préparation usuelle de leurs aliments.

Les poissons de mer sont poursuivis par des pêcheurs, qui forment la totalité de la population des villages riverains de la mer, dont le plus considérable est celui de Guet 'Ndar. Il occupe une élévation, vis-à-vis de Saint-Louis, sur la bande de sable qui sépare le Sénégal de la mer ; ses habitants, hardis piroguiers et pêcheurs habiles, approvisionnent de poisson le marché du chef-lieu du Sénégal.

Des pêcheurs, établis sur les rives du golfe de Gorée, fournissent le poisson qui se consomme dans cette ville, la seconde de la colonie.

La langue de sable sur laquelle est situé le village de Guet 'Ndar, n'offre à ses habitants aucune ressource pour la culture ; tout leur intérêt est concentré sur la pêche et sur la vente du poisson. Leur richesse est liée à la prospérité de la ville de Saint-Louis ; ils sont absolument français ; ils servent comme volontaires dans toutes nos expéditions ; quelques uns consentent à s'expatrier, pour quelques années, dans nos postes du bas de la côte où on utilise leur habileté comme piroguiers de barres.

Les villages de Dakar, Khan, Rufisque, etc., situés dans le golfe de Gorée, sont habités par une population occupée à la fois à la pêche et à la culture ; ayant des intérêts qui ne se confondent pas avec les nôtres, leur attachement est moins solide que celui des pêcheurs de Guet' Ndar.

Les procédés de pêche de ces diverses populations diffèrent peu des moyens usités sur nos côtes de France : leurs filets sont moins étendus ; leurs embarcations sont petites, les seules qui puissent affronter les barres de la plage, des pirogues. Malgré la simplicité de leur outillage, les pêcheurs des côtes du Sénégal peuvent encore, grâce à l'abondance du poisson et à leur connaissance de ses mœurs, fournir abondamment et à bas prix les marchés des villes de Gorée et de Saint-Louis.

Les pêches que j'ai observées dans le fleuve peuvent être classées en irrégulière, organisée avec matériel et personnel, et pêche libre.

La pêche libre s'attaque en mortes eaux au poisson livré à ses instincts naturels ; j'en parlerai en dernier lieu. Pour la pêche irrégulière et la pêche organisée, on tient compte des migrations des poissons suivant les mouvements des eaux.

On n'a pas oublié que dans les crues du fleuve ses eaux envahissent des lacs, des plaines, et que ces grands espaces inondés communiquent au fleuve par des marigots ; si la surface recouverte par les eaux n'est pas très-étendue, ou si elle doit assécher entièrement, elle donne lieu à la pêche irrégulière.

Avant le retrait absolu du fleuve dans son lit, les poissons de pleine eau sont partis ; mais les espèces qui vivent dans ou à la surface de la vase, prolongent leur séjour dans ce milieu favorable, pleines de confiance dans la navigabilité du marigot.

Mais un jour, les hommes des villages voisins réunis, obstruent le marigot, par des branchages et de la terre ; ils interceptent ainsi la communication avec le fleuve de l'espace inondé ; alors toute la population valide, de tout âge, de tout sexe, s'avance en ligne dans l'eau, tous armés de bâtons, de sabres et d'instruments de labour ; chacun frappe devant soi tout ce qui nage ou s'agite dans l'eau. Le poisson est distribué entre les gens du village ; on fait sécher au soleil celui qu'on ne peut consommer immédiatement.

Dans une de ces battues à laquelle j'ai assisté, le plus net de la pêche a consisté dans un grand nombre de petits crocodiles. Je supposais que ce résultat désappointerait les rabatteurs ; mais j'ai été rassuré par leur joie bruyante. J'ai appris, plus tard, que les Noirs préfèrent le jeune crocodile à la plupart des poissons.

Les Blancs qui aiment le varan, ne mangeraient pas du crocodile ; les Noirs aiment le crocodile, ils ont une grande répugnance pour le varan. Il n'y a pas une grande différence dans la chair de ces animaux ; les Noirs pourraient bien aimer le crocodile par extension de leur goût pour le poisson.

On ne peut guère donner le nom de pêche à cette récolte irrégulière de poissons, faite un jour de l'année, par un village entier, sans dispositions particulières.

Il se fait, entre chaque grand lac et le fleuve, par le marigot qui les relie, un échange d'eau et de poisson, qui rend ces canaux de communication favorables à l'établissement de pêcheries ; la direction de l'ouverture de ces dispositions de pêche, varie avec le sens du mouvement du poisson. Les pêcheries fixes les plus importantes du Bas-Sénégal, sont échelonnées sur le marigot de la Taouey qui va du fleuve, vers Richard-Toll, au lac de Paniéfoul.

Ces établissements fournissent du poisson frais et sec à un grand nombre de villages du Valo. Dans ces pêcheries fixes, on ménage une disposition mobile pour ne pas entraver la navigation du marigot.

Au moment de la baisse du fleuve, le poisson remonte pour chercher, dans les grands bassins qui n'assèchent jamais, un asile contre la descente des eaux ; chaque espèce opère son mouvement tôt ou tard, suivant son aptitude à franchir les pentes ou les cataractes.

Les pêcheurs, établis en village auprès des rapides favorables à l'établissement d'une pêcherie, surveillent le moment où la masse d'eau et le courant auront assez diminué, pour leur permettre de travailler dans le lit de la rivière. Ils obstruent une partie de sa largeur avec de gros galets, et ils barrent le reste avec des paniers en nasse, en forme de demi-fuseaux, orientés la pointe contre le courant, et par conséquent l'ouverture dirigée vers le poisson que son instinct pousse à remonter.

Il m'a été donné de voir en détail la pêcherie du barrage de la Falémé au-dessus de Sénoudébou. Les paniers, de quatre mètres de long et d'un mètre environ d'ouverture, étaient juxta posés et maintenus coulés et contre le courant, par les pierres dont on les avait chargés.

Cette pêcherie fournit de poisson tous les villages environnants et celui de Senoudébou. Les espèces qu'on y prend varient peu d'un jour à l'autre ; il y eut une époque où on n'y pêchait que des poissons électriques, très-estimés par les indigènes.

Quand, pour le passage d'une embarcation, on fait

déranger les paniers d'une pêcherie, en pays ami, il est d'usage que les poissons des paniers dérangés appartiennent à l'équipage de l'embarcation ; le patron fait un cadeau aux pêcheurs, pour payer le poisson et les dédommager de leur peine.

Il ne faut rien moins que le travail assidu de tout un petit village de pêcheurs, pour construire les nombreux paniers que nécessite l'obstruction d'une rivière, pour les placer, les surveiller, les visiter, aller vendre le poisson aux divers villages environnants. Le prix du poisson et des objets de petite valeur est côté en mesures de mil.

Telles sont les pêches du fleuve basées sur la connaissance du régime de eaux, et qui fournissent du poisson à la généralité des consommateurs.

Dans les villages riverains, mais éloignés des établissements spéciaux, vivent une ou deux familles de pêcheurs qui prennent du poisson pour les riches de la localité.

Rien ne s'opposerait à ce que les villages des bords du fleuve eussent des seines communes, pour fournir du poisson à tous; ils y sont invités par l'exemple des bateaux de Saint-Louis qui font le commerce dans le fleuve ; mais cette initiative exigerait un accord, qui est généralement assez rare dans les petites localités de tous pays.

Les pêcheurs établis dans les villages, prennent le

poisson avec divers engins simples, des hameçons, de petits filets, des éperviers.

Quand on navigue de bon matin dans le fleuve, on rencontre quelquefois, rasant la rive, une pirogue montée par deux hommes ; celui de l'arrière pagaye doucement ; le second, debout sur l'avant, guette les gros poissons pour les piquer avec une sagaie disposée en harpon. Sur quelque point de la rivière qu'on fasse cette rencontre, on peut affirmer que ces pêcheurs sont Toucouleurs, et si on a la curiosité de jeter un coup d'œil sur la pêche, il est rare qu'on n'y trouve pas au moins un petit crocodile.

A l'aide de ce harpon primitif, les pêcheurs Yolofs prennent quelquefois, dans les marigots voisins de Saint-Louis, de très-beaux lamantins ; les ménagères de la ville laissent rarement échapper la bonne fortune de se procurer la chair de ce cétacé, préférable à celle du veau avec laquelle elle a de la ressemblance.

Je finirai ce sujet en décrivant deux sortes de pêches libres, tout-à-fait particulières au Sénégal.

Lorsque des enfants, possesseurs d'une ligne et d'un gros hameçon, manquent d'amorce, ils demandent l'appât à la pêche à la ligne elle-même.

Le jeune pêcheur termine sa ligne d'amorce par un crin de queue de vache, moins fort et moins apparent que le crin de cheval ; il prend à un gommier de la rive, un morceau de gomme et le colle au bout du crin en l'y assujettissant par un tour ; enfin il lance cette ligne à l'eau. Les petits poissons se précipitent sur la gomme ; le premier arrivé la happe, s'y colle les machoires et entraîné par la ligne conduite avec adresse et mesure, il est jeté à sec.

Un pêcheur à la ligne seul, pourra se faire une idée de la justesse du mouvement, qui doit amener au pêcheur un frétin si peu pris.

En parcourant le fleuve en embarcation, il m'était arrivé souvent de passer sur des cordes, tendues entre les deux rives, auprès d'un village ; cette corde était surveillée par un pêcheur en pirogue. J'avais vu quelquefois le pêcheur travailler à ces cordes, j'avais bien reconnu qu'à la grande corde, pendaient des cordelettes terminées par un hameçon ; cet hameçon était grossier et grossièrement barbelé, c'était l'œuvre évidente du forgeron du village.

Un jour, ma curiosité fut éveillée sur la nature de l'appât ; une amorce pour de gros poissons devait devenir, en peu de temps et en pure perte, la proie des innombrables petits poissons qui vivent dans un fleuve aussi peuplé.

Je vérifiai les hameçons, pas d'amorce ! Je demandai au pêcheur qui surveillait la corde, pourquoi il négligeait de boiter ses lignes ; il me répondit que c'était inutile. Il me montra dans sa pirogue de grands poissons qui avaient été pris par le ventre, par le dos ; aucun n'avait la bouche déchirée. Il me dit que les poissons de ces espèces ne mordaient pas à l'hameçon ; ils se prennent dans les retours brusques qu'ils effectuent autour de la corde, pour rompre la poursuite de leurs ennemis.

Dans les parties inhabitées du Sénégal, on rencontre un grand nombre d'essaims d'abeilles, établis dans des troncs d'arbres creux. Bien souvent les animaux des caravanes sont affolés par la rencontre de ces ruches sauvages ; un pareil accident a tenu, un jour dispersée, la partie du personnel de l'expédition de Kéniéba, qui suivait la voie de terre ; une attaque par un essaim d'abeilles a failli compromettre le succès d'un voyage de Mungo-Park.

Les Noirs sont guidés, dans la recherche du miel, par le vol des oiseaux guépiers. Certaines familles gardent le privilége de récolter la cire, en accompagnant leur industrie de formules cabalistiques. Les noirs récolteurs se rendent la nuit auprès des ruches, et ils mettent les rayons dans une calebasse ou dans un sac, après avoir désarmé l'essaim par une aspersion d'eau tiède ou par de la fumée.

La cire, apportée en petits pains, est souillée par un reste de miel et souvent par de la terre frauduleusement introduite ; les acheteurs ont égard à cette fraude, dans le prix qu'ils donnent des pains de cire.

Les négociants de Gorée épurent la cire en la faisant fondre avec de l'eau dans des chaudières ; la terre va au fond, l'eau dissout le miel ; la cire refroidie, exprimée et moulée en briques, a toute la pureté exigée dans les transactions. La cire de la côte d'Afrique compte pour un chiffre suffisant dans les importations en Europe.

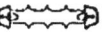

Les deux rives du Sénégal sont fréquentées par des troupeaux conduits par des peuples uniquement pasteurs : les Maures sur la rive droite, les Peuls sur la rive gauche.

La terre des Maures n'étant pas cultivée, ces pasteurs ne subissent, pour la conduite de leurs troupeaux, que des exigences purement pastorales ; ils n'ont à rechercher que les lieux les plus favorables à leur industrie, par le climat, les eaux et les herbes.

La terre des noirs où les Peuls promènent leurs troupeaux sont couvertes de cultures ; ce voisinage astreint ces pasteurs à une surveillance plus grande de leurs animaux et à des rapports délicats avec les agriculteurs.

Par cette différence des conditions matérielles, dans lesquelles ces deux peuples exercent la même industrie, je tâcherai d'expliquer les différences professionnelles des Peuls et des Maures.

Les principales sont que : les Maures ont de plus nombreux troupeaux, ceux des Peuls sont plus soignés ; les races d'animaux sont différentes chez les deux peuples.

Je finirai par ce qu'offre de particulier, chez les Maures, l'élève des chevaux, des ânes, des chameaux. Leur richesse pastorale, ainsi que celle des Peuls, consiste dans leurs nombreux troupeaux de bœufs et de moutons. Dans les campements Peuls on trouve ordinairement les deux espèces ovine et bovine ; mais les tribus Maures s'adonnent à l'élève d'une espèce en particulier, il y a des tribus à bœufs, des tribus à moutons : Parmi ces dernières, quelques-unes sont fidèles à des races particulières.

Les Noirs disent : du lait de bœuf, du beurre de mouton ; à leur imitation et pour éviter ovine, bovine, j'emploierai les mots, bœufs, moutons, avec leur acception générale.

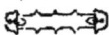

On trouve au Sénégal deux races de bœufs bien distinctes, le bœuf à bosse, zébu ou Indien, et le bœuf qui est dit : au bas de la côte, bœuf de Quita ; dans le fleuve, bœuf de l'intérieur ; à Gorée, bœuf de la presqu'île.

Les bœufs de cette dernière espèce sont petits, bas sur jambes, à petites cornes, à fanons peu développés, sans bosse et à allure lente ; quelques-uns de ces caractères les rendent impropres au parcours. Ce sont les bœufs des pays de montagne ; dans cette race, les villages agricoles choisissent les vaches qui leur fournissent du lait ; c'est le motif qui a les fait adopter sur la presqu'île de Dakar, d'où leur nom de bœufs de la presqu'île.

Les animaux de cette race, provenant de Quita, qui ont fait souche au Gabon, ont donné d'excellents résultats ; les jeunes ont acquis une taille de beaucoup supérieure à celle de leurs parents. Les bœufs de Quita donnent rarement plus de 50 kilogrammes de viande de boucherie ; des animaux de la même race nés au Gabon ont donné plus de 100 kilogrammes.

Le zébu est caractérisé par une grosse bosse sur le garrot, par de belles cornes en éventail, par un fanon pendant, par une taille élevée et courte et par une allure rapide ; les zébus purs ou mêlés forment la totalité des troupeaux des Peuls et des Maures. Par intervalles, des navires viennent charger à Gorée, pour le travail à la Guadeloupe, des bœufs zébus choisis sur la beauté des cornes et sur leur taille.

Les Maures et les Peuls font servir ces bœufs au transport, ils les conduisent par un anneau passé dans la cloison des narines ; ces bœufs, montés, soutiennent un bon trot et leur pas est très-allongé. Ils font partie de caravanes dans lesquelles entrent des chameaux ; ils sont nommés bœufs-porteurs.

On a plusieurs fois essayé ces bœufs au labour ; quoiqu'ils aient donné de bons résultats, on n'a pas continué à les employer ; j'ai fait labourer des bœufs pris au hasard dans un parc, j'ai été content de leur travail. Quoique relativement gros, les zébus ne donnent, en petit entretien, jamais plus de 100 kilogrammes ; il faut avoir égard, en les faisant travailler, à la rapidité de leur allure et à la faiblesse de leur poids ; il faut bien se garder de les arrêter en trop enfonçant la charrue, on les découragerait.

Les Maures et les Peuls ont adopté la même race de bœufs, les zébus plus ou moins purs ; les bœufs des Peuls sont généralement plus soignés, une sélection attentive a présidé à leurs accouplements. L'état d'entretien des bœufs des Maures, varie avec l'abondance et la qualité de la nourriture que comporte la saison ; les beaux sujets sont obtenus du choix parmi de nombreuses têtes. Les bœufs des Maures, plus rustiques que ceux des Peuls, souffrent moins des privations, des marches et du transport.

Dans le Moyen et le Haut-Sénégal, les bœufs zébus supportent difficilement la saison des pluies ; il règne à cette époque une grande mortalité dans les parcs des postes du fleuve et des villages.

Les bœufs de montagne sont épargnés par la maladie. On dit que les bœufs des Maures ne peuvent pas vivre, pendant l'hivernage, sur la rive gauche du

Sénégal ; s'ils vivent sur la rive droite, c'est probablement parce qu'ils s'éloignent du fleuve, pour gagner des terrains plus secs.

La chair lavée et glutineuse des animaux qui succombent fait attribuer leur mort à l'anémie ; quoique le mot *pourriture* ne soit guère usité que pour les moutons, je crois qu'il donnera, par comparaison, aux éleveurs et aux vétérinaires, une plus juste idée de la maladie qui décime, pendant la saison des pluies, les troupeaux de zébus dans le Haut-Sénégal.

Les troupeaux des villages se composent presqu'entièrement de vaches appartenant, en grande partie, aux femmes des habitants aisés. Les vaches sont gardées par un berger communal dont le salaire consiste dans l'abandon, qu'on lui fait, de la traite du vendredi.

Les bergers du Sénégal, n'essayent ordinairement pas de vaincre la résistance à se laisser traire, d'une vache qui a perdu son veau ; les Peuls y parviennent par une insufflation de bouche à... bouche. Ce procédé, choquant pour un citadin, ne saurait scandaliser un agriculteur ; en élevage, il faut bien arriver à ne voir, dans les organes de la reproduction chez les animaux, que des sources de production.

Dans le fleuve on donne, pour une tête de gros bétail, une valeur en marchandises qui varie entre 20 et 50 francs, suivant la race, la beauté et surtout suivant la proximité des troupeaux.

On paie entre 80 et 100 francs par tête, rendus à la grand'terre de Gorée, les bœufs choisis, destinés à être embarqués pour l'exportation à la Guadeloupe.

Les Maures vendent toujours leurs bœufs, dès qu'on leur en offre un prix avantageux ; on n'en achète des Peuls que lorsqu'ils ont besoin de marchandises européennes ; dans le cas contraire, on ne peut pas toujours les décider à vendre, même par une offre exhorbitante.

Les Maures confinent, d'un côté aux Français pourvus de marchandises, de l'autre à des tribus de l'intérieur, riches en bestiaux mais pauvres d'étoffes, de poudre, de fusils etc ; ils ont tout intérêt à quitter les bords du fleuve, emmenant le moins de bestiaux possible, emportant surtout des marchandises.

La position économique des Peuls est toute contraire ; ils ont un nombre limité de têtes de bétail et ils ne peuvent compter que sur la reproduction, pour combler les vides de la vente ; leur troupeau est l'expression la plus avancée de leur richesse. Le bœuf peut mourir il est vrai, mais cette chance est amortie par son accroissement en chair. Pourquoi changer un bœuf contre une marchandise quelconque? Le bœuf est un trésor qui se porte lui-même, il faudrait porter la marchandise.

La marchandise volée ne fait aucun effort pour revenir à son propriétaire ; le bœuf détourné profite, pour retourner chez son maître du moindre défaut dans la surveillance. Il faut une clôture sans défaut à un parc, pour retenir un bœuf que vous aurez acheté des Peuls, si son maître vient, pendant la nuit, lui faire entendre un sifflement plaintif.

Le soin des Peuls pour leurs troupeaux est un culte ; ils ne se contentent pas de choisir, comme font les Maures, la partie la moins escarpée de la rive du fleuve pour abreuver leurs bœufs ; ils y ménagent à coups de pioche un plan incliné, qui rende l'accès du fleuve plus sûr et plus commode à leurs bestiaux.

La bovilâtrie des Peuls a souvent compromis, pendant notre guerre avec les Maures, l'approvisionnement de viande des établissements français. J'ai souvent entendu dire, qu'ils mériteraient d'être traités en ennemis, ces alliés qui avaient des bœufs et ne voulaient pas les vendre. Quelques-uns jugeaient qu'on devrait prendre leurs bœufs, sauf à les indemniser en marchandises. Les plus philanthropes déploraient l'aveuglement sur leurs intérêts, des Peuls entêtés à garder des animaux, dont on leur offrait une triple valeur.

Ce juste attachement des Peuls pour leurs troupeaux peut être utilisé dans la transformation du Sénégal en colonie de rendement. Leurs reproducteurs donnent aux pasteurs du lait et des petits ; pourquoi les neutres ne leur donneraient-ils pas du travail ? De trésor improductif, le bœuf travaillant se changerait en capital portant intérêt.

Les Maures tiennent le chien pour animal immonde ; ils ne le dressent ni à la chasse ni à la conduite du troupeau, mais ils utilisent son instinct vigilant pour les avertir du danger. Les Peuls trouvent au chien le double inconvénient, d'effrayer les mères et les petits et d'être des sentinelles inintelligentes, aboyant à tout venant, chacal ou lion, indifférent ou ennemi.

Un de ces pasteurs me disait : « Quand les chiens ont éveillé un camp plusieurs fois inutilement, on finit par se rendre indifférent à leur appel ; le Peul de garde ne donne jamais de fausse alerte ; il a ses yeux pour voir, l'intelligence des mouvements du troupeau lui tient lieu d'odorat. » Tous les pasteurs, Maures ou Peuls, dorment plutôt le jour que la nuit.

En même temps qu'il sépare les deux races humaines, la blanche et la noire, le Sénégal sert de limite aux deux races de moutons, les plus distinctes au point de vue industriel, les moutons à laine et les moutons à poil.

Les Maures, exclusivement pasteurs parcourant un pays inculte, demandent à leurs troupeaux toutes les nécessités de la vie ; outre la nourriture, le vêtement et le couvert. Ils ont adopté le mouton à laine, dont la toison sert à faire les tentes et les couvertures. Les Noirs de la rive gauche cultivent le coton qu'ils fournissent aux Peuls, brut ou travaillé, en échange du lait et de la viande des troupeaux de ces pasteurs.

Les moutons des Peuls sont grands, susceptibles d'engraissement et capables de suivre dans leurs déplacements les troupeaux de bœufs. Dans le Haut-Pays on élève un mouton à poil, petit, à chair délicate.

Voici les traits caractéristiques de ces diverses races.

Les moutons des Maures ressemblent aux races communes des Alpes ; leur toison est très grossière, elle mérite à peine le nom de laine, le brin en est peu ondulé ; assez longue pour être coupée par mêches avec un couteau, cette toison est plutôt jarreuse que laineuse.

La taille des moutons augmente de la mer vers l'intérieur ; ceux de la tribu des Tuabers sont déjà beaux, mais on en achète à Bakel, pour les engraisser à Saint-Louis, de très grands, à nez busqué, connus dans le Sénégal sous le nom de moutons de Galam.

Les Maures donnent le nom de *coura* à des moutons, d'origine évidemment mérine, élevés avec soin par certaines tribus du Moyen-Sénégal. Leur dépouille est recherchée par les marabouts comme tapis de prière.

Les agneaux maures sont le plus souvent noirs. On fait avec les peaux des agneaux morts-nés, des tapis qui tirent leur principale valeur, de la précocité de l'avortement et du soin qui a présidé à l'appareillage de ces peaux : ce sont de vrais astrakans.

La couleur de la laine roussit avec l'âge et elle acquiert cette couleur, d'un roux brun, qu'on remarque aux étoffes au tissage desquelles on l'emploie, celles des tentes par exemple.

Les moutons des Peuls sont de taille moyenne, plus grands que les moutons des Maures, si on excepte les moutons de Galam ; ils sont à poil d'un rouge brun ou d'un blanc sale ; ils ont un chanfrein extrêmement busqué ; leur poitrine vaste compense un arrière-train rétréci, et les rend propres à de longues marches à la suite des bœufs.

J'assignerais volontiers au mouton peul une origine indienne, tant il diffère des autres races du pays.

La race indigène est le *dogré* ou mouton des montagnes du Haut-Sénégal ; on le retrouve identique à Grand-Bassam et encore ressemblant au Gabon.

Le dogré est petit, vif, à poils d'un blanc sale ; le mâle est orné d'une crinière léonine ; la femelle donne deux portées doubles par an ; les agneaux et les moutons coupés engraissent facilement. Cette race *capricieuse* tient de la chèvre sa répugnance à vivre en troupeaux ; elle n'a guère les mœurs moutonnières, mais les agneaux même déjà grands suivent volontiers la mère, ils vaguent en famille.

Ce mouton est d'un entretien facile ; sa rusticité, la délicatesse de sa chair, toujours exempte d'odeur de suint, recommandent le dogré aux éleveurs des pays de montagnes du midi de la France. S'il conservait sa fécondité on trouverait, dans la vente de quatre agneaux par an, une compensation à son manque de laine.

Il est assez difficile de se procurer des dogrés dans le Haut-Sénégal ; ce mouton est dirigé vers la Gambie où il trouve, dans les Anglais de Sainte-Marie de Bathurst, de justes appréciateurs.

La chair du mouton n'est pas seulement pour les indigènes du Sénégal une viande de boucherie ; sa valeur matérielle est rehaussée, par les circonstances solennelles qui nécessitent le sacrifice d'un mouton. C'est ce qui justifie le prix exorbitant que les Sénégalais donnent d'un mouton gras, dans certaines occasions.

Quand un ivrogne veut se corriger, il immole un mouton et il le mange avec ses amis, qu'il prend à témoin de son serment ; au Sénégal, l'épithète serment d'ivrogne reçoit de nombreux et éclatants démentis. Un jeune ouvrier était intempérant, un jour vous le trouvez rangé et vous lui demandez la cause de son changement de conduite; il vous répondra simplement: — « J'ai tué le mouton. »

Comme chez les Algériens, au Sénégal on sacrifie le mouton à l'hospitalité.

Je demandais à un maure qui était venu en France ce qui l'avait frappé dans notre pays? — Les écuyères du cirque. — Mais quel était ton passe-temps le plus agréable? — Monter à cheval et aller au bois de Boulogne. Le séjour de Paris ne vaut pas celui de nos campements d'hivernage dans l'intérieur, loin du fleuve. — Quel plaisir y trouves-tu? — Je mange le mouton avec mes amis.

Il y a plusieurs fêtes, une plus particulièrement solennelle, où chaque famille tue un mouton.

Voici un aperçu du prix des moutons au Sénégal: un mouton des Maures, ordinaire ou moyen, à l'époque des Maures, 3 francs. — Un mouton des Peuls, ordinaire, 8 francs; — engraissé, 25 francs. Un traitant peut se laisser entraîner à donner de 40 à 50 francs d'un mouton de Galam engraissé, s'il veut célébrer une fête ou recevoir un hôte important.

Je tiens le dogré pour le premier mouton du Sénégal. Malgré la pente commune, je préfère à égalité d'entretien un mouton des Maures à un mouton des Peuls; ceux qui ont eu occasion de goûter au mouton des Maures convenablement engraissé, seront de mon avis.

Le mouton de gala des Maures est cuit entier, dans un trou fait en terre et chauffé, comme le porc à Taïti. Il est écorché, vidé, puis salé dedans et dehors; la tête, les pieds et les intestins, le tout bien nettoyé, sont renfermés dans le ventre ; le ventre est recousu, le mouton est enveloppé dans sa peau, et jeté dans un trou fortement chauffé et recouvert de terre. D'un mouton bien gras ainsi cuit, je recommande les joues.

Les Peuls et les Maures pratiquent la castration des mâles taurillons et antenois par le martelage. Un morceau de bois rond sert d'enclume, un autre de marteau ; ils ne frappent que le cordon. Quand les habitants des villes ou des villages veulent se préparer des moutons plus délicats, ils procèdent par arrachement sur de très jeunes agneaux.

La chèvre est élevée au Sénégal par les Maures, pour fournir leur campement de peaux de chevreaux si utiles pour leur outillage domestique en cuir. Les villages, placés dans des conditions économiques s'opposant à l'entretien d'un troupeau de vaches du pays, élèvent un troupeau de chèvres communal, qui fournit aux cases leur lait quotidien.

Les pasteurs mangent peu de viande. En dehors des circonstances de fêtes, d'hospitalité, les Maures et les Peuls ne consomment d'autre chair que celle des bêtes blessées, tuées par accident ou trop malades pour suivre le troupeau. Ils se nourrissent presque exclusivement de laitage et de mil ; ils se passent même de grain, pendant tout le temps où ils se trouvent éloignés des points où on peut s'en procurer.

Les habitants du Sénégal n'aiment pas le lait doux, leur manière de se nourrir ne laisse aucune place au fromage ; presque tout le lait de consommation est amené à l'état de lait aigre ; la crème est retirée et battue pour le beurre qui sert aux échanges.

Les Maures sont plus consciencieux que les Peuls dans leurs transactions ; le lait qu'ils vendent, doux ou aigre, est toujours pur ; les Peuls savent l'additionner d'eau.

Les bergers de certaines de nos contrées à moutons ignorent qu'on peut retirer du lait de brebis, un beurre aussi bon que celui de vache, plus ferme et moins disposé à rancir. Le beurre de brebis, fabriqué par les Mauresses du moyen Sénégal, est très-estimé pour la cuisine, par les habitants de Saint-Louis ; ce beurre a un aspect granuleux comme la crème de vache, au moment où va s'opérer la séparation du beurre et du petit-lait.

Les propriétaires de vaches des villages battent dans des gourdes la crème obtenue du lait. Les Mauresses et les Peules opèrent le battage dans des peaux de bouc. Le beurre de brebis est transporté et vendu dans de petites outres appelées toulons. — Quand on veut en retirer le beurre, on fait chauffer le toulon au soleil.

Les dépouilles des animaux sont travaillées, chez les Maures, par des femmes forgeronnes qui tannent les peaux pour la chaussure, la sellerie, etc. ; le cuir appliqué mouillé est souvent employé par les Maures, pour assembler les pièces de bois qui entrent dans la confection des selles, des bâts, etc. Dans tout le Sénégal on se sert comme substance tannante, du blahblah, gousse de gonakié, que le commerce fournit à l'industrie européenne pour le même usage.

Les ouvriers Maures sont très-habiles à travailler le cuir, les métaux ; mais leurs procédés ne différant pas de ceux en usage chez les peuples agriculteurs, j'en parlerai plus tard. Les Peuls, ayant toujours à leur portée les ouvriers attachés aux villages agricoles, n'ont besoin d'aucune industrie dans leurs campements.

Outre les bœufs et les moutons, les Maures élèvent des chevaux, des ânes et des chameaux, qu'ils utilisent pour les transports ou le combat.

Il serait difficile de classer les chevaux du Sénégal ; excepté pour les beaux barbes des tribus Maures du

Moyen-Sénégal, les accouplements sont presque livrés au hasard ; il en résulte des chevaux très-variés de taille et de couleur. Comme dans tous les pays à petite race indigène, les chevaux communs du Sénégal sont vifs, sobres et infatigables.

La présence, dans la colonie, d'un escadron de spahis, généralise parmi les chefs le goût des chevaux de taille. Les beaux chevaux barbes indigènes se vendent de 1,000 à 1,200 francs et plus, suivant leur qualités intrinsèques et des particularités de mode, de superstition ; ainsi les noirs apprécient une certaine disposition de balzanes, comme signes de prospérité pour le maître. Les petits chevaux valent de 100 à 300 francs.

Les habitants du Cayor n'utilisent qu'à la selle de nombreux chevaux ; quelques villages plus spécialement éleveurs, entretiennent surtout des juments poulinières.

Nos transports de la guerre et l'artillerie se sont bien trouvés de l'emploi du mulet venu de France. La production mulassière est à créer au Sénégal ; il suffirait d'acheter dans le pays de belles juments du Cayor, et d'y importer quelques grands ânes du Poitou.

L'âne du Sénégal est petit mais fort, sa tête est trop grosse, il a la raie de mulet. Certaines tribus de Maures se livrent à l'élève de l'âne ; elles écoulent les produits de leur industrie chez les Noirs de la rive gauche du Haut-Sénégal, où j'ai dit que le bœuf-porteur ne réussit pas.

Avec des soins, l'âne du Sénégal pourrait gagner en force et en taille ; la preuve en est dans la beauté des ânes des Laobés.

Le chameau du Sénégal n'a qu'une bosse, il est plus grand et plus beau que le chameau commun de Syrie et d'Algérie. Il ne résiste pas à un séjour de quelques semaines aux environs de Saint-Louis ; les Maures qui apportent en caravane des marchandises dans notre capitale, sont pressés de conclure leurs marchés en moins de quinze jours, pour ne pas compromettre la vie de leurs chameaux. On ne connaissait pas cette particularité quand on a essayé d'utiliser à Saint-Louis le chameau, à traîner des pièces de campagne.

On ne peut pas faire une expédition secrète en emmenant des chameaux, leurs cris perçants trahissent au loin la présence d'un ennemi. Les tribus guerrières ont soin de rendre aphones, pendant leur jeunesse, par une opération sur le larynx, les chameaux qu'elles destinent à la guerre.

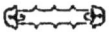

Les Noirs cultivent la terre avec beaucoup de soin, et dans la mesure du temps et des moyens dont ils disposent, leurs procédés et leurs outils sont toujours appropriés au sol et au climat.

Le produit de leur travail suffit amplement à satisfaire leurs besoins réels ; ils ne peuvent, sans s'exposer à des privations capitales, distraire une partie de leur récolte et la donner en échange de nos marchandises, pour céder à des besoins factices ou aux désirs capricieux de leurs femmes.

Ils sont empêchés de donner de l'extension à leurs cultures :

1· Par la nécessité de défendre les récoltes contre les animaux destructeurs, parmi lesquels j'ai déjà cité les singes, les mange-mils et les grimpeurs, perruche et marabout.

2· Privés de l'auxiliaire puissant des instruments de culture à action continue, charrues, houes à cheval, et réduits à de légers outils à action alternative, ils ne peuvent préparer qu'une faible étendue de terrain, pendant le temps fort court de la saison propice aux travaux agricoles.

Pour le noir des champs, la faim n'est pas un tourment bien vif, il est habitué aux vicissitudes d'abondance et de disette ; pourvu qu'il ait le loisir de les chercher, les productions naturelles des bois et des terres incultes suffisent à émousser en lui l'aiguillon du besoin.

L'horreur de la famine est exagérée, dans notre

climat, par la dure et réciproque nécessité de manger pour travailler et de travailler pour manger. C'est là aussi que commence pour le noir du Sénégal la véritable souffrance ; l'agriculteur sénégalais ne redoute rien tant que d'avoir à supporter la faim à l'époque du travail des champs.

Prudent même dans son imprévoyance, il scelle avec de la terre glaise, dans des greniers abrités des eaux, des termites et des rats, le grain qui doit servir de semence et de nourriture pendant la saison des cultures. La famine peut venir pendant la saison sèche, mais tous les habitants du village, grands et petits, vivront de privation à côté du grain renfermé dans cette réserve.

Par quoi ce dépôt est-il donc sauvegardé ? Est-ce par une muraille en terre sèche de moins d'un décimètre d'épaisseur? Est-ce par une porte mal faite assujettie par l'ingénieuse serrure égyptienne? Le tout ne saurait résister à un coup de pied ou à une pesée sur un frêle bâton.

Chaque habitant du village sait que, livrée à sa faim, la faible provision serait épuisée sans utilité ; tandis qu'employée au moment opportun, en semence et comme soutien des travailleurs, elle sauvera la société de l'anéantissement.

Chacun consent à souffrir pour le salut commun. Dévoûement civique plus obscur, mais non moins sublime que le dévoûement guerrier!

AGRICULTURE.

Sachons reconnaître, dans cette privation facilement supportée, la manifestation saisissante de l'esprit social des populations du Sénégal.

Dès que les pluies ont rendu la terre praticable aux instruments de travail, le grenier est ouvert, la population entière est aux champs, chefs de village, marabouts, etc. ; le laborieux par devoir, le fainéant par vergogne ; seul, le forgeron reste au village, mais c'est pour travailler aux champs à sa façon, en réparant les brèches faites aux outils.

En examinant au travail chacun des peuples agriculteurs, nous reconnaîtrons que leur attitude et leurs instruments agricoles sont en harmonie avec la nature du sol, et... la forme de leurs mollets.

Le solide Bambara ne craint pas de se courber, ses jambes courtes et charnues lui permettent de se redresser facilement ; aussi sa pioche est-elle solide, court-emmanchée, telle qu'il convient pour un terrain ferme et argileux.

Voyez le Yolof dans son champ, il est toujours debout, c'est la seule attitude que lui permettent sans fatigue, des jambes longues et grêles ; un fer mince terminant un manche long, lui suffira pour remuer une terre sablonneuse.

J'ai dit que le Toucouleur était, par rapport aux mollets et par rapport à la nature du terrain qu'il cultive, intermédiaire aux Bambaras et aux Yolofs ; il tiendra des deux par son outil et par son attitude en travaillant.

Dès que le grain est confié à la terre, chaque travailleur emploie les loisirs, que lui laisse l'attente de la récolte, à disputer à la nombreuse faune des incultes : le pain de singe fruit du baobab, les premières pousses de l'herbe, puis à mesure des progrès de la végétation, les fruits et les racines des forêts, enfin les semences des graminées sauvages.

Quand on monte dans le fleuve, vers le mois d'août, on trouve le paysage animé par les mouvements pittoresques des femmes et des enfants, qui se livrent à la récolte des graines des plantes spontanées.

Marchant lentement au milieu des herbes, chaque récolteur, une calebasse à la main, rase par un mouvement brusque les épis mûrs, et il en projette la graine dans son ramasseur.

C'est par ce procédé que nos agriculteurs récoltent les graines des prairies; mais ils les recherchent pour semence et ils apprécieront la difficulté de trouver, dans un pareil travail, le grain nourriture d'une famille.

Les caravanes du Fouta-Djalon apportent, mais en petite quantité, dans nos postes du Haut-Pays, du foignon : semence de la dimension d'un grain de semoule très appréciée dans un potage.

La recherche de sa nourriture ne détourne pas le

noir des soins ultérieurs que réclame son champ. Un agriculteur plus avancé pourrait critiquer la manière dont les Sénégalais donnent les premières façons, il n'aurait rien à leur apprendre sur l'importance des binages et des sarclages. Avons-nous un proverbe aussi expressif que celui-ci souvent répété dans le Haut-Pays; « *N'est pas agriculteur, qui trouve le « jour trop long et son champ trop petit?* »

Semblable aux cultivateurs de tous les pays, le noir sénégalais suit avec attention la levée et le développement de ses plantes ; il s'intéresse surtout au développement du maïs dont il attend le premier fruit de son travail ; c'est avec bonheur qu'il en rapporte à la case les premiers fuseaux.

L'épi de maïs à grains encore lactescents, cuit sous la cendre, est le régal favori des Noirs. Le plus indifférent d'entr'eux au bien d'autrui ne saurait résister à la tentation du maïs nouveau. Ce qu'ils demandent avant tout à une espèce de maïs, c'est la précocité.

Dans leurs cultures, ils en étagent les semis pour jouir plus longtemps du maïs tendre.

Un jeune homme fait preuve de générosité lorsqu'en revenant du fleuve à Saint-Louis, il rapporte à sa bonne amie, de l'or, du beurre de Bakel, des pagnes ; le maïs nouveau, don sans valeur vénale, est le cadeau du sentiment.

Après le maïs, la terre donne successivement : les

mils de diverses sortes, dans l'ordre de leur précocité, puis l'arachide, la pastèque, enfin le giraumon et la calebasse.

Certaines cultures sont réservées aux femmes, les espaces qu'elles travaillent sont appelés jardins ; on y trouve le coton, l'indigo, toujours du maïs. Dans le Haut-Pays ce sont les femmes qui cultivent le riz dans les terrains inondés.

On s'est laissé aller à conserver en français, aux champs cultivés par les Noirs, le nom volof lougan. Cette dénomination doit être maintenue, parce que, leurs terrains en culture, ne ressemblent, ni à nos champs, ni à nos campagnes, ni aux plantations du Gabon, ni aux habitations des colonies : ce sont des *lougans*.

J'ai dit, à propos des héritages, que les champs étaient une propriété commune dont le cultivateur n'avait que la jouissance : mais je me garderais bien d'indiquer, avec précision, en quoi consistent les droits et les devoirs de l'usufruitier, je craindrais d'attribuer au général ce qui pourrait n'être qu'un cas particulier.

D'ailleurs, la manière dont la Commune délègue l'usufruit varie nécessairement, suivant la nature du terrain et la constitution politique. Pour ne nous en tenir qu'à la première considération, dont l'influence est plus matérielle, on reconnaîtra qu'une même loi n'est pas applicable, en même temps, aux espèces différentes de terrains que j'indiquerai un peu plus loin.

Le terrain à cultiver appartenant à la communauté, la répartition en est faite pour un temps limité et suivant des usages particuliers ; le tout déterminé principalement d'après le temps que met un défrichement à être productif, le genre de culture, les jachères, etc.

Par des échanges, en dédommageant les plus pauvres favorisés par le sort, les familles influentes d'un village peuvent bien se faire attribuer, dans une première répartition, les champs les meilleurs et les mieux placés.

Les mêmes familles peuvent se maintenir, sur le même terrain par le même moyen, dans un second partage. En diminuant à chaque période le taux de la compensation, elles arrivent à faire oublier l'époque et le droit de la répartition des terres.

Au bout d'un certain temps, les isolés et les pauvres, s'apercevant trop tard de l'éloignement et du peu de valeur de leurs champs, réclament à hauts cris le partage.

Ce point d'histoire du Sénégal pourrait être rapproché de ce qui se passait à Rome dans les temps voisins de son origine.

En la jugeant d'après l'assise de la propriété dans nos contrées et de notre temps, les historiens nous ont montré la loi agraire comme la plus injuste prétention du peuple, et de la part des tribuns comme la plus criminelle manœuvre à la poursuite de la popularité. Il n'y aurait aucun inconvénient à appliquer à l'histoire romaine une manière de voir ou une autre ; mais dans notre politique coloniale, une erreur d'appréciation bien moins grave pourrait constituer une grande faute.

J'ai rapporté à la diversité des terrains du Sénégal, la plupart des différences dans les lois qui règlent la répartition des lougans, parmi les cultivateurs d'un village ; c'est ici le lieu d'examiner les variétés de terres productibles, pour en faire ressortir les différences dans les cultures et la répartition générale de la population agricole.

Avant tout, je dois avertir qu'il n'y a pas de désert au Sénégal. Il ne s'y trouve pas de ces espaces stériles que le manque de pluies, un vice de consistance du terrain ou la salure du sol, maintiennent absolument improductifs; parmi les terrains sénégambiens, ceux qui sont meubles et sablonneux se couvrent de végétation à la saison des pluies ; ils sont éminemment favorables à la culture de l'arachide, que je considère comme le produit le plus complètement agricole des climats brûlants.

Par rapport à l'inondation du fleuve, les terrains peuvent être divisés en :

1° Toujours secs, donnant lieu à cultures sur pluies. — Ils ne peuvent supporter plus de trois ans les plantes épuisantes, gros mil, mil, maïs ; les Noirs leur rendent leur fertilité par une ou plusieurs années de jachère.

2° Toujours arrosés et fertilisés par les débordements annuels du fleuve. — On les cultive sur inondation, dès que les eaux se retirent.

5° Submergés et fertilisés irrégulièrement, seulement dans les années de crue exceptionnelle. — Ils sont cultivés dans le Haut-Pays sur pluies d'abord, puis sur inondation si la première récolte est emportée. Dans le Bas-Sénégal, on ne les cultive que sur inondation, les années exceptionnelles.

J'admettrai deux sortes de cultures : sur pluie et sur inondation.

Avant d'être allé dans le Haut-Sénégal, j'avais entendu vanter la fertilité de ce pays et ses doubles et triples récoltes ; il y a bien deux temps de culture dans l'année, deux époques de récolte, mais sur des terrains différents.

Sur pluies ou sur inondation, l'agriculteur sénégalais n'a pas de temps à perdre ; avant les pluies, le terrain sec est impraticable à l'instrument de culture ; les eaux recouvrent le terrain qui sera cultivé après l'inondation.

La brièveté du temps favorable, dans chacune de

ces époques agricoles, empêche le Noir, privé de moyens expéditifs, de préparer une étendue de terrain suffisante pour ses besoins. Il a recours aux deux cultures pour obtenir, en deux temps de travail et par deux récoltes, ce qu'une seule culture ne pourrait lui donner, que par un travail très soutenu et l'aide de magasins plus considérables.

Malgré la quantité de terrain disponible, malgré son petit nombre, la population du Sénégal se trouve à l'étroit ; elle se presse autour du fleuve et de ses affluents pour y trouver, outre les autres bienfaits des cours d'eau, les avantages de la double culture.

Dans le Bas-Sénégal, les terrains non inondés sont de consistance sablonneuse, ils ne permettent que la culture des plantes à rapide évolution : le petit mil (à fuseau), la pastèque à béref, l'arachide. Cette dernière plante, qui réussit admirablement dans le Cayor, est peu cultivée dans le Valo et le Fouta où elle est remplacée, pour l'usage oléagineux, par le béref (graine de pastèque).

Sur inondation, on cultive un gros mil à panicule (sorgho) d'une venue assez prompte, mais dont le grain tendre ne peut pas être garanti des charençons ; on y joint le maïs, le giraumon et le melon.

Les cultures du Fouta sont plus soignées que celles du Valo ; les champs de certains villages, dans ce premier pays, sont si bien sarclés de longue main,

AGRICULTURE.

qu'ils sont purgés de mauvaises herbes pour longtemps.

Dans le Haut-Pays, le terrain a plus de fond, les pluies y sont plus abondantes ; on peut y confier à la terre des plantes à plus longue échéance : un gros mil (à panicule), dont le grain se conserve plusieurs années sans être attaqué par les insectes ; les grands giraumons et surtout les calebasses dont la pulpe est alimentaire, et dont on façonne l'enveloppe en ustensiles variés, pour le ménage primitif des Indigènes.

Les récoltes sur défrichement sont plus ou moins immédiates suivant l'essence du bois qui garnissait le terrain.

Un sol élevé, recouvert de broussailles ou de petits arbres, est à peu de frais approprié à la culture ; il rapporte dès la première année, mais il exige des sarclages rapprochés. Un défrichement sur bambous offre plus de difficultés, mais le terrain ainsi conquis est très fertile. On peut croire, à voir se développer les espèces cultivées, sans mélange de plantes étrangères, que le bambou écarte ou fait mourir toutes les graines adventives.

Quand les Noirs du Sénégal mettent en culture une forêt de gonakiés, ils se contentent d'abattre les arbres à hauteur de cognée. Ils mettent le feu au bois abattu dès qu'il a perdu sa sève ; ils sèment, sarclent et récoltent chaque année dans les intervalles des troncs laissés debout ; tous les ans, ils coupent les bourgeons, et la troisième ou la quatrième année les arbres sont morts.

Enfin, ils mettent le feu au bois sec qu'ils ont amassé auprès du tronc ; celui-ci brûle jusque dans ses dernières racines. En visitant les lieux, quand le feu est éteint depuis plusieurs jours, on voit quelquefois luire pendant la nuit un charbon enflammé : c'est le feu qui suit lentement le long d'une maîtresse-racine.

Lorsqu'il se trouve ainsi amélioré par le feu, qui l'a amendé et divisé, le terrain du défrichement a atteint sa plus grande fertilité.

J'ai dit que les Noirs laissent, au limon du fleuve ou aux influences tardives de la jachère, le soin de reconstituer leur sol; ils bénéficient aussi du passage des troupeaux des Peuls.

L'agriculteur se contente de récolter les épis; les Peuls utilisent les tiges laissées sur pied, en amenant leurs bœufs sur les champs récoltés. Les troupeaux enrichissent les terres de leurs déjections, et la partie des tiges de mil trop dure pour les bœufs, sert de bois à brûler pour la cuisine.

Les habitants de certains villages du Fouta éloignés des forêts, n'ont pas d'autre ressource en combustible que les tiges de mil et les bouses sèches. Le terrain y est tellement nu et si entièrement approprié à la culture, qu'on a dû ménager, auprès et sous le vent des villages, un petit bois sacré qui sert d'égout et de voierie.

On trouve les plus avancés en agriculture, les peuples placés dans les conditions agricoles les plus défavorables : ceux qui sont resserrés dans un espace restreint et insuffisant ; ceux que leur éloignement du fleuve prive de la proximité d'une eau qui ne coûte rien, et du bénéfice de la double culture.

Dès que par leur industrie ils ont surmonté les difficultés de leur position, ces peuples surpassent ordinairement le but qu'ils avaient assigné à leurs efforts ; ils ne voulaient qu'assurer leur existence, l'habitude du travail leur fait obtenir sans peine le superflu.

Au travail de leur population et à la régularité de leurs terres, le Fouta et le Cayor doivent leur importance agricole, dans notre colonie sénégalaise. Saint-Louis est alimenté par le mil du Fouta, son commerce et surtout le fret de ses navires est assuré par la production d'arachides du Cayor.

Pourquoi sommes-nous si souvent en guerre ou en délicatesse avec ces deux pays ? A quoi attribuer l'instabilité de nos relations politiques avec le Fouta et le Cayor ? — A la mobilité de leur population ? Aux injustices de leurs chefs ? A la force des choses ?

D'un côté, les peuples du Sénégal sont très-arriérés en agriculture : ils n'ont aucune idée de la taille et de la greffe des arbres fruitiers; ils n'ont pas encore utilisé le travail des animaux, pour le labour et les sarclages.

En même temps, ils m'ont paru n'ignorer rien intéressant la culture des plantes qui leur sont utiles; ils saisissent bien le moment des travaux, ils savent qu'on ne peut obtenir, plus de trois années de suite sur le même terrain, une céréale épuisante comme le maïs et certaines espèces de gros mil, etc.

Les Yolofs de la presqu'île de Dakar ont soin d'alterner dans leurs cultures le petit mil et le gros mil, pour mieux ménager la fécondité de la terre. J'ai rapporté la remarque d'une plus grande fréquence de maladies, chez les Européens qui passent l'hivernage sur la grand'terre de Gorée, l'année consacrée à la culture du petit mil.

Les Noirs disent qu'on peut faire toujours arachide sur arachide, et que cette culture loin de l'épuiser enrichit la terre. Ils savent donc qu'il y a des plantes améliorant et des plantes épuisant le sol.

Enfin, dans leurs semis des plantes sarclées, les Noirs ont adopté de tout temps la disposition en touffes, que les expériences des peuples les plus avancés en agriculture, ont fait reconnaître pour la plus avantageuse répartition des plants.

J'ai donné le nom de castration des citrouilles et des melons, à une pratique usitée chez les Bamanos ; elle consiste à développer le parenchyme utile de ces fruits en les privant de leurs graines, comme on augmente la viande des animaux en les rendant impropres à la reproduction.

Le procédé consiste, lorsque les giraumons ont acquis leur développement, à enlever, par un trou fait à emporte-pièce au fond du fruit, la masse des graines et de leurs ombilics, qui à cette époque forment un tout lié peu adhérent à la pulpe. On remet ensuite la pièce détachée et on la lute avec de la bouse de vache ou du mastic à greffer. — Les Bamanos pratiquent avec un couteau un trou carré qui permette l'introduction d'une main d'enfant.

Cette idée de la castration des citrouilles est bien moins extraordinaire que celle de la greffe qui réalise des résultats si inespérés.

J'indique cette opération plutôt comme une curiosité de physiologie végétale que comme une pratique à recommander à nos maraîchers. Appliqué à un fruit de luxe, le melon, la castration donnerait des tranches pleines sans résidu ; le fruit ouvert au dernier moment sur la table, ne perdrait rien de son arôme.

Le mode de nourriture des Noirs leur fait apprécier un giraumon plein et sucré ; mais il faut remonter aux temps de tranquillité qui ont précédé l'agitation d'Alagui, pour trouver une trace de cette pratique, dans les villages voisins de nos postes du Haut-Sénégal.

La conception agricole inverse, qui consiste à sacrifier la pulpe pour les graines, a passé dans les habitudes de la grande culture. Dans le Valo et une partie du Fouta, on cultive une petite espèce de pastèque pour ses graines, qui servent d'adjuvant dans la nourriture des Noirs. Par extension, ce produit a acquis une certaine importance commerciale et sous le nom de *beref*, les graines de pastèques entrent pour un certain tonnage dans le frêt des navires du Sénégal ; elles fournissent une partie de leur aliment à quelques huileries de plusieurs villes industrielles de France.

A l'époque où le mot beref fut inscrit parmi les graines oléagineuses importées à Marseille et à Bordeaux, sous le titre explicatif de graine de melon, les journaux de ces localités en manifestèrent un grand étonnement, écho de la curiosité publique. On fit même des calculs basés sur la quantité de melons consommés dans la localité et sur le poids des graines de chaque melon. Le résultat fut qu'on perdait un produit important, en ne pas utilisant ce résidu de notre table.

J'ai dit que le beref n'était pas un résidu mais le produit riche de la culture d'une sorte de pastèque du Sénégal ; la récolte du béref est même très ingénieuse. Faute d'eau pour détacher les graines de la pulpe et les laver avant de les faire sécher, les Noirs se servent de l'eau même des pastèques, et ils opèrent la séparation des graines dans une calebasse.

Pour enlever aux Maures tout prétexte à s'immiscer dans les affaires des Noirs, le gouverneur du Sénégal avait fait engager les chefs des villages riverains, à retenir leurs sujets d'étendre leurs cultures aux terres des Maures.

Certains villages ne s'étaient développés que par suite de la tolérance des Maures à laisser cultiver la rive droite du Sénégal par leurs habitants. Le terrain, qui par suite de la défense précédente reste à ces villages, ne suffit plus à leur population ; c'est le cas entr'autres du village de Gaé.

Les noirs d'au-dessus du Fouta sont trop éloignés de nous, et les Maures leurs vis-à-vis sont trop peu liés à notre politique, pour que nous nous occupions de leurs relations réciproques. Ces noirs en profitent pour vivre en bons voisins avec les Maures et occuper les terres que ces pasteurs dédaignent de cultiver. Quand j'en arriverai au caractère particulier à chaque peuple et à leurs rapports entr'eux, on verra que les Maures n'exigent rien des Noirs pour leurs cultures sur la rive droite.

Les Noirs travaillent la terre des Maures à l'époque des pluies et du débordement du fleuve. Ils ne quittent pas pour cela leur résidence du village. Toute la population valide traverse le fleuve matin et soir, à l'époque du plus grand courant, sans le secours d'embarcations.

Je remontais le fleuve au mois d'août, sur le bâtiment à vapeur l'*Etoile*, commandé par mon ami M. Aube, alors lieutenant de vaisseau ; nous suivions avec intérêt, mais sans le comprendre, le mouvement d'un certain nombre de noirs ; ils cheminaient à la file, en remontant le long de la rive gauche du fleuve, tous portant sur la tête un morceau de bois cylindrique assez gros.

Nous en étions réduits à des explications plus ou moins ingénieuses, jusqu'au moment où nous avons rencontré un second groupe de noirs ; ceux-ci flottaient sans nager au milieu du fleuve, à cheval sur des morceaux de bois, pareils à ceux portés sur la tête dans le groupe terrestre.

En rapprochant ces deux mouvements d'une même manœuvre, il nous fut facile d'en deviner le but : les gens du premier groupe remontaient par terre cherchant, pour se mettre à l'eau, un endroit favorable, un coude du fleuve, d'où le courant devait les porter sans fatigue sur la rive opposée.

Le bois qui servait de flotteur est léger, d'après

la réciproque facilité, avec laquelle il nous a paru soutenir l'homme sur l'eau et être porté par lui à terre ; c'est le plus souvent une branche de bombax. Ce flotteur remplit d'autant plus utilement sa fonction, qu'il est tenu entre les jambes et incliné d'environ 50 degrés sur l'horizon.

J'ai cru utile de faire connaître ce moyen simple et ingénieux, employé par les noirs pour traverser sans fatigue et sans embarcation, un fleuve aussi large que le Sénégal.

Chaque cultivateur donne en impôt au chef du village la dîme de sa récolte. Les chefs sont donc intéressés à ce qu'il ne reste inoccupé aucun terrain susceptible de culture.

Certains noirs du Fouta profitent de la différence d'époque dans le travail des champs, entre leur pays et le Valo, pour cultiver à la fois dans les deux contrées ; quand ils ont travaillé et ensemencé dans un pays, ils retournent sarcler et biner dans l'autre, ou ils s'associent à un voisin, pour assurer le travail nécessaire pendant leur absence.

La dîme ne profite guère au chef du village que comme moyen d'influence ; elle doit être entièrement employée, quelquefois au-delà, pour la justice, l'hospitalité et l'aumône.

Un inconnu se présente à un chef pour lui demander des terres; le chef lui donne à choisir parmi les disponibles.— Comment pourras-tu cultiver tant de terrain ? Cette étendue dépasse les forces d'un agriculteur. — Je n'ai pas eu égard à mes forces, car j'en cultiverais facilement le double ; j'ai craint d'être indiscret. — Eh bien ! Prends en le double ; mais gare à toi, si tu en laisses la moindre partie en friche ! — Je ne risque rien.

Une récolte magnifique vint prouver l'habileté de l'inconnu. Le chef du pays voulut fixer un sujet si capable et si laborieux ; il lui donna successivement, des captifs, un cheval, sa fille, et en fit son conseiller intime et le second personnage de l'Etat.

Ce que je viens de raconter ressemble à une légende ; mais les gens du Bondou l'appliquent à leur almami Saada dont j'ai décrit le culottement à Boulébané. Rien ne m'étonnerait de la part de ce chef qui avait institué des concours agricoles. Les primes de : un captif, un cheval, un âne, un fusil, etc., servaient à récompenser le meilleur agriculteur, le producteur de la calebasse la plus grosse, la plus sucrée, etc. Il montrait par un cadeau important, combien il était sensible au don du premier fuseau de maïs précoce.

Il avait promis une forte récompense pour celui qui apporterait un maïs à 13 rangs. Je n'ai pas de peine à croire que cette futilité agricole a occasionné plus de travail et donné plus de résultats inespérés, mami Saada avait une profonde connaissance du cœur humain !

Une invasion de sauterelles est le plus grand fléau qui puisse menacer les récoltes : rien ne saurait l'arrêter. Nous ne pouvons pas nous imaginer avec quelle rapidité se propagent en Afrique, les nouvelles qui intéressent les cultures. Dès que quelques insectes de la race migrante ont paru dans une localité, le bruit s'en répand partout.

Les Noirs mettent à profit la lenteur de migration des sauterelles, pour rentrer les récoltes à demi-maturité ; (l'époque des sauterelles coïncide avec celle de la maturité du mil.) Quelques-uns même vont jusqu'à récolter ces insectes, qu'ils pressent en pains dont ils font leur nourriture.

Dans le Bas et le Moyen-Sénégal, la rive gauche seule est cultivée, et sur cette rive, seulement les les terres voisines du fleuve et de ses dépendances, marigots et lacs. Excepté le Cayor, dont la population industrieuse a su compenser, par des puits, la privation d'eau du fleuve, les terres éloignées du Sénégal ne sont pas cultivées.

Les terrains exceptionnellement inondés restent sans culture les années communes et, faute de bras, la plupart d'entr'eux ne sont pas même cultivés, l'année favorable.

Dans le Haut-Pays, on ne craint pas de cultiver sur pluies, des terrains susceptibles d'être exceptionnellement inondés ; les plantes peuvent être emportées par une crue, mais la perte de la semence est sans importance dans les cultures de mil, de maïs, etc. ; l'agriculteur est récompensé de son double travail, par une terre mieux préparée et enrichie par le dépôt du limon du fleuve.

J'aurai égard à ces faits, en proposant un système de cultures à l'européenne, avec les Indigènes pour travailleurs.

Dans quelques contrées du Sénégal, on se nourrit accessoirement de certaines racines, le manihoc, la patate douce ; dans le Haut-Pays, on consomme beaucoup de giraumons et de calebasses ; partout on varie l'alimentation avec des graines oléagineuses, arachide, béref ; le haricot à ombilic noir (dolique ou *niébé*) et le riz entrent dans quelques mets indigènes renommés ; mais la base de la nourriture des peuples du Sénégal est le grain de graminées sarclées, mils et maïs, sous la forme de *couscous*.

On donne ce nom au gruau ou à la farine granulée de diverses espèces féculentes, trempés avec un bouillon de viande ou de poisson. Des différences dans le mode de granulation, dans la grosseur des grains, dans le liquide humectant, apportent la variété dans cette préparation fondamentale. Ainsi, une granulation lâche, grosse et irrégulière, arrosée chaude par du lait aigre froid, constitue le *sanglé* ; c'est le gruau des enfants et des convalescents, la soupe du cultivateur avant d'aller au travail.

Pour que le couscous soit digne d'un gourmet, le grain doit en être égal, moyen ; il sera uniformément serré, il conservera sa forme et une résistance suffisante pour donner, par son passage, une impression légèrement sableuse désagréable aux novices. Malgré cela, il doit glisser facilement et ne pas porter à la soif ; on obtient ces deux qualités par un adjuvant, l'aloo, et par l'onctuosité du bouillon.

On donne le nom d'*aloo* à des feuilles pilées de plantes mucilagineuses de la famille des malvacées. On a vu qu'on emploie pour cet usage, au Sénégal, les feuilles du baobab, et qu'elles sont remplacées par celles du bombax dans nos comptoirs du Sud.

La viande et le poisson, qui servent à faire le bouillon, doivent être très gras pour rendre le couscous onctueux ; aussi, dans la langue volove, le mot gras est-il employé comme synonyme de bon. — Quel poisson préfères-tu, le capitaine ou le galar ? — Oh ! le galar est bien plus gras.

Les Noirs recherchent pour leur couscous le gras-double, les entrailles bien nettoyées, les morceaux gras et mucilagineux de la poitrine, des jarrets, de la tête, etc.

Quand, dans le fleuve, les soldats noirs et blancs tirent la seine, la distribution du poisson ne cause pas de querelles; il y a du poisson maigre et du poisson gras, poisson pour blanc et poisson pour noir, ou poisson de friture et poisson de couscous.

Les Noirs mangent avec leur couscous, le poisson ou la viande et les légumes qui ont servi à faire le bouillon.

Quand la viande et le poisson ne suffisent pas à rendre onctueux le couscous ou le riz, on y supplée par une addition de beurre de brebis, dont on fait provision à Bakel.

Faute de viande ou de poisson, on engraisse avec du beurre, ou par une préparation onctueuse d'arachides ou de béref, le bouillon maigre qui doit arroser le couscous du pauvre.

Les Indigènes et les Européens amateurs de couscous le mangent de la main droite, sans ustensile intermédiaire. Après le repas, ils boivent et se lavent les mains.

Le Noir fait de sa main droite le ministre de la bouche; il laisse à la main gauche les plus humbles et les moins propres fonctions.

Un sous-officier européen se dépitait de ne pouvoir rien obtenir, d'un peloton qu'il était chargé d'instruire ; un caporal noir vint à son secours : — « Si tu veux qu'ils manœuvrent bien, change les mots droite et gauche, qui ne signifient rien par ceux de : bouche et *gat*, du service affecté à chacune des deux mains, et tu verras. » Moyennant cette légère modification à la théorie, tout malentendu cessa entre les conscrits et l'instructeur.

Je vais prendre le grain sur la plante, et le suivre dans ses modifications jusque dans la marmite.

On a vu que la récolte du mil et du maïs est faite en fuseaux et en panicules ; c'est ainsi qu'elle est généralement mise en réserve. Le magasin consiste en une case élevée de terre, dont le plancher repose sur quelques grosses pierres faisant fonction de piliers, ou plutôt de dés en maçonnerie. Cette disposition suffit pour défendre la récolte contre les ravages des rats et des termites, pourvu qu'on ne reste pas trop longtemps sans visiter ces pierres-supports. Dans quelques contrées, on renferme le grain nettoyé dans de grands vases en terre cuite.

Le nettoyage du grain s'opère par le battage dans un mortier ; le résidu est séparé par le vanage et la ventilation.

Avant de faire connaître le couscous, je vais décrire sommairement les ustensiles qu'exige sa préparation : le mortier et son pilon, le van, la calebasse et l'appareil à cuire à la vapeur.

Le mortier ne diffère en rien de celui usité chez tous les peuples primitifs ; il est en bois de moyenne dureté, pour résister sans se briser aux coups du pilon ; celui-ci est en bois dur ; long, et double, il peut servir par chaque extrémité.

Par le battage dans le mortier, les négresses nettoient le grain de ses paléoles ; plus tard elles le décortiquent, puis elles le mettent en farine. Ces diverses opérations, la grosseur et la dureté des grains à travailler, ont fait adopter des pilons plus ou moins lourds, plus ou moins épais.

Le travail du mortier est très pénible, les jeunes négresses tâchent de rendre agréable ce labeur : elles l'accompagnent de chants, elles jettent le pilon en l'air, en battant des mains plusieurs fois avant qu'il ne tombe ; elles s'associent plusieurs pour battre en cadence dans un même mortier, comme les forgerons qui frappent alternativement l'enclume de leurs marteaux.

Le van des négresses ressemble à certains dessous de plats en paille. Les Sénégalaises ont atteint la perfection dans l'emploi de cet outil : elles peuvent classer avec ce van plein, par le seul mouvement de leurs bras, des différences de grosseur et de densité les plus faibles qui puissent tomber sous nos sens ; cette adresse rend toutes les négresses très aptes au travail des sables aurifères. Le van sert à la séparation du son, détaché par le battage dans un mortier, du grain légèrement humecté d'eau. Il est employé surtout à classer les granules du couscous.

La granulation s'opère dans une grande calebasse. La farine est d'abord humectée par des gouttes d'eau successivement projetées par aspersion, puis elle est vigoureusement travaillée par des mouvements de main et par des secousses imprimées à la calebasse; la régularité des granules dépend d'une manipulation soutenue et méthodique ; les grains sont définitivement classés par le travail du van.

Le grain du couscous est cuit à la vapeur; mélangé avec son aloo, il est mis dans un vase en terre à fond percé de trous ; ce vase sert de couvercle à une marmite faisant fonction de générateur. La vapeur, produite dans la chaudière, traverse les trous et cuit le couscous dans le vase supérieur, ordinairement recouvert par le van.

Le couscous, ainsi cuit à la vapeur, n'a plus besoin que d'être trempé pour être servi.

On fait quelquefois le couscous pour plusieurs jours ; il suffit de le faire sécher ; il durcit et en cet état il sert de provision aux voyageurs, qui, faute de temps ou d'ustensiles, sont souvent réduits à le manger ainsi à poignées. Cette préparation de couscous se conserve suffisamment pour être expédiée en France ; elle est souvent demandée à leurs correspondants, par les négociants qui ont longtemps habité le Sénégal, et qui désirent goûter encore à un met de leur jeunesse.

Le *son* retiré du mil est ajouté au couscous des captifs, ou est donné aux animaux entretenus à la case : les poules, le mouton engraissé pour la fête, la vache qui fournit le ménage de beurre et de lait aigre. Des voyageurs malheureux s'offrent à épargner la fatigue du mortier, moyennant l'abandon du résidu.

Dans les années de disette, la ménagère pauvre, qui n'a ni captifs ni animaux à nourrir, pile le son pour augmenter la proportion de farine, comme on fait des repasses dans nos minoteries.

Les indigènes les plus riches et les plus européennisés du Sénégal déjeûnent à la française, et font du couscous leur repas du soir. Un certain nombre d'étrangers au pays ont adopté ce régime comme agréable et hygiénique: le couscous est en effet très-facile à digérer.

Quand on n'est pas très-gourmet de couscous, on peut se servir d'une cuiller.

On peut être quelquefois invité par des camarades indigènes à manger le couscous ; il faut se garder de considérer cette politesse comme une occasion de faire connaissance avec le met national. Sous prétexte de couscous, j'ai vu servir les mets les plus raffinés et les plus coûteux de la cuisine française.

Il y avait bien du couscous, mais le bouillon en avait été confectionné avec un morceau de bœuf, un morceau de mouton, une poule, un canard, un chou, des légumes, mais surtout avec un morceau de bœuf et de porc salé ; c'est obligatoire dans un couscous à la viande. Si mon lecteur se trouve un jour ainsi trompé, ce ne sera pas ma faute ; je l'aurai averti.

Les diverses espèces de grains donnent au couscous une couleur, un goût particuliers. Par des mélanges bien combinés, de gros et de petit mil, de mil et de maïs, on obtient des variétés appréciables seulement par les Indigènes.

Certaines graines donnent un couscous plus nourrissant ; les semences de nénuphar passent pour la nourriture la plus substantielle, aussi sont-elles très-recherchées comme aliment de voyage.

Le fruit du baobab est cylindrique, de la grosseur d'un fuseau de maïs ; après avoir brisé une enveloppe verte, mince, peu dure, on trouve une pulpe composée d'un amas inextricable, de farine, de graines et de leurs ombilics.

La farine est aigrelette et nutritive, c'est *le pain de singe* ; sa première impression n'est guère favorable, mais ce manger attache comme la farine de chataigne ; les Noirs l'aiment beaucoup, c'est pour eux une manne du ciel. Mêlé avec du lait aigre, le pain de singe est recommandé contre la diarrhée;

les docteurs qui pratiquent dans le pays n'en défendent pas l'emploi médical.

Les graines, de la grosseur d'une demi-amande, brunes, discoïdes, sont très-dures, d'une résistance élastique semblable à celle du noyau de la datte. Il faut de grands efforts pour mettre au jour la partie nutritive de cette amande ; aussi les Noirs, avides de pain de singe, avalent les graines qu'ils rendent ensuite inattaquées ; mais dans les années de disette, ils les broient avec des pierres pour se nourrir de leur pulpe.

Par la germination des graines de baobab on obtient des corps ayant la forme et le goût sucré et parfumé des navets : je revendique l'honneur d'avoir démontré le premier qu'on peut manger des baobabs en plat de légume.

La boisson ordinaire des Noirs est l'eau pure, qu'ils boivent en grande quantité à la fois, soit après le repas, soit dans la journée.

Parmi les indigènes, ceux qui sont musulmans ne font pas usage de boissons fermentées ; les indévots abusent de l'eau-de-vie tirée du commerce européen ; les Musulmans ergoteurs se soûlent avec le vin de palme par suite d'un accommodement avec le Coran.

Le *vin de palme* est le suc recueilli dans une calebasse, d'une incision à un palmier ; doux d'abord, ce liquide tourne au spiritueux, et à l'acide avant la fin de la journée.

Les praticans scrupuleux s'abstiennent de toute boisson fermentée ; les délicats font macérer dans leur eau des racines diverses, pour parfumer leur boisson ou lui communiquer une agréable amertume.

La *noix de kola,* si célébrée par les voyageurs en Afrique, est justement recherchée des Indigènes et des Européens ; sa mastication agréable fait trouver à l'eau la plus nauséeuse un goût délicieux.

Les Bambaras, peu soucieux des préceptes du Coran, obtiennent avec du mil une liqueur fermentée très-enivrante ; ils suivent le même procédé que nous employons pour fabriquer la bière, maltation et fermentation.

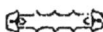

Les Maures habitent sous la tente, les Peuls s'abritent sous des gourbis. Les femmes Peules tissent, sur une chaîne en cordon, avec une trame en paille, une espèce de paillasson mobile qui sert à recouvrir leurs cabanes temporaires ; les épouseurs apprécient l'habileté des jeunes filles à cet ouvrage.

Que le pasteur demande, comme les Maures, un abri à la laine de son troupeau ou comme les Peuls, aux matériaux qu'il rencontre partout, c'est toujours la femme qui est chargée de pourvoir au campement.

C'est une nécessité de la vie pastorale ; à chaque cantonnement, l'homme, tout occupé de l'affaire principale, le parcage du troupeau, laisse à la femme le souci de pourvoir à l'accessoire, le logement des pasteurs et leur nourriture.

Chez tous les peuples agriculteurs, même chez ceux où la culture est à la charge de la femme, le travail de la construction de la case est entièrement réservé à l'homme.

Les noirs des villages du Sénégal habitent dans des cases petites, généralement rondes et recouvertes d'un toit conique en paille ; ces habitations ressemblent de loin à des ruches.

La *case* est formée de deux parties, le mur et le toit.

Dans les terrains sablonneux, le *mur* est constitué par des piquets, plantés en terre en rond, plus souvent en carré, reliés par des claies en roseau ou en paille ; l'agriculteur édifie lui-même cette case, avec l'aide de ses voisins.

Dans les terres argileuses, le pourtour de la case est élevé en terre glaise mêlée de paille hachée ; la terre est tirée d'un trou voisin de la case à bâtir ; elle est simplement pétrie avec de l'eau et modelée en colombins qui sont immédiatement mis en place. En élevant ainsi le mur sur une épaisseur de six à quinze centimètres, le constructeur de profession, auquel l'œuvre est confiée, a soin de ménager l'espace de la porte et d'un petit vasistas. Il pose les cadres des boiseries ou les morceaux de bois qui doivent en tenir lieu.

Les fissures, qui ne manquent pas de se produire par le retrait d'une pareille masse argileuse, sont bouchées par un crépi formé d'une argile plus fine, pétrie plus liquide avec une addition de bouse de vache.

La *toiture* est uniforme, quoique la paille soit tressée d'une manière un peu différente suivant les pays. La charpente en est constituée par de grandes gaules attachées ensemble en haut, et dont les pieds sont écartés régulièrement, suivant les génératrices du cône que représentera la toiture ; ces gaules sont reliées en travers par des bois flexibles, disposés en ronds décroissants de la base au sommet; les amarrages sont faits avec des lianes ou avec les écorces des bois employés à la charpente.

Sur ce squelette on développe les pièces de paille, tressées à l'avance, en spirale de bas en haut, de manière à ce que les brins de paille inférieurs soient régulièrement recouverts et imbriqués par les supérieurs.

Dans certaines contrées, le toit est fait à terre sur

un rond tracé d'un rayon un peu plus grand que celui de la case ; il est ensuite soulevé et mis en place avec l'aide des voisins. Dans le Haut-Pays on travaille sur place à la couverture ; les hommes aisés et de goût y font leur habitation de deux grandes cases rondes reliées par une galerie; cette disposition est très-heureuse contre la chaleur.

Ordinairement, quand ils n'ont pas de ferrures, les Noirs adoptent la disposition suivante : la porte est formée de deux ais, joints par deux traverses à l'aide de clous grossiers ; deux tourillons en bois, ménagés aux extrémités d'un des ais, sont reçus dans les trous faits aux deux morceaux de bois, qui forment le seuil et le linteau de l'ouverture.

La serrure et la porte sont l'ouvrage du forgeron et du charpentier, celui-ci est souvent un Laobé.

On reproche à la case des Noirs sa forme ronde, sa couverture en chaume, la matière boueuse dont elle est construite et son crépissage en bouse de vache.

La case ronde est la plus solide ; elle occupe le plus grand espace pour le périmètre de la muraille ; elle est sans inconvénient pour des gens qui n'ont de meubles qu'un coffre, et dont le lit consiste en des planches soutenues par des piquets plantés en terre.

La forme carrée paraît cependant prendre faveur. Certains chefs se font élever des cases à un étage, les riches les crépissent à la chaux.

Malgré son peu d'épaisseur, la toiture indigène

abrite parfaitement de la pluie et de la chaleur ; les murs doivent être visités souvent et râclés des galeries des termites, qui auraient bientôt dévoré la toiture; le crépissage, malgré sa composition, n'offense pas l'odorat.

J'ai pratiqué les deux sortes d'habitations que je viens de décrire ; je les trouve préférables à tout système de barraquement trop économique. Une grande construction bien située, formée de deux grandes cases reliées par une galerie, me paraît très-avantageuse. On pourrait tempérer la chaleur de la toiture par une claie en paille mobile en forme de plafond et celle des murs par des paillassons appendus à la saillie du toit.

Dans le climat sec du Sénégal, les constructions en terre sèche, abritées par une toiture, sont très-solides et durables. Quand les murs sont privés de toit, ils peuvent encore résister debout, plusieurs années, aux intempéries des saisons. Au Sénégal, les pluies sont abondantes mais elles durent peu ; le coup de soleil qui la suit, sèche en peu de temps ce que l'ondée la plus violente a pu mouiller.

Ces constructions ne craignent que par la base. Si le pied est détrempé, le mur s'affaisse promptement; aussi est-il indispensable d'établir les cases sur des points élevés et de disposer autour le terrain en pente, pour empêcher le séjour de l'eau.

Les *fortifications* se composent de murs montés en pierre et en argile séchée, d'une certaine épaisseur et de trois à cinq mètres de hauteur.

Ces murs sont disposés en zig-zag en vue de la solidité, en vertu de l'instinct qui pousse les enfants à plier une carte à jouer, pour la faire tenir debout. Les Noirs n'ont pas mis à profit pour la solidarité de la défense, cette nécessité des saillies.

Le mur est construit aux dépens de la terre d'un fossé intérieur ; des trous à fleur de sol tiennent lieu de meurtrières, qui permettent aux assiégés, placés dans les fossés intérieurs, un feu rasant redoutable ; leur position s'oppose à ce qu'elles soient embouchées par l'assaillant.

Les parties faibles du rempart sont renforcées par des ouvrages intérieurs ; les portes sont doublées par des tambours, sur lesquels les défenseurs montent à la dernière heure, et d'où ils peuvent accabler l'ennemi par un feu plongeant et sous des matériaux accumulés. Quand l'enceinte est franchie, l'on peut se trouver arrêté encore par un solide réduit, refuge de l'élite des défenseurs.

Pour le courage, les Maures semblent avoir pris modèle sur le lion. Braves en plaine ou abrités d'une broussaille, ils hésitent devant le plus insignifiant rideau qui couvre leur ennemi.

Les villages noirs riverains du Valo, interrompent

au fleuve une défense composée d'une faible barrière en demi-cercle ouverte à la gorge ; les Maures se garderaient bien de se mettre dans l'eau jusqu'à la cheville, pour tourner ce semblant d'enceinte fortifiée.

Les Bamanos sont les seuls peuples indigènes assez osés pour attaquer de force un ouvrage défensif. Ils envoient à la sape des murs, appuyée par des tirailleurs, une colonne de guerriers armés de haches. J'attribue leur réussite, bien plus qu'à leur tactique, à la terreur de leur nom : les Bamanos sont aussi implacables dans la guerre, qu'ils sont doux et laborieux dans la paix.

Les fortifications dont je viens de donner une idée ne sont pas à mépriser ; elles suffisent contre des ennemis privés de canons. On pourrait les rendre plus sûres encore, sans en augmenter la dépense, en disposant, d'après les principes de la défense moderne, les saillants et les rentrants rendus nécessaires par les exigences de la solidité.

Avant de reprocher aux guerriers indigènes leur façon prudente d'assiéger les places du Haut-Sénégal, réfléchissons à ce que nous ont coûté, malgré notre bravoure aidée de l'appui physique et moral de l'artillerie, la prise de vive force de Dialmath, sur les Toucouleurs, et de Guémou inachevé, défendu par les sectaires d'Alagui.

Les Yolofs du Cayor opèrent le creusement des *puits* d'une façon toute primitive : ils enlèvent un cône de sable assez ouvert pour que les terres puissent être abandonnées à elles-mêmes sans soutien ; dans un terrain sablonneux, le creusement d'un puits profond les entraîne à un déblai considérable. Arrivés à la couche imperméable, ils y creusent une cuvette où l'eau doit s'accumuler, enfin ils remettent les terres en place et ils les battent fortement contre un clayonnage solide, ovoïde, qui, formant la paroi du puits, maintiendra les terres.

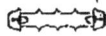

La *calebasse* dont je parle n'est pas le fruit de l'arbre, calebassier ; c'est une espèce de citrouille dont la pulpe sert de nourriture aux Noirs et dont l'enveloppe travaillée, leur tient lieu de tous les ustensiles de ménage qui ne vont pas au feu.

On cultive des calebasses de toutes les dimensions, depuis la grosseur d'une poire jusqu'à celle d'une courge-monstre ; il y en a à queue, la plupart sont presque anoures. Pour les utiliser, on les vide par le goulot ou on les fend en deux, en conduisant la coupe par les deux pôles du fruit, l'ombilic et le fond.

Si nous supposons que le fruit se prolonge en queue : indivisé, il donnera lieu à une gourde ; plus volumineux, à une grosse bouteille à baratter la crême. En le coupant : petit comme une poire, on produira deux cuillers à bouche ; plus grand, deux cuillers à pot.

En divisant une petite calebasse sans queue, on obtiendra deux gobelets. De plus en plus grosses, elles seront utilisées comme assiettes, plats de diverses grandeurs, calebasses à porter l'eau, jattes pour faire monter la crême, baignoire pour un enfant. Ce fruit sert à former la corbeille dans laquelle la blanchisseuse nous apporte le linge, la caisse d'harmonie des instruments de musique.

Il faut râcler l'intérieur d'une calebasse pour qu'elle ne communique pas un mauvais goût aux aliments qu'on lui confie ; elle acquiert sa plus grande valeur pour cet usage, lorsque l'usure et les soins de propreté l'ont réduite à son vernis extérieur. En cet état, la calebasse est très-fragile, la ménagère fait coudre sa moindre fêlure pour en arrêter les progrès ; on estime les meilleures, les calebasses réduites à n'être plus que coutures.

Pour orner l'extérieur d'une calebasse, on y trace en creux un dessin, puis on frotte avec une matière colorante, grasse ; l'épiderme fait fonction de réserve et la couleur fait ressortir les traits auxquels elle s'est attachée.

La calebasse est un produit plus particulier au

Haut-Pays et au Cayor ; les habitants du Valo et du Fouta la remplacent dans ses emplois variés par des ustensiles en bois, ouvrages des Laobés.

Les Noirs demandent à une *industrie céramique indigène* des marmites, avec leur accessoire pour cuire le couscous à la vapeur, des gargoulettes, des espèces de jarres pour conserver l'eau. La poterie est fabriquée par les femmes.

Les potières du Sénégal ne connaissent pas les ressources du tour, elles tâchent de suppléer à cet outil par une disposition ingénieuse : la pièce à travailler adhère à l'intérieur d'une calotte de calebasse qui elle-même seuille dans le sable ; ainsi placée, la calebasse ne peut céder, qu'en tournant, à la pression de l'ouvrière.

Les potières indigènes ne connaissent aucun agent vernissant ; leurs vases sont rendus imperméables par un coup de feu plus fort et plus souvent par l'usage ; le liquide en filtrant finit par obstruer les pores des poteries incontinentes.

Cependant une certaine connaissance préside au choix des matériaux appropriés à l'usage de la pièce demandée ; la pâte de la gargoulette est pétrie moins plastique, une espèce d'argile marneuse entre dans la composition des marmites qui vont au feu. Les potières donnent plus de cohésion à leur ouvrage, en roulant avec force, sur la pièce achevée, une cordelette durement cordonnée, qui laisse, sur les grandes poteries, son impression rugueuse en câble.

Les gargoulettes de Dagana sont renommées avec raison; les canaris du Haut-Pays sont plus légers.

Les poteries sont cuites en tas sur le sol; on se sert pour combustible, d'une paille de graminée sauvage qui produit beaucoup de chaleur. Cette paille est répartie autour et à l'intérieur des grosses pièces; quand le feu est éteint, l'opération est terminée. Parmi les poteries ainsi traitées, quelques-unes sont peu cuites, d'autres brûlées, certaines fêlées; mais celles qui ont été réussies, sont d'un bon usage.

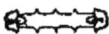

Le travail des objets en bois est abandonné à la caste des Laobés. Ces ouvriers ne fabriquent qu'accessoirement des objets plats, des portes, des coffres; ils obtiennent la planche en refendant le bois à la cognée; ils ignorent l'usage de la scie.

Quoique la presque totalité des ouvrages des Laobés soient des pièces de tour, ils n'emploient pas même l'outil grossier de nos fabricants de chaises; ils débitent le bois en mortiers, en pilons, en plats de toutes grandeurs, en escabeaux, etc. La plus grosse pièce ronde qui sorte de leur fabrique est de la grandeur d'un bain de siége ; cet ustensile appelé *bagane* sert ordinairement de cuve ou de baignoire.

Les Laobés rapportent sur leurs ânes les bois qu'ils sont allés chercher dans la forêt, et ils les travaillent à leur campement. La partie dure, celle qui forme l'extérieur de l'arbre, est toujours ménagée pour constituer le fond de la calotte sphérique, forme de la généralité des pièces de leur fabrication.

Les pêcheurs maritimes achètent au bas de la côte leurs pirogues, pointues des deux bouts, formées d'un seul tronc d'arbre ; ils en augmentent le creux par l'addition de fargues en planches.

Ces plats-bords sont cousus à la pirogue ; le joint est maintenu étanche sans calfatage, par l'application en dedans et en dehors de la couture, de deux coussins en paille retenus par des liens. Les secousses des barres de la plage réclament cette liaison, la plus élastique et la plus solide qu'on puisse imaginer.

Les pirogues du fleuve et des marigots sont grossières et creusées dans un tronc rarement droit.

Les Laobés savent utiliser presque tous les arbres des forêts du Sénégal. Les charpentiers qui travaillent à l'européenne, n'emploient guère que le *gonakié* pour les navires et le *khros* pour les embarcations, quelquefois le *ven*, etc.

Le bois de khros est très-doux à travailler, j'en ai fait faire des moyeux et des jantes de roues. Sans avoir été cerclés, sans avoir bouilli, les moyeux de khos ont résisté sans se rompre aux coups de marteaux qui enfonçaient les rayons.

Je vais montrer chez le forgeron qui les fabrique, les outils dont se servent les Laobés.

On appelle forgeron, au Sénégal, l'ouvrier qui travaille les métaux depuis l'or jusqu'au fer et les ornements en bois dur. Les forgerons maures s'adonnent surtout au raccommodage des armes ; ils sont capables de réparer tout ce qui peut manquer dans un fusil, depuis le mécanisme de la platine jusqu'à un éclat du canon. Quoiqu'ils se servent d'ustensiles en terre, les Maures sont forcés par leur existence nomade à avoir en réserve des marmites en fonte, moins fragiles ; les forgerons maures ont souvent à boucher par une pièce en fer, les trous de ces marmites.

Les travailleurs sur l'or recherchent pour creusets les fourneaux de nos pipes cassées ; ils utilisent la qualité fondante du borax.

La plupart des outils fabriqués par les forgerons indigènes sont en fer doux. Quelques-uns savent forger, souder l'acier, chausser un outil, mais manquant de meules, les ouvriers indigènes préfèrent les outils en fer doux qu'ils peuvent affûter à la lime. Une lime et des tiers-points constituent le plus grand cadeau pour un forgeron ou un Laobé.

Dans leur fabrication des pièces de platines de fusil, les Maures ont recours à la cémentation par les matières animales.

Le fer dont se servent les forgerons du Sénégal leur est fourni par le commerce français ; ils préfèrent le fer de Suède, le meilleur marché des fers doux importés.

Cependant, les indigènes du Sénégal savent tirer le fer des roches naturelles. Ils accumulent dans des trous du minerai et du charbon de bois ; ils obtiennent la fusion par le vent de soufflets primitifs en peaux de chevreaux, semblables à ceux des étameurs ambulants piémontais. La réduction du minerai oxydé et carbonaté s'opère au détriment d'une partie du fer comme dans les forges catalanes.

L'outillage du forgeron est très-simple ; l'ouvrier travaille assis ; son enclume n'est qu'un tas, son marteau est petit. On ne peut produire que de petites pièces, avec cette forge, dans cette attitude. Les forgerons qui travaillent l'or, emploient des étampes à l'ornementation des bagues, etc.

La forge placée sous l'arbre d'une place est le rendez-vous des politiques du village.

Dans un même pays, pour une même profession, le fer est le même pour tous les outils. Ce fer uniforme ne se prête à des ouvrages différents, que par la diversité du manche.

Établis en fer doux, minces, les outils des Noirs ne pourraient supporter une douille coudée avec le corps de l'outil, comme dans l'herminette et la pioche. La douille des outils sénégalais est toujours dans le sens du corps, le changement de direction est demandé à la forme du manche.

Tout fer d'outil est un morceau de ce métal aplati et élargi aux deux extrémités dont l'une sert de tranchant ; les oreilles de l'autre, recourbées, formeront une douille pour recevoir l'extrémité du manche taillée en pointe.

Pour l'agriculture du Haut-Pays, le fer est petit, étroit et fort ; son tranchant n'a pas plus de quatre à cinq centimètres. On l'emmanche à une très-petite branche d'un bâton angulaire ; l'autre branche, petite encore, quoique plus grande, sert de poignée. La solidité du terrain ne permet pas d'employer au sarclage un outil différent de celui qui a servi de pioche.

Le fer de bêche des Yolofs est plus mince, plus grand et plus étalé. La douille est la même, le tranchant a une étendue double. La longueur des deux bras du manche permet le travail debout.—Les Noirs brident, par un lien en cuir, l'écartement des bras d'un manche d'outil coudé quelconque, herminette ou pioche, dès que leur longueur en compromet la solidité.

Le sarclage s'opère dans le Valo à l'aide d'un fer analogue poussé en avant, emmanché sur un bâton simple ; ce fer suffisant pour un sol sablonneux, est mince et large.

La cambrure et la courbe de la ligne coupante de plusieurs de ces outils, pourrait faire attribuer à ceux qui les ont établis une notion mathématique élevée. On sait que le coup d'œil et l'expérience ont devancé le calcul, pour indiquer le galbe des surfaces de moindre résistance, de la pirogue qui fend les eaux, du versoir qui élargit le sillon.

Le forgeron d'un village travaille sans rémunération immédiate à tous les fers de bêche qu'on lui apporte ; à la récolte, il établit une mesure, variable suivant le pays et l'abondance de l'année ; chaque cultivateur lui remplit de grain cette mesure, un nombre de fois égal à celui des hommes qui ont travaillé à son lougan.

Les Laobés ont un fer unique qu'ils emmanchent sur une des bifurcations du bois. Par un quart de révolution opérée par la douille sur le manche, d'herminette, l'outil se change en hache à parer ; en adaptant le fer à la grande bifurcation, le Laobé peut travailler jusqu'au fond du mortier qu'il fabrique.

Ces travailleurs de bois font les trous avec un fer rouge. Ils ne se servent pas de ciseau droit, ils manient si habilement leur petite herminette !

Le fer des haches de force n'a pas de douille. Il tient au manche par pénétration dans le renflement que présente, à l'origine des racines, le petit arbre utilisé comme bois de hache. Le fer est solidement maintenu par ce renflement qui, traversé frais, s'est resserré sur lui par la dessication du bois.

Comment, avec des haches aussi frêles en fer doux, peut-on abattre des arbres grands et en bois dur comme les gonakiés, les ébéniers ? Grâce à l'adresse du bûcheron et à un affûtage incessant au tiers-point.

J'ai parlé de la serrure égyptienne, œuvre des forgerons indigènes ; malgré sa simplicité, elle repose sur le principe de nos plus parfaites serrures de sûreté. Sa clé est une espèce de spatule dont on engage la partie plate dans un vide laissé à la face supérieure de la serrure. Pour que cette clé puisse dégager le pène en bois et le faire glisser, il est indispensable que les pointes ou les trous de la clé soient justement placés, pour s'adapter à la disposition inverse d'une des pièces intérieures de la serrure.

Le mari doit à la femme sa nourriture quotidienne. La femme doit au mari le vêtement semestriel ; elle file ou fait filer chez elle le coton qu'elle a récolté, et qui servira à confectionner des vêtements pour son mari ; le fil est tissé sous ses yeux par le tisserand indigène.

Sauf les dimensions, le *métier à tisser sénégalais* ne diffère par aucun organe de notre simple métier à deux marches. La largeur du tissu qui sort de ce métier n'excède pas 0 m. 20 c., il faut en coudre plusieurs lez pour faire une largeur de pagne.

Le métier du tisserand indigène est portatif, il l'établit à terre sous une natte pour abri ; il creuse un trou pour y loger la partie inférieure de son corps et les marches, il a ainsi, la navette à portée de ses deux mains, et le battant à la hauteur de sa main droite. La chaîne est tendue par une grosse pierre qu'elle traîne sur le sol.

Le tisserand enroule sur un bâton grossier qui lui sert d'ensouple, la toile fabriquée. Sur l'axe en bois en saillie de la poulie de retour, il attache un corps qui renforce le son du grincement de la poulie : le plus souvent une boîte en fer-blanc, de sardines, vide.

Ce bruit charme son oreille et endort la vigilance de la patronne pour laquelle il travaille. Quand il lui arrive de rêver, le jeune tisserand ne cesse de marcher et de faire grincer la poulie de renvoi ; il n'oublie qu'une chose : passer la navette.

Le travail de la *teinture* est réservé aux femmes. La couleur presque uniquement employée est l'indigo ; cette matière colorante est tirée des plantes indigofères naturelles ou cultivées par la teinturière ou par la ménagère chez laquelle elle travaille.

Faute d'indigo frais on se sert de pains formés de fécule colorée et des débris de la plante ; l'alcali nécessaire est de la potasse d'incinération. La teinturière connaît la valeur alcalimétrique des diverses plantes qu'elle brûle, elle a trouvé que les cendres les plus riches proviennent des rafles et des paléodes du mil et de l'écorce du fruit du baobab.

Toutes les teintures se font à la cuve. On produit cependant par le tissage de fils préalablement teints, des étoffes de couleurs variées, à raies et à carreaux.

Les teinturières obtiennent des dispositions plus compliquées sans recourir à l'impression ou à l'auxiliaire d'un rongeant ou de substances virantes ; elles demandent l'artifice des réserves au procédé suivant, pénible mais ingénieux.

Prenons une pièce d'étoffe et plions-là en long, en la repliant alternativement en dessus et en dessous en plis réguliers et d'un demi-décimètre au plus. Sur ce corps long ainsi obtenu, attachons à distances égales, de un à deux décimètres, des cordons bien serrés. Trempons cette étoffe, ainsi préparée, dans un bain concentré d'indigo. Si on la retire au bout de peu de temps et si on la développe, on trouve : des raies blanches continues, correspondant aux lignes où la constriction du cordon a empêché la teinture de pénétrer ; les autres parties, chargées d'une teinte d'autant plus foncée, qu'elles auront été plus accessibles au liquide colorant.

Au lieu de raies on obtient des dessins interrompus, en posant des ligatures serrées sur des pincements, faits à l'étoffe régulièrement espacés. Les dessins produits ainsi, ont quelque chose de flatteur à l'œil ; leur disposition uniforme plaît par la régularité, la variété des détails, amenée par le hasard, en rompt la monotonie.

On peut encore obtenir des réserves en cousant des perles, des morceaux d'étoffes.

Les teinturières du Sénégal, connaissent la faculté qu'a la vapeur d'eau de rendre plus solide une teinture; elles savent obtenir des bleus nuancés, des indigos mats ou métalliques.

Les teintures du Haut-Pays sont très estimées à Saint-Louis. Les signares,— dames indigènes de notre colonie, — envoient aux teinturières de Bakel, des morceaux d'escamite ou de madapolam de nos fabriques. Ces étoffes prennent une grande valeur du mode de teinture qui leur est appliqué.

Les Indigènes fabriquent du *savon* par l'action d'une forte lessive de potasse sur du suif de bœuf et sur de l'huile de graines ; le savon du Fouta est d'un très-bon usage.

Les Noirs et les Maures recherchent le *tabac* d'origine américaine; en têtes (manoques), de plus ou moins de feuilles suivant la localité, cette marchandise sert de monnaie d'appoint sur presque toute la côte occidentale d'Afrique. Le tabac indigène est, dans plusieurs contrées du Sénégal, l'objet de cultures étendues.

Le tabac de ces deux provenances est consommé sur une assez grande échelle, dans la pipe et en poudre. Mais contrairement à ce qui se passe chez nous, en Afrique les femmes fumeraient et les hommes priseraient de préférence ; priser y est plus comme il faut que fumer, aussi la tabatière est-elle pour les Sénégalais un ornement qui les pose distingués.

La *pipe* usuelle des Maures est un tibia de mouton, qu'au repos ils tiennent le plus souvent avec le premier espace interdigital du pied droit. Pendant le travail, les kroumen logent leur pipe derrière leur dos, où elle est protégée par la saillie, considérable chez ces athlètes, des muscles des gouttières.

Les forgerons sénégalais fabriquent des pipes tout en fer, fourneau et tuyau ; ils modèlent aussi en terre des fourneaux de pipe qu'ils retirent d'un feu de forge, noirs et presque vitrifiés. Les Bamboukains en fabriquent — dont la terre moins cuite reste rouge, remarquables par des paillettes brillantes en mica ou en limaille de cuivre ; ils donnent aux Européens cette terre pour aurifère.

Les fourneaux de pipes indigènes sont de petite capacité ; ce n'est que par petites doses à la fois que les Sénégalais fument ou prisent.

La forme de la *tabatière sénégalaise* est en rapport avec un détail de mœurs que j'ai rapporté page 178 : les Sénégalais ne voudraient ni porter à leur nez les doigts de leur main gauche, ni souiller avec du tabac ceux de leur main droite ; ils forment une prise en renversant la tabatière sur le dos de leur main ; d'où l'adoption pour cet objet de la forme d'un cylindre assez gros, — souvent un entre-nœud de bambou, terminé par un goulot effilé.

La quantité de tabac qui constitue une prise est en rapport avec la dimension de l'orifice et non avec celle du corps de la tabatière ; cette particularité fait dire aux Noirs qu'il faut juger de la générosité d'un homme important d'après ce qu'il cache plus que par ce qu'il montre.

La forme et le port de la tabatière, adoptés par les Sénégalais, feraient monter la rougeur au front d'un Européen non prévenu.

Les piroguiers montent presque nus à bord des navires en rade de Saint-Louis. J'ai vu des marins sourire en les regardant ; ils prenaient leur tabatière pour le bambou vêtement des hommes en Calédonie.

Les Sénégalais n'ont pas ce qu'il faut pour faire brûler certains tabacs, ils réussissent mieux pour le tabac à priser. Par l'action combinée de l'exposition au soleil et d'une addition de potasse indigène, ils préparent en peu de jours un tabac estimé des priseurs. Quelques amateurs européens, délicats ou blasés, préfèrent, au tabac en poudre de nos manufactures, celui que travaillent à Saint-Louis des négresses en réputation.

Les Toucouleurs cultivent et préparent du tabac qu'ils vendent aux Maures. Plus on avance dans le Haut-Pays, plus on trouve développées, les cultures de tabac et de toutes les productions que les indigènes de la côte se procurent plus avantageusement par leur commerce avec les blancs, que par leur travail personnel.

Une femme du Haut-Sénégal habile dans la préparation du tabac en poudre, devint pour son mari un moyen de fortune. Celui-ci, paresseux à l'extrême, serait mort de misère, s'il n'avait su exploiter le goût de ses compatriotes pour le tabac à priser. Dans la saison agricole, cet ingénieux fainéant stationnait dans le sentier qui bordait son champ, sans autre instrument de travail que sa tabatière garnie.

Plusieurs de ses voisins en se rendant à leurs cultures prenaient un détour, alléchés par l'attrait d'une prise de bon tabac. Ils ne refusaient pas en rémunération de donner quelques coups de pioche.

Par la somme de ces petits travaux, insignifiants isolés, mais vivifiés par son habile direction, cet homme doué du génie de la paresse, trouvait le moyen d'avoir les cultures les plus grandes, les mieux entretenues et les plus productives.

Les peuples de l'intérieur du Sénégal fabriquent de la poudre de guerre et ils ne demandent que le soufre au commerce européen. Comment se procurent-ils le nitre?

A cette question un Bambara m'a répondu que dans certains villages, tous les matins, les jeunes vierges venaient répandre l'eau sur des terrains particuliers, qu'on piochait souvent et qu'on finissait par laver. Ce procédé ne diffère, par rien de scientifique, de celui usité en Europe avant l'importation de l'azotate de soude du Nouveau-Monde.

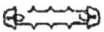

On appelle généralement cordonniers, au Sénégal, ceux qui travaillent le *cuir* pour quelqu'usage que ce soit; cette profession est exercée par les femmes chez les Maures, par les hommes chez les Noirs.

Les Maures utilisent pour tout la dépouille des animaux ; le cuir est la matière qui se prête le mieux aux exigences de leur vie nomade ; ils en tirent des contenants pour l'eau, le beurre, les grains, le lait, etc. ; ils l'emploient pour assembler les pièces des selles et des bâts ; ils en font des cordes, des coussins. Les autres utilisations leur sont communes avec les Noirs.

Chez tous les peuples du Sénégal, le cuir sert à la fabrication des menus objets, à la fois, d'utilité et d'ornement, que les Africains portent ordinairement suspendus au cou, des tabatières, des portefeuilles. Le cuir est la matière des gris-gris de toutes formes, qui reçoivent leur vertu d'un passage du Koran, et de la réputation du marabout qui l'a vendu. Un cordon en cuir relie les grains énormes du chapelet maure ; ces chapelets en bois d'ébène, quelquefois incrustés de fils de cuivre ou d'argent, sont œuvres de forgerons, ainsi que les bracelets en corne d'antilope.

La plupart des ouvrages en cuir sont cousus avec du cuir ; ils sont relevés par des teintures de diverses couleurs, noires, jaunes, rouges. Les cordonniers indigènes font tremper un morceau de fer rouillé dans un acide organique facile à obtenir, l'acide acétique provenant, par exemple, de la fermentation et de l'aigrissement du son de mil ; ils produisent ainsi la éolution d'un sel de fer, dont le contact noircit le cuir tanné. Par la mastication, ils tournent au jaune le suc incolore d'une racine particulière. Ils obtiennent le rouge de la tige du sorgho. Ils préparent avec l'alun les cuirs destinés à recevoir des couleurs plus vives.

Au Sénégal, comme dans la plupart des pays musulmans, les babouches sont des *chaussures* de luxe ; pour l'usage, on porte des souliers formés d'une semelle simple, retenue par deux brides ; celles-ci, longeant le pied des deux côtés, d'arrière en avant, viennent s'unir pour passer entre le pouce et le second orteil.

Les chaussures des femmes sont très-coquettes : un gros bouton en cuir travaillé est placé à l'angle des brides, au-dessus de l'espace des deux doigts du pied.

Les cultivateurs font leurs semelles du cuir de la joue d'un bœuf. Les peuples habitués aux forêts de gonakiés, peuvent travailler sans souliers au milieu des épines : ce n'est pas que la peau de la plante de leur pied soit plus épaisse, mais elle a acquis une sensibilité qui lui fait éviter tout ce qui peut l'offenser. Quand, en marchant sur une épine, il ne peut pas la coucher parce qu'elle est disposée en chaussetrappe, un Maure s'arrête à temps, relève le pied en arrière, enlève délicatement et promptement l'objet qui le blesse, et reprend sa route sans s'en inquiéter autrement.

Les Toucouleurs, habitués à vivre sur un sol propre, se blessent en travaillant ou en marchant dans les forêts d'arbres épineux ; leurs souliers même ne les défendent pas absolument. Quand ils sont piqués, ils s'arrêtent, et, assis, ils emploient à enlever le corps étranger, un outillage spécial qu'ils portent toujours sur eux, beaucoup de temps, et le plus souvent l'aide d'un compagnon.

Le tact défensif de la plante des pieds des Maures n'est que spécial contre les épines ; ces pasteurs ne peuvent marcher pieds nus sans se blesser, dans les terrains pierreux. Par suite d'un tact d'une défensivité spéciale contraire, les pieds des habitants du Haut-Sénégal, inoffensés par les cailloux de leur pays, se déchirent aux épines des forêts de gommiers.

Les peuples agriculteurs font leurs *cordes* avec les fibres de la seconde écorce de la plupart des arbres; dans le Valo, on utilise à cet usage le gonakié; dans le Haut-Pays, le baobab. Les cordiers indigènes fabriquent les torons, et ils les commettent sans outillage, en les frottant sur la cuisse, écartés en allant, joints en revenant.

Chez aucun des peuples du Sénégal la *danse* ne se compose de quadrilles régulièrement organisés d'hommes et de femmes. Chez la plupart d'entr'eux, chacun des danseurs, homme ou femme, s'élance dans le rond à sa volonté et, après plusieurs mouvements, reprend sa place comme spectateur ; la galerie accompagne en battant des mains, dans le rythme donné sur les tam-tams par les griots. Il arrive que plusieurs danseurs s'agitent en même temps, mais non ensemble.

Dans le Haut-Pays, les Sarrakolés forment des figures dans lesquelles reviennent régulièrement des mouvements de strophe et d'antistrophe ; le chant continu d'un coryphée, et un refrain court et énergiquement repris par le chœur, règlent les détails de cette danse ordonnée.

La danse des Mauresses consiste en poses gracieuses. Elles exécutent quelquefois la mimique expressive d'une action suivie ; le fusil ou le schall qu'elles manœuvrent aident à l'intelligence du sujet. La balladine est applaudie par des loulou ! loulou ! perçants, bien connus des voyageurs en Afrique.

La plupart du temps, la danse des Noirs consiste en poses et en mouvements lascifs réglés par le tam-tam. Le danseur et le musicien, s'excitant à l'envie, accélèrent la mesure ; la danse ne finit que lorsque le danseur tombe de fatigue, et que le griot est essoufflé et ruisselant de sueur.

Un Européen ne peut se rendre compte de l'excitation produite par cette danse sur les Noirs; l'assemblée est entraînée par la vivacité de la mesure, qu'elle marque par son chant et par le battement des mains. Un tam-tam, avec la *danse du lion*, pourrait compromettre la tranquillité, pour peu que les esprits fussent excités par un motif quelconque.

Le nom de *tam-tam* signifie à la fois le bal et l'instrument qui règle la danse. Celui-ci est un tronc de bois creux assez long, cylindrique, ou tronc-conique à extrémités évasées. Le griot frappe, de la main droite armée d'une baguette et avec les doigts de la main gauche, une peau tendue sur l'ouverture supérieure du tam-tam.

Dans un grand tam-tam, l'orchestre ne se compose que d'instruments de cette sorte, mais accordés sur deux ou trois tons différents, tierce, quinte, tonique. On se fait à ce bruit étourdissant, auquel l'habitude donne un certain attrait; on est surtout impressionné par l'entraînement de l'assistance.

L'art du tam-tam consiste dans la variété des batteries, et dans la précision avec laquelle le musicien suit un rythme différent avec chacune des mains : la gauche battant deux ou trois, pendant que la droite, armée du bâton, donne trois ou quatre.

Les enfants de la Havane ont été bercés aux batteries du tam-tam ; c'est ce qui explique la sûreté avec laquelle les demoiselles de ce pays rendent, sur le piano, les difficultés de mesure des *danzas cubanas*.

Le tam-tam de la danse conduit les Noirs au travail ; c'est au tam-tam qu'un village entier se répand dans les champs, pour sarcler le lougan du marabout ; sans tam-tam, il ne peut y avoir de manœuvre régulière et enlevée par les Noirs du Sénégal.

Autre est le tam-tam de guerre. C'est une énorme calotte en bois (bagane) recouverte de cuir ; le son en est sévère ; il est orné de gris-gris. C'est à la fois le tambour et le drapeau. Quand il résonne dans la nuit chez les Maures, pendant la paix, il indique qu'il faut lever le camp à la pointe du jour ; pendant la guerre, il annonce à l'ennemi qu'on veille.

Les Sénégalais ont, en outre, des instruments mélodiques, diverses sortes de guitares et de violons. Une demi-calebasse forme la caisse de l'instrument ; le cuir tendu qui la ferme sert de table d'harmonie. Le manche est primitif. Les cordes sont en crin ou en liane ; d'une matière peu résistante, elles ne peuvent supporter qu'une tension médiocre ; les sons qu'elles rendent sont peu éclatants.

Sur ces instruments, les artistes indigènes jouent toutes sortes d'airs ; ils exécutent des espèces de symphonies imitatives sur une bataille, un départ sur un bateau à vapeur. Les jeunes griots qui fréquentent nos postes jouent nos airs populaires ; ils ne sont pas en retard de plus de deux ans sur le gamin de Paris pour les airs vraiment mélodiques : ils ont joué les *Fraises*, les *Bottes de Bastien* ; ils doivent en être au *Pied qui r'mue*. Ils seront bien étonnés quand on leur apportera comme nouveau, sous le vocable *Ah ! Zut alors !* ce qu'ils jouent depuis plus de deux ans sous le nom de *Milanaise*.

Les Maures et les Yolofs suivent le mode mineur ; les trouvères du Cayor sont, pour toute la langue volove, les auteurs des chants et des poésies les plus estimés, même à Saint-Louis.

Un jeune griot du Haut-Pays, que de sa conformation vicieuse les soldats appelaient Tortillard, rendait sur sa guitare nos airs populaires : il était bon appréciateur de notre musique. Je lui demandai un jour comment ses parents, tous musiciens, jugeaient nos mélodies. « Je n'oserais jamais les jouer devant eux, me répondit-il, ils me croiraient fou. »

Les Bamanos chantent en majeur ; ils ont matérialisé leur gamme dans un instrument analogue à l'harmonica ; dans le *balafon*, des morceaux de bois dur de longueur croissante, déterminent les différents tons : le son de chacun d'eux est renforcé par de petites calebasses de dimensions semblablement progressives.

La main armée de deux bâtons, le musicien exécute l'air et l'accompagnement en frappant sur les morceaux de bois de cet instrument. On retrouve le balafon chez des peuples du littoral au sud de Gorée.

Les Bamanos jouent sur une flûte de maïs des airs dans le mode majeur. J'ai été éveillé par un épithalame où une flûte donnait la réplique à un chœur de femmes. J'ai été bien surpris de reconnaître dans la mélodie de l'instrument répétée par les voix, un air presque semblable à celui d'une chanson jadis populaire sur le général Tom-Pouce.

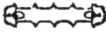

Les indigènes du Sénégal aiment le jeu naturellement, comme passe-temps ; plusieurs d'entr'eux ont retiré de leur contact avec nous la passion des jeux de hasard.

Les Maures et les Noirs excellent dans les jeux de combinaison ; ils jouent aux dames très-vite et très-bien. Quand ils n'ont pas de damier, ils disposent pour un jeu analogue de petits monticules de sable qui servent de cases ; ils y plantent, faisant fonction de pions pour les deux camps, des brindilles de bois de deux espèces différentes, bois et paille ou bois couvert et bois écorcé.

Dans ce jeu on prend, comme aux dames, en

passant par dessus le pion de l'adversaire ; mais outre ce pion ennemi, le prenant a le droit d'en enlever un autre à son choix. Cette faculté change toutà-fait l'économie du jeu ; contrairement au jeu de dames, il faut plus y songer à l'attaque qu'à la défense.

Je vais décrire un jeu de combinaison, inconnu en Europe, presque universellement joué en Afrique. De cette circonstance je l'appellerai *africain* pour ne pas lui attribuer le nom d'une langue particulière.

La partie fondamentale du jeu (*africain* aussi) est un petit madrier portatif, creusé de douze trous disposés sur deux lignes : les trous des deux lignes se correspondant. Les deux extrémités du madrier se terminent par une cavité plus grande.

Il faut en outre quarante-huit pièces uniformes, souvent de petits cailloux ; des noyaux lisses, durs et arrondis sont préférés comme plus maniables, étant plus légers et plus réguliers. Les Yolofs donnent à ces pièces, un nom qui signifie *dépendance*, *fils*, *graine*, *noyau* de l'africain. J'adopterai ce dernier mot comme donnant une idée de leur grosseur.

L'*africain* se place en travers aux deux joueurs, chacun ayant devant lui *ses* six trous et à sa droite, la cavité qui servira de prison où il déposera *ses* captifs ; chacun des douze trous étant garni de quatre noyaux, le jeu est fait.

Chaque adversaire joue alternativement. Pour cela, prenant dans la main tous les noyaux contenus dans un de *ses* trous, à son choix, il les dépose un à un, jusqu'à épuisement, dans les trous parcourus dans l'ordre suivant : ses trous, de gauche à droite ; ceux de l'adversaire, en sens contraire ; en commençant par le trou à la suite du trou joué.

Si le joueur finit dans son propre jeu, il ne prend rien. Rien non plus, s'il termine dans le jeu de l'adversaire par un trou où il y ait moins de deux ou plus de trois noyaux.

Il prend : non seulement les noyaux du dernier trou parcouru, si ce trou appartient à l'adversaire, et si après le dernier noyau déposé il y compte deux ou trois noyaux ; mais il vide aussi tous les trous de l'adversaire *consécutifs* qui, précédant le dernier trou, contiennent de même deux ou trois noyaux.

Quand, faute de noyaux dans ses trous, un des rivaux ne peut jouer à son tour, la partie est finie, et l'adversaire ramasse tous les noyaux contenus dans ses trous et il les ajoute à ceux qu'il a déjà pris.

A perdu, celui des joueurs qui n'a pas pris assez de noyaux pour disposer son jeu à une autre partie. Le déshonneur de la perte est coté par la différence des noyaux faits prisonniers.

Quoique les combinaisons de *l'africain* ne soient pas très-nombreuses, ce jeu ne manque pas d'intérêt. L'art défensif consiste : à garder dans son jeu quelques trous chargés, pour empêcher le videment de trous consécutifs et à se réserver toujours des trous disponibles, pour être maître de son jeu.

Dans l'attaque, il faut accumuler sur un trou assez de noyaux, pour pouvoir, après avoir parcouru presque deux fois l'*africain*, finir en remplissant de deux ou trois noyaux presque tous les trous de l'adversaire, cas dans lequel on vide d'un seul coup tout son jeu. Cette manœuvre doit être faite en son temps ; trop tôt, on ne vide pas assez de trous à l'adversaire et on lui apporte des noyaux à jouer ; trop tard, on s'exposerait, en jouant un trou trop plein, à finir dans son propre jeu et à ne rien prendre. Un adversaire, hardi et adroit, profite du moment où vous allez avoir votre trou assez chargé, pour vous désarmer en le surchargeant.

Au Gabon, les joueurs ont le loisir de compter les noyaux de leurs trous ou de jouer à blanc ; mais les Yolofs appliquent la règle *pièce touchée pièce jouée* ; ils se refusent la faculté de compter les noyaux ; ils disent qu'un joueur doit connaître, à chaque coup, le nombre des noyaux de tous les trous du jeu.

Les Maures rasent la figure de très-près, au moyen de deux couteaux qu'ils font couper en ciseau en les manœuvrant des deux mains. Dans tout le Sénégal, on rase la tête aux enfants à l'aide d'un tesson de bouteille ; on aiguise cet outil en en rafraîchissant la cassure.

Les Mauresses pubères, de condition, sont préparées au mariage par une pratique d'entraînement. On se propose de donner, aux jeunes filles, cet embompoint considéré par les Orientaux, comme le caractère le moins contestable de la beauté de la femme. Quelques jeunes Mauresses subissent cette préparation, dans les camps de tributaires renommés pour le lait de leurs troupeaux.

Le traitement consiste dans la distribution méthodique et graduée d'aliments engraissants : des boulettes de farine de mil maniée de beurre, entraînées par des gorgées de lait. Il est aidé par un doux massage : de petits coups frappés avec la main, sur les parties du corps où la peau est le plus adhérente.

On cherche, par cette manœuvre, à favoriser le dépôt graisseux sous la peau détachée des tissus subjacents. Que ce massage opère mécaniquement ou physiologiquement sur la peau, son utilité est affirmée par la pratique de nos éleveurs, qui reconnaissent comme un puissant auxiliaire de l'engraissement des bestiaux, l'action de la brosse et du bouchon de paille.

Les Mauresses attachent une idée de beauté à une direction particulière des incisives moyennes supérieures ; dès la seconde dentition, elles les dévient en avant et tenues écartées. Elles forment ainsi une brèche par laquelle elles lancent coquettement leurs jets de salive. La lèvre supérieure tenue relevée par les dents projetées en avant, leur donne la physionomie de lapin, qu'elles recherchent.

Les Mauresses du Sénégal se teignent les ongles, les cheveux et le tour des yeux par les mêmes procédés que les Mauresques d'Alger.

Les Négresses adoptent, pour les jours de fête, une coiffure assez compliquée, qui réclame une patience et une adresse professionnelles. Les coiffeuses demandent une gourde (5 francs) pour ce travail qui prend deux séances.

Comme préparation, la chevelure est divisée en mèches: chacune d'elle est enroulée séparément sur une paille pleine. Pour que la femme puisse vaquer à ses occupations, pendant le temps que les cheveux mettront à prendre leur pli, les pailles sont réunies en faisceau sur la nuque. Le jour solennel arrivé, la coiffeuse enlève les pailles et arrange la chevelure en une infinité de boucles qui couvrent toute la tête de leurs ondulations.

Il n'est point nécessaire d'être habitué à cette coiffure pour la trouver gracieuse, et pour reconnaître qu'elle donne, à la tête d'une négresse, une physionomie douce et enfantine.

Les très-jeunes filles divisent leur chevelure en petites tresses, dont elles terminent les principales avec une perle ou une petite pièce d'or ou d'argent.

Les femmes Toucouleurs font consister leur plus grande parure, en de gros morceaux d'ambre portés en collier ou dans les cheveux.

La plupart des femmes de la Sénégambie portaient, autour des hanches, un grand nombre de colliers de verroterie, d'un poids quelquefois considérable. On prétend que ce pesant ornement, qui a justement reçu le nom de fers, avait pour but d'aider au développement des hanches. C'est un faux rapport d'effet à cause, établi entre deux faits simultanés ; cette mode se perd et les formes des Négresses n'ont subi aucune dépréciation.

***

Les musulmans sénégalais n'aiment guère à se renfermer pour prier. Je crois que si la mosquée de Saint-Louis est peu fréquentée, c'est parce qu'elle est en maison.

Dans la plupart des villages le lieu de prière consiste en un carré orienté, tracé avec quelques pierres, des morceaux de bois ou un simple sillon ; le côté correspondant à l'orient est indiqué par un abside en demi-cercle.

Les marabouts exercent la médecine, et la plupart de leurs prescriptions sont religieuses. Les Maures emploient souvent les pointes de feu pour le traitement des douleurs. Les marabouts ouvrent les abcès, même ceux du foie. Je ne connais que deux cas de guérison d'abcès du foie *ouverts entre les côtes* ; l'un d'eux appartient à la pratique d'un marabout maure.

Les Noirs pratiquent sur leurs enfants des tatouages et des incisions, dont les cicatrices sont des signes indélébiles de condition et de nationalité ; on reconnaît les Bamanos aux incisions obliques de leurs joues, les Kroumen à la ligne tatouée verticale entre le front et le nez.

Grâce à ce tatouage, qui les désigne comme des hommes laborieux, pacifiques, étrangers aux guerres et aux querelles, les Kroumen peuvent traverser, sans être molestés, la plupart des pays de la côte occidentale d'Afrique situés entre Sierra-Leone et l'équateur.

Ces incisions distinctives et celles pratiquées sur les seins, dont j'ai parlé plus haut, sont faites avec soin et méthode : assez profondes pour rester indélébiles, assez superficielles pour conserver la coloration noire et les autres caractères de la peau. Avec le temps, ces cicatrices ne cessent pas d'être lisses, elles ne se gaufrent et ne se rétractent pas comme les cicatrices accidentelles.

Quand un indigène est tenu par une fièvre intermittente tenace, ses parents recourent à une pratique d'hydrothérapie. Quand on le sait à la période de sueur d'un accès, un ami se présente à la porte de sa case et l'appelle ; au moment où le malade ouvre la porte, son visiteur l'inonde d'une calebasse d'eau froide.

Pour les maladies de nature spécifique, communes au Sénégal, les Indigènes recherchent nos remèdes qui leur sont vendus comme marchandises par le commerce, ainsi que la quinine.

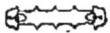

Les produits de l'industrie du Sénégal sont exposés à Paris, avec ceux des autres colonies et de l'Algérie, dans le Palais de l'Exposition aux Champs-Elysées.

Les objets fabriqués ont leur place naturelle dans les vitrines ; mais l'espace destiné à renfermer les machines puissantes de l'industrie moderne, les filatures, le marteau-pilon, la presse hydraulique, écrase, de son immensité, l'outillage ambulant des peuples primitifs du Sénégal.

On pourrait disposer, en case sénégalaise, un petit coin du jardin d'acclimatation; y placer, le mortier et son pilon, le van, la marmite à couscous, les calebasses, les poteries, les chaussures, les étoffes teintes. Dans la cour, on établirait un métier à tisser, une forge, munie des outils qui en dépendent.

Un seul coup d'œil donné à cette exposition réduite, en apprendrait plus aux curieux, que les nombreuses pages que j'ai consacrées au *Travail*.

Par l'ouverture d'une Exposition permanente des Colonies et de l'Algérie, on s'était proposé de faire connaître à la France les produits de ses possessions d'Outre-Mer. En plaçant M. Aubry-Lecomte à la tête de l'Exposition des Colonies, S. E. le Ministre de la Marine a fait, de cette création, un centre de renseignements utiles, pour toutes les personnes qui ont des intérêts coloniaux.

Le conservateur actuel de l'Exposition permanente est un parisien trempé dans l'existence coloniale la plus rude. Avant d'être le guide et l'intermédiaire bienveillant de ceux qui poussent de leurs efforts aux progrès matériels des colonies, M. Aubry-Lecomte s'est montré hardi et infatigable pionnier.

Dans un premier séjour au Gabon, il avait créé un jardin dans lequel, plus préoccupé de l'avenir que du présent, il donna ses préférences au verger. Notre ami ne comptait certes pas avoir le temps de goûter aux fruits de ses peines; mais il lui fut donné de retourner au Gabon plusieurs années après. D'un jardin qu'il avait laissé plein de promesses, à peine retrouva-t-il la place ; la végétation luxuriante du pays équatorial avait repris une possession, à laquelle aucune main d'homme n'avait tenté de mettre obstacle.

M. Aubry-Lecomte donna huit jours à la douleur, puis il recommença une nouvelle lutte ; ayant pour lui plus d'expérience et plus de temps, il lui fut donné de laisser des arbres à un état de production tel, qu'il n'y avait plus à craindre de les voir abandonner.

Persuadé que l'avenir du Gabon doit commencer par la production animale, M. Aubry-Lecomte entoura le troupeau de soins inconnus avant son administration. En même temps, par ses recherches personnelles et par celle des noirs qu'il avait dressés, cet infatigable travailleur enrichissait le Muséum d'un nombre considérable de nouvelles espèces animales et végétales ; il signalait au Commerce les productions utiles du Gabon, le caoutchouc, les graines oléagineuses spontanées, etc.

Aussi actif et hardi que M. Duchaillu, M. Aubry-Lecomte l'emportait par une résistance physique au climat tout-à-fait exceptionnelle. Si comme le renommé chasseur de *djinas*, M. Aubry-Lecomte avait travaillé pour l'industrie anglaise et américaine, il serait arrivé à la célébrité ; il se contente d'être utile.

SÉNÉGAL MODIFIÉ.

AGENTS CIVILISATEURS. — DONNÉES COLONISATRICES.

J'ai montré, de la partie indépendante de notre colonie du Sénégal, le sol et ses productions spontanées, les habitants avec leurs mœurs et leur industrie ; il me reste à parler, de notre action civilisatrice, des moyens employés et des résultats obtenus. Je n'aborderai l'exposition d'un nouveau modificateur du Sénégal, qu'après avoir indiqué ma manière de voir, sur les questions diverses dont la solution importe à l'avenir de notre colonie Ouest-Africaine.

Reconnaissons avant tout, à nos possessions sur la côte occidentale d'Afrique, un défaut d'unité plein d'inconvénients ; à notre Sénégambie, il manque une Gambie. Les rives de ce fleuve appartiennent à la Grande-Bretagne ; les Anglais ne se trouvent guère à l'aise dans cette étroite colonie, dont le chef-lieu est Sainte-Marie de Bathurst, enclavée entre le Sénégal et la Cazamance.

D'un autre côté, nous possédons, à cinq ou huit cents lieues de notre colonie du Sénégal, un groupe de comptoirs centralisés à Grand-Bassam et le comptoir du Gabon. Tour-à-tour dépendances du Sénégal et de la station des Côtes Occidentales d'Afrique, chacun de nos comptoirs du Gabon et de Grand-Bassam a excité l'engouement de ses gouverneurs non résidants, sans avantage pour lui, au préjudice du comptoir rival,

Grand-Bassam paraît offrir plus de ressources pour le commerce, mais son accès est défendu par une barre peu praticable. Le Gabon est placé dans un vaste estuaire parfaitement abrité ; c'est un point maritime heureusement choisi par M. Bouët-Willaumez, comme un des centres de ravitaillement et de réparation pour la station navale des Côtes Occidentales d'Afrique : elle comptait alors plus de vingt navires pour la répression de la traite des Noirs. Le Gabon pourrait devenir une colonie agricole, mais il y manque des hommes et des animaux de travail.

Chacun des deux comptoirs relève de deux commandements à deux degrés, le commandant particulier et le commandant de la station ; de droit ou de fait, ils restent chacun environ deux ans en exercice ; les changements ne se faisant pas en même temps, les deux mêmes autorités n'agissent guère plus d'un an ensemble ; à cause de ce défaut de suite dans la direction, aucune idée colonisatrice n'a le temps d'exercer une action durable.

Il vaudrait mieux laisser aux commandants des postes l'entière responsabilité de leur administration, en ne les faisant relever que de la Direction des Colonies ; le Ministre chargerait, de l'inspection annuelle des comptoirs, le commandant de la station, ou le commandant d'un des navires qui approvisionnent les postes, ou quelquefois un Inspecteur spécial de Colonisation ?

La nécessité de pourvoir, du Sénégal, aux fonctions militaires, administratives et médicales de ces comptoirs, a toujours plus ou moins gêné les services généraux de notre Colonie. On a eu recours à plusieurs expédients, mais aucun moyen ne saurait améliorer une situation fausse, occasionnée moins encore par l'éloignement des postes du Sud, que par leur peu d'importance actuelle.

Si on ne trouve pas opportun de faire une tentative décisive pour l'avenir de ces comptoirs, il reste à les faire entrer dans un échange avec la Gambie, en réservant les droits réciproques des nationaux.

Les premiers points occupés au Sénégal par les puissances européennes ont été des îles incultivées, que les Indigènes ont cru pouvoir céder sans inconvénient. Ces îles ont été : Saint-Louis, à l'embouchure du Sénégal ; Gorée, sur la pointe la plus occidentale de l'Afrique, le Cap Vert.

Avant les progrès de la navigation, de la navigation à vapeur surtout, il était difficile de relier entr'eux les divers comptoirs du Sénégal, de les ravitailler, d'en renforcer ou d'en changer les garnisons. Dans ces îles primitivement cédées, il était facile de se défendre contre les Indigènes ; on y était à portée des secours venant d'Europe : ces îles sont devenues les établissements principaux, plus tard, les villes principales de la Colonie.

Pendant un certain temps, le Sénégal n'a valu que par son commerce de la gomme ; ce trafic, limité aux bords du fleuve, a fait de Saint-Louis le centre de toutes les questions politiques et commerciales de la Colonie : aussi Saint-Louis est-il le chef-lieu du Sénégal. Par la découverte d'une gomme artificielle, la dextrine et par son emploi dans l'apprêt des tissus communs, l'industrie a restreint la gomme spontanée, la gomme du Sénégal, à l'usage pharmaceutique et à l'apprêt des étoffes de luxe.

Dès lors le prix de la gomme ayant été réduit à la moitié, l'importance commerciale du Sénégal se serait trouvée amoindrie, s'il ne s'était en même temps présenté un nouvel aliment pour le commerce de la Colonie.

Pendant qu'elle cherchait à s'affranchir de la gomme naturelle, l'industrie européenne subissait la nécessité des hydrocarbures, combustibles, lubréfiants ou saponifiables ; elle en demandait à tous les règnes de la nature. L'Amérique lui en fournit un de nature minérale, l'huile de schiste ; la production végétale africaine répond à sa demande, avec le sésame, l'arachide et le beref. Ces trois sortes de graines oléagineuses sont cultivées de tout temps au Sénégal, pour fournir, à la nourriture des Indigènes, un supplément et un corps gras ; il a suffi d'étendre davantage ces cultures, pour leur donner une importance commerciale.

L'irruption de l'arachide sur les marchés du Sénégal a complètement déplacé le centre d'équilibre politique et économique de la Colonie ; elle a augmenté la valeur absolue des deux villes principales, Gorée et Saint-Louis ; elle a surtout accru l'importance relative de Gorée.

Cette marchandise nouvelle a fait une révolution dans la marine marchande du Sénégal ; la gomme, lourde et d'un prix assez élevé, n'exigeait que des navires d'un faible tonnage ; l'arachide est légère, un mètre cube de cette marchandise ne représente pas une grande valeur ; elle ne peut donner un frêt rénumérateur qu'à des navires grands et capables de remonter dans le vent alisé, sans trop dévier de la route directe.

La rade de Gorée admet des navires de tout tonnage et de toute forme ; Saint-Louis, placé dans un fleuve à embouchure barrée, n'est accessible qu'à des navires d'un tonnage restreint, à varangues plates.

Saint-Louis a pour lui le passé et la tradition, Gorée met en avant son rapide accroissement et le passage prochain du vapeur du Brésil. Tant que la lutte restera sur le terrain commercial, tous les avantages sont pour Gorée ; si notre Colonie devait un jour son éclat au progrès agricole, son fleuve rendrait, à la ville de Saint-Louis, l'avantage qu'il lui enlève au point de vue de la navigation maritime.

Puisque j'ai été entraîné à parler de la position du chef-lieu colonial, je saisis l'occasion de dire que le centre du gouvernement du Sénégal de l'avenir, pourrait très-bien avoir sa place marquée ailleurs qu'à Saint-Louis ou Gorée. Leur position fait de ces villes les ports de notre colonie ; elles peuvent gagner en importance, en développement ; mais leur excentricité les rend impropres à être le siége du gouvernement, d'une colonie rendue importante par l'agriculture.

L'idée n'est pas nouvelle de reporter vers l'intérieur le chef-lieu du Sénégal.

Un gouverneur avait proposé de l'établir sur l'île de Tod ; une commission envoyée pour examiner les lieux ne trouva plus cette île ; elle avait été recouverte par une inondation exceptionnelle : l'idée fut abandonnée.

Le commerce des arachides a apporté, dans la valeur politique relative des peuples du Sénégal, un changement rendu sensible par les derniers évènements. Les Maures récolteurs de gomme nous importent bien moins aujourd'hui, que les habitants du Cayor, cultivateurs d'arachides. M. le gouverneur Faidherbe a pu faire, presque impunément pour le commerce, pendant trois années, aux maures Trarzas, une guerre non interrompue ; vingt ans plus tôt, le Sénégal eût été annulé par des hostilités bien moins prolongées.

Par compensation, les négociants tremblent de nos moindres difficultés avec le Cayor, En 1858, M. le gouverneur Faidherbe allant en congé en France, pouvait féliciter le Commerce de la colonie de ne pas connaître la faillite. Il suffit de simples conflits dans la politique intérieure du Cayor pour dissiper ce prestige, par l'arrêt qu'ils causèrent sur l'arrivée des arachides à Saint-Louis.

Qu'est-ce donc que *l'arachide*, ce palladium de la prospérité du Sénégal ?

C'est une graine oléagineuse ; la plante qui la fournit, de la même famille que le trèfle et le pois, tient lieu de ces deux légumineuses réunies. Sa fane est un fourrage de premier ordre, son fruit est une silicule, contenant deux et exceptionnellement une ou trois graines oléagineuses.

Les arachides torréfiées sont très-goûtées des enfants et des personnes qui y sont habituées ; elles valent mieux, ainsi cuites, que les lupins, pois-chiches, dont se nourrissait Diogène ; elles servent aussi à faire des pièces montées avec du sucre. Quoiqu'elles soient moins délicates que les amandes dans un nougat, un palais pratiquant peu ce met, est facilement abusé par la substitution.

L'arachide est appelée communément pistache de terre. Le nom pistache lui vient de son goût d'amande, son mode de fructification lui a valu l'additif, de terre. Comme les légumineuses de nos jardins, l'arachide donne, sur une tige aérienne, des fleurs en forme de papillons. Mais le ventre du papillon, — ce qui dans nos légumes devient la gousse de fève, de pois, de haricots, — pousse en pointe vers la terre et se recourbe. Par tous ces filaments qui partent de chaque fleur, la tige se trouve attirée et retenue couchée à terre ; l'extrémité de ces filaments devenue souterraine sera la gousse : dans l'arachide, la fleur est fécondée dans l'air, le fruit mûrit en terre.

Pour la récolte : si l'arachide a poussé sur le terrain sablonneux du Cayor, il suffit d'attirer la plante à soi, elle arrive chargée de ses fruits ; l'agriculteur la secouant sur un morceau de bois sépare les gousses, qu'il vendra, de la fane, qui tiendra lieu à son cheval de foin et d'avoine.

Dans les pays argileux, on ne peut exercer une traction sur la plante, sans briser les faibles liens qui l'unissent aux fruits retenus par un sol compacte ; il faut alors ameublir préalablement la terre, en la battant avec des fléaux ; dans une culture avancée, on passerait un rouleau à saillies.

Les arachides du Haut-Sénégal sont plus riches que celles du Cayor.

Outre les Peuples Indépendants, il existe au Sénégal une population indigène soumise à la loi française. Sa fidélité et son dévouement la recommandent à tout l'intérêt de la métropole.

Dans la guerre, les hommes de cette population deviennent des volontaires braves et actifs ; développés sur les ailes de la colonne solide mais exiguë de nos soldats réguliers, ils nous permettent de présenter à l'ennemi un front d'attaque imposant. Dans la paix, *les Indigènes Français* sont des instruments actifs de notre action colonisatrice ; tous, soldats, marins, ouvriers, charpentiers, maçons, commerçants, traitants, interprètes, ils sont impatients de voir l'effort des Européens se tourner vers l'agriculture : tout Sénégalais est agriculteur par goût.

Les Indigènes français forment la majorité de la population de nos villes de Gorée et de Saint-Louis et des villages qui en forment comme la banlieue. Ils peuplent aussi les villages qui confinent à chacun de nos postes militaires.

On trouve donc, répandue sur toute l'étendue du Sénégal, une population de mœurs indigènes, de professions et de politique civilisées, qui sert de transition entre les Français et les Peuples Indépendants. C'est par elle que nous pouvons connaître les vrais intérêts de nos voisins, et les rassurer sur nos intentions.

Les Français Indigènes sont fidèles et dévoués, mais ils ont des intérêts et des sentiments, engagés avec les Peuples Indépendants ; nous pouvons compter sur eux pour appuyer toutes les mesures réciproquement avantageuses ; mais il ne faudrait pas leur demander de rester indifférents à une politique inquiète, injuste ou seulement sans portée.

Ils sont d'autant meilleurs juges de notre conduite, qu'ils connaissent, mieux que nous, les intérêts réels des peuples dont ils coudoient l'existence. Quand j'arriverai à ces intérêts, qu'il est important de connaître avec justesse, je tâcherai de les montrer du point de vue sénégalais.

La population française indigène est loin d'être ignorante ; les enfants, élevés à l'arabe ou à la française, savent presque tous lire et écrire. Les jeunes gens ont une grande facilité à apprendre diverses langues ; de simples matelots de Saint-Louis connaissent le français et deux ou trois des langues du fleuve ; la plupart des matelots de Gorée parlent très-bien français et comprennent l'anglais ou le portugais ; j'omets à dessein le Volof, leur langue maternelle à tous.

Les jeunes noirs se laissent facilement instruire. Le gouvernement a ouvert des écoles françaises dans chacun des villages de Dagana, Podor, Bakel ; les instituteurs qui les dirigent ont la satisfaction d'amener leurs élèves, en deux années de médiocre assiduité, à suffisamment parler, lire et écrire en français.

Dans les villes, les jeunes filles profitent sans grand travail de l'éducation qu'on leur donne. Les connaissances positives en géographie de certaines jeunes négresses, feraient honte à bien des blanches demoiselles de nos pays civilisés.

Les populations des deux villes principales, Saint-Louis et Gorée ne se ressemblent guère :

Toute la population indigène de Gorée est catholique, une grande partie de celle de Saint-Louis est musulmane. Cette différence de religion, que nous rapportons à la diversité des relations commerciales de ces deux villes, nous servira à expliquer la physionomie particulière à chacune d'elles.

Les habitants de Gorée se sont de tout temps adonnés à la navigation maritime ; avec les peuples commerçants leurs voisins ils n'ont que des relations d'affaires sans intimité ; ils n'ont aucun intérêt à faire parade de religion, envers des correspondants peu religieux eux-mêmes.

Un grand nombre de jeunes gens de Gorée ont servi dans les administrations françaises ou sur notre flotte. Dans leur propagande à Gorée, les missionnaires n'ont trouvé aucune cause de résistance, dans l'intérêt des populations ; ils ont été aidés dans leur œuvre par le zèle de leurs paroissiennes, les dames influentes que de leur nom portugais on appelle encore *signares*.

Les esclaves des signares étaient leur propriété personnelle et non celle de la communauté comme dans notre société française : il en est encore ainsi dans les pays portugais où la femme, en se mariant, ne perd ni son nom ni le droit de gérer ses biens. Les signares de Gorée ont fait baptiser tous les enfants qui naissaient de leurs esclaves, c'est ainsi que depuis longtemps la population indigène de Gorée se trouve presque entièrement catholique

La propagande du catholicisme est venue se heurter à un obstacle sérieux, les intérêts de la population traficante de Saint-Louis. Les jeunes gens de cette ville naviguent sur un fleuve dont les bords sont tout-à-fait musulmans ; ils passaient une grande partie de l'année à l'escale, en relation constante avec les Maures pour le commerce de la gomme. Or, la piété musulmane étant une des meilleures recommandations, auprès de marchands appartenant à la caste sacerdotale, les traitants n'avaient garde d'abandonner la religion de leurs intérêts.

Ils confiaient l'éducation de leurs enfants aux marabouts les plus instruits et les plus vénérés, ils les amenaient à la circoncision à l'escale. En outre, la polygamie leur donnait la faculté de nouer des liens de famille, dans tous les pays où ils voulaient conserver des relations commerciales ; leurs femmes en leur absence prenaient leurs intérêts et faisaient les affaires.

La suppression des escales ou foires pour la gomme et la dépréciation de cette marchandise, ont diminué les relations des habitants de Saint-Louis avec les Maures, et par suite relâché leur attachement à la religion musulmane.

Lorsqu'elle florissait, la traite de la gomme suffisait à occuper la grande majorité des jeunes gens de Saint-Louis ; ils ne recherchaient alors ni les fonctions du Gouvernement ni l'éducation qui pouvait les leur rendre accessibles.

L'instruction à la française fut donnée, en premier lieu, par les missionnaires ou par leurs auxiliaires, les frères et sœurs de l'enseignement ; les parents, à Gorée, catholiques, purent sans danger favoriser leurs enfants d'une éducation qui les rendait aptes à toutes les positions.

Au contraire, les habitants de Saint-Louis éloignaient leurs enfants d'un enseignement qui mettait en péril leur foi musulmane, et ils les confiaient à des marabouts ; ceux-ci leur enseignaient à la fois leur religion, la lecture et l'écriture arabes.

Quand, par l'appel d'instituteurs laïques, le gouvernement voulut combattre cet éloignement des écoles françaises, de la jeunesse musulmane, il eut de la peine à vaincre les répugnances anciennes.

Grâce aux efforts de nos gouverneurs, secondés par le bon vouloir des musulmans instruits, les habitants de Saint-Louis reconnaissent aujourd'hui, que les caractères d'écriture sont des signes matériels qui n'ont aucune signification religieuse. Ils savent que les caractères arabes ne sont pas plus musulmans, que les caractères français ne sont chrétiens, et ils n'éloignent plus leurs enfants des seules connaissances, qui leur permettent d'être employés dans le commerce et dans les administrations civiles et militaires.

La plupart des indigènes de plus de 35 ans qui occupent dans la Colonie des emplois du gouvernement, sont Goréens d'origine.

Je vais faire connaître d'autres différences entre les habitants de Gorée et de Saint-Louis ; le lecteur verra qu'elles s'expliquent toujours par la position de ces deux villes, par la religion et par les intérêts de leurs habitants.

En contact avec les marins de nos navires de guerre, souvent navigateur lui-même, l'habitant de Gorée aime les Blancs dont il a le caractère vif et enjoué ; il supporte en riant les plaisanteries assaisonnées de nos matelots. Né dans une île, il ne voit d'avenir pour lui que dans le commerce et la navigation.

Le jeune homme du peuple est ouvrier, marchand ou cuisinier, celui qui a reçu un peu d'éducation aspire aux emplois. En un mot, l'avenir de Gorée est tout entier dans l'activité de son port, et ses habitants ont toujours les yeux tournés vers la mer.

L'habitant de Saint-Louis tient plus de l'Arabe que du Français ; il est très-réservé, il ne goûte pas un badinage trop libre. Ses aspirations le portent vers le fleuve et vers l'intérieur ; il soupçonne, quoique vaguement, les grandes ressources de son pays. Les jeunes gens de Saint-Louis ont vu la carrière de leurs pères fermée par la dépréciation de la gomme ; ils attendent, pour s'y aventurer, qu'on ouvre une voie nouvelle à la prospérité de leur patrie.

Les habitants de Saint-Louis aiment l'agriculture, qu'ils voient honorée par tous les peuples avec lesquels ils sont en relation. Il n'y a pas de traitant dans le fleuve qui ne donne, aux soins d'un lougan, les loisirs que lui laissent les occupations du commerce.

Les ouvriers sénégalais sont actifs et adroits. Des charpentiers noirs construisent, avec les bois du pays, des chalans et des embarcations. Il est sorti des chantiers de nos postes, des cotres et des goëlettes d'un certain tonnage. Par leur solidité et leurs qualités nautiques, ces navires ne sont pas inférieurs aux analogues de construction européenne.

A cause de la grande extension donnée au Sénégal aux travaux de bâtisse, les maçons y sont en majorité. Ils sont fiers des nombreux bâtiments qu'ils ont édifiés, depuis Médine et Sénoudébou jusqu'au Gabon. Les maçons noirs français sont recherchés sur toute la côte d'Afrique ; même dans les colonies anglaises de Sainte-Marie et de Sierra-Leone.

J'offrais à des maçons que j'employais une tente pour les abriter du soleil. « — Tu nous prends pour des menuisiers, me dit l'un d'eux ? Que les menuisiers fuient le soleil ; il est leur ennemi, il voile leurs planches. Le soleil est l'ami des maçons dont il raffermit l'ouvrage. »

Les maçons de Gorée ont l'habitude de travailler dans des points où la pierre ne manque pas ; ils ont la spécialité du moëllon ; les maçons du fleuve n'emploient guère que la brique. Dans le Haut-Pays où la pierre est abondante, il est bon d'avoir quelques maçons de Gorée.

On peut reprocher à tous les maçons sénégalais de ne pas savoir se passer d'échafaudage extérieur, pour monter les murs peu épais des constructions civiles.

On a bâti dans ces derniers temps, à Gorée sur la grand'terre et sur la côte ; à Saint-Louis et dans le fleuve, un grand nombre de constructions pour le gouvernement et pour les particuliers. De là une certaine extension donnée dans notre colonie aux travaux accessoires du bâtiment. Je n'ai pas remarqué de différence bien marquée entre les menuisiers de Saint-Louis et ceux de Gorée. Pour les travaux de forge, on trouve plus dificilement des Noirs à Saint-Louis qu'à Gorée, à cause du préjugé de caste.

Les bons matelots de Gorée seraient considérés bons au milieu des meilleurs équipages blancs. Les patrons Noirs de Gorée ont un commandement net, qui impose une obéissance absolue ; on voit que chefs et matelots ont été façonnés à la discipline de nos navires de guerre ; Ils se savent exposés à des tornades, dont on ne peut conjurer le rapide danger que par une manœuvre prompte et sûre. Les Noirs de Gorée sont tous chrétiens et ils n'appartiennent pas à la société de tempérance ; mais, soit nécessité où sentiment du devoir, le matelot de Gorée, sobre à bord, se réserve pour la terre.

Différents étaient les patrons et les matelots du fleuve, habitants de Saint-Louis. La navigation du fleuve n'est pas dangereuse ; toute la manœuvre, quand une tornade souffle, consiste à amener la voile et à laisser le navire s'arrêter, pris par le vent contre les arbres de la rive. Aussi l'autorité du patron était tempérée ; il ne dépendait pas toujours de lui de profiter d'une brise nocturne pour faire de la route ; il s'arrêtait souvent pour laisser passer la nuit à son équipage dans un village renommé pour son hospitalité. Le matelot de Saint-Louis est généralement sobre par le Coran, il profite de la liberté que lui laisse sa croyance à l'endroit de l'amour. — « Mais patron, le vent est bon, pourquoi ne fais-tu pas servir ? — Nous passerons la nuit ici, nous sommes au village de Brenn. » La fable des Syrènes est dans l'histoire de tous les pays.

A mesure que la concurrence et diverses autres causes, diminuent les bénéfices du commerce au Sénégal, les négociants y deviennent plus exigeants envers les patrons de bateaux ; ceux-ci deviennent plus sévères pour leurs équipages. Les intercourses des navires à voiles de certaines maisons marchent avec célérité ; plusieurs de ces navires font dans le bas du fleuve un service presque régulier. Je ne sais si, pour arriver à ce résultat, on a bouché les oreilles de l'équipage.

Pour n'être pas dangereuse, la navigation du fleuve n'en est pas moins pénible. Quand l'action de la voile ne peut faire refouler le courant, l'équipage débarque sur la rive et il remorque le bâtiment. Les marches à la touline et à la touée sont très-fatigantes pour les laptots ; elles sont employées surtout dans les voyages vers le Haut-Pays, dits voyages de Bakel ou de Galam.

Ce travail répugne extrêmement aux matelots de Gorée; ils trouvent qu'ils sont faits pour être portés par les bâtiments et non pour les traîner. En revanche, les matelots de Saint-Louis, habitués dans leur navigation du fleuve à avoir à leur portée et à discrétion l'eau potable, se font difficilement à être rationnés d'eau, dans la navigation maritime.

Il ne faut pas demander, aux travailleurs sénégalais, un effort soutenu qui n'est pas dans leur nature. Ils préfèrent l'alternance du repos et d'un travail exagéré ; ils sont capables d'avancer la besogne par des poussées de peu de durée. Ils ont beaucoup d'amour-propre ; on obtient tout d'eux en les flattant ; je vais les démontrer tels, par leurs rapports avec M. Sart.

Ce garde du génie s'est fait remarquer au Sénégal, même parmi ses collègues, ces modestes et si éminemment utiles fonctionnaires du Génie.

Quand M. Sart devait être chargé d'un chantier quelque part dans le fleuve, la plupart des ouvriers briguaient l'honneur d'aller travailler sous ses ordres; ils savaient que, sous sa direction, ils produisaient beaucoup sans fatigue.

S'il voulait presser vivement une maçonnerie, M. Sart se gardait bien de harceler les ouvriers ; mais, par son arrivée à propos dans le chantier, il provoquait des poussées de travail.

Une ou deux heures avant le moment du repos de midi ou du soir, il venait examiner le travail effectué ; il ne se fâchait pas de voir la besogne peu avancée.

— « Je ne suppose pas qu'avant le repos, vous puissiez arriver à tel fruit, telle corniche. » C'était le travail que les maçons ne pouvaient faire que par un effort soutenu —« Nous le pourrions si nous le voulions — Eh ! bien ! veuillez et vous aurez un mouton ou une demi-pièce de guinée. »

Les ouvriers savaient bien que le prix offert était inférieur au supplément d'ouvrage ; d'un autre côté, ils sentaient que jusque-là leur journée n'avait pas été bien employée ; d'ailleurs on les prenait par l'amour-propre au lieu de leur faire des reproches.

Au moment où la condition était acceptée, on entendait les cris « garçons la *so* » (chaux pour mortier) par lesquels les maçons excitaient les manœuvrés à fournir des matériaux à un travail fiévreux, et pendant ce temps, les murs s'élevaient à vue d'œil.

Un piqueur blanc croyait pousser les maçons noirs qu'il surveillait, en criant et les appelant maladroits, gâcheurs ; la besogne n'en marchait pas plus vite et le chantier était de mauvaise humeur. M. Sart survint « — Qui a bâti la maison de commandement de la Taouey ? Est-ce vous et moi ou nos maçons ? — Ce sont eux ; — Vous voyez bien qu'ils ne sont pas si maladroits. » On était arrivé aux dépendances de la Taouey et cet éloge fit avancer les travaux.

Que ceux qui auront à faire travailler les ouvriers du Sénégal suivent ce système et ils feront merveille. J'aurais bien voulu que le savoir-faire de M. Sart eût été mis au service d'un travail de rendement au lieu d'un travail dépensant.

Le Sénégal est franc du préjugé de couleur si fortement enraciné en Amérique. C'est qu'en se liant avec la race noire, les Blancs du Sénégal avaient recherché des alliances honorables et utiles à leur influence commerciale ; sur le Nouveau-Continent, au contraire, la couleur noire est un signe ineffaçable de captivité originelle.

Même dans la population des villes, la plus civilisée, on se garde de contracter une union avec une famille griote ou forgeronne. En dehors de cette susceptibilité à l'endroit du mariage, il existe une grande affabilité entre les diverses classes de la société sénégalaise. Par suite de l'idée de la suprématie de l'homme sur la femme, un domestique mâle supporte avec peine d'être réprimandé par une dame, sa patronne, malgré tout son respect et tout son dévouement.

A l'époque de la captivité, la dépendance était douce au Sénégal. Au moment où la liberté a été proclamée, les esclaves libérés voulaient continuer à être nourris et logés par leurs anciens maîtres. Aujourd'hui, tous les Noirs sont jaloux de leur liberté, mais ceux d'origine dépendante, n'ont pas moins conservé, pour la famille dont la leur était captive, un respect et une déférence honorables pour les deux parties.

Une année, la gomme était abondante et les prix avantageux ; un ancien captif de traitant, traitant lui-même, savait que son ancien maître, retenu en France pour sa santé, ne pourrait profiter des avantages exceptionnels de cette année. Il vint trouver son ancienne patronne et l'engagea à envoyer à l'escale du Coq (des Braknas) un navire et des marchandises ; il se chargeait de surveiller la traite. Comme il l'avait prévu, l'opération fut inespérément fructueuse; Demba-Taliba ne voulait rien recevoir pour ce service qu'il avait rendu comme s'il avait accompli un devoir : il est aujourd'hui un des notables de Saint-Louis.

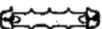

Les jeunes gens de la classe aisée recherchent les emplois du gouvernement et les positions commerciales.

A mesure que le Sénégal est plus connu, la concurrence y restreint les profits du commerce, et les agents européens tendent à se substituer de plus en plus aux indigènes. Le boulevard des traitants sénégalais avait été jusqu'ici le commerce de la gomme. Le jour où j'ai entendu un des plus habiles traitants noirs de Dagana reconnaître que M. Lafargue, un Européen, savait écouter les Maures, j'ai considéré la lutte comme près de finir entre les Européens et les Natifs sur le terrain du commerce.

Les jeunes indigènes ne le cèdent aux Blancs, ni en probité, ni en activité ; ils ont l'avantage de connaître quelques langues du pays. Mais par l'exercice du commerce, les jeunes européens apprennent vite les langues usuelles, la plupart d'entr'eux sont patronés par les maisons qui les ont amenés au Sénégal. Ceux que personne ne soutient sont souvent plus redoutables. Ne sont-ils pas forcés de vaincre, les envahisseurs qui ont brûlé leurs vaisseaux ?

L'action commerciale commence à être centralisée

par de grandes maisons. Le commerce du Sénégal tend chaque jour à devenir une simple annexe d'une entreprise d'armements maritimes. La transaction n'offre que de faibles ressources à l'initiative individuelle. Les jeunes gens indigènes de la classe aisée qui ne voudront pas déchoir, n'ont de salut que dans la production. La culture s'offre à eux comme le seul moyen de rester dans l'état-major social.

Le jour où leur intelligence et leur activité tirera de la terre des chargements de navires, ils traiteront de puissance à puissance avec les armateurs européens. Ils seront précédés et accompagnés, dans cette nouvelle voie, par les jeunes gens venus d'Europe ; mais les natifs auront pour eux l'immunité du climat. D'ailleurs le sol s'étend pour tout le monde.

Les jeunes sénégalais doivent se ménager une ressource autre que les emplois du gouvernement. Ils doivent savoir que les positions gouvernementales, civiles et militaires, n'offrent pas un débouché suffisant, à tous les jeunes gens du pays qui auront reçu une éducation libérale.

Plusieurs des employés sénégalais ont emporté de haute lutte leur position, sur leurs concurrents européens. Mais notre colonie se montrerait aveugle, injuste et ingrate envers la paternité de l'administration Française, si elle ne reconnaissait que, dans les premiers temps, l'accès des emplois du gouvernement a été facilité à un certain nombre, par bienveillance, comme encouragement.

Dans cette étude, que je qualifie intime, je ne dois pas craindre d'aborder les questions les plus délicates; au contraire.

Les Européens et les jeunes gens des colonies ont-ils la même aptitude ? A cette question, je réponds par une autre : le niveau des études est-il le même dans tous les lycées de l'Empire ? Certainement non. On ne peut expliquer cette différence par la force de l'enseignement : l'université fournit à tous les établissements des professeurs d'égale instruction scientifique et pédagogique. On n'oserait pas l'attribuer à une différence dans l'intelligence départementale !

Les élèves nous paraissent profiter d'autant moins de l'enseignement scholastique, qu'ils sentent à leur portée des positions plus variées. A ce point de vue, on reconnait que les villes d'industrie et de commerce ne sont pas favorables aux études classiques.

Serait-on fondé à conclure de ce fait, que les jeunes gens de nos centres d'activité matérielle sont moins intelligents, que ceux de leurs camarades qui ont réussi dans les concours des écoles du gouvernement et dans les examens des facultés ?

Chacun ne connait-il pas de ces sujets dont les maîtres de leur jeunesse ont méconnu les aptitudes, et qui ont acquis une haute réputation dans l'industrie, dans le commerce, et même dans la littérature et dans les professions libérales ?

On a vu que les jeunes gens de Gorée se sont présentés aux emplois du gouvernement plus tôt que ceux de Saint-Louis; ceux-ci avaient par devers eux un autre avenir.

On aurait tort de croire que les jeunes indigènes envoyés en France étaient toujours les plus intelligents. D'abord on a envoyé ceux que leurs parents ont voulu laisser partir. Ensuite le choix a pu être plus ou moins judicieux. Les professeurs eux-mêmes se trompent souvent sur les aptitudes de leurs élèves. Peut-on reprocher, à ceux qui ont envoyé en France des jeunes sénégalais, d'avoir trop tenu compte de qualités qui ne sont pas toujours indices de génie : une belle main, une bonne conduite.

Les sujets rétifs, que leur excès de vitalité met souvent en faute, ne s'offrent jamais d'eux-mêmes, et on ne les recherche pas.

Par ce qui précède, j'ai voulu mettre en garde contre le danger de jugements trop prompts. J'ai voulu éviter que, considérant les jeunes gens élevés en France comme l'expression la plus haute de l'intelligence des indigènes, on ne voulut trop exiger d'eux. Le choix n'en a pas été fait sur un assez grand nombre. On connaît des jeunes gens qui ne sont pas sortis de la colonie dont la valeur personnelle est incontestée; je n'en citerai qu'un exemple, le conducteur des ponts et chaussées, M. Guiol.

Tous les Européens sont frappés du fait suivant : Les indigènes sont très-précoces dans leur première jeunesse, mais leur éducabilité subit un temps d'arrêt au moment de l'évolution de la puberté. Sans doute, dans un pays de grande liberté, l'attention des jeunes garçons se trouve détournée, à cette époque critique de leur développement ; mais il ne faudrait pas méconnaître l'influence de la nature des études.

Quand on fait apprendre aux Sénégalais à parler, lire et écrire le français, on ne fait appel qu'à la mémoire et à l'imitation : ces deux facultés sont toujours éminentes chez les enfants élevés sans contrainte. Quand on leur enseigne l'arithmétique, les éléments de la géométrie, en un mot les sciences d'application matérielle, on s'appuie encore sur le raisonnement positif et l'habitude des combinaisons dans lesquelles excellent les habitans du Sénégal.

Ils sont moins aptes aux abstractions religieuses, philosophiques, politiques, sociales ; aux connaissances historiques sur des peuples qui n'ont eu aucune influence sur leurs origines.

Que leur importent, dans la géographie, les divisions politiques de l'Europe ? Ils ont plus d'attrait pour la mer et ses rivages que pour les pays d'intérieur. De l'Allemagne, ils s'intéressent à Trieste et à Venise, où se fabrique la verroterie. De l'Inde, ils connaissent Pondichéry, d'où leur arrive l'étoffe bleue, la guinée. De l'Amérique, ils ont appris Pensacola, Mobile, Charleston, d'où s'exportent les planches et le tabac de Kentucky ; la Guadeloupe, où s'importent les bœufs du Sénégal.

La France se résume, pour Saint-Louis, en ses ports de commerce. A Gorée, on connaît les ports de guerre par les relations avec la Flotte. Dans tout le Sénégal, on parle plus de Bordeaux ou de Marseille que de Paris.

Une question, simple pour un jeune français, pourrait embarrasser un indigène instruit ; il ne faudrait pas pour cela taxer ce dernier d'ignorance, parce qu'à son tour il possède des notions d'instruction générale que nous laissons échapper.

Comme résultat de la comparaison entre les Indigènes et les Européens, nous reconnaîtrons : que nous n'avons pas sur eux la moindre supériorité, dans l'aptitude aux notions positives et matérielles ; que la diversité d'intérêts, de difficultés d'existence, de climat, de milieux, n'apporte entre nous une différence, que sur les conceptions d'ordre spéculatif, d'utilité souvent problématique, dont notre civilisation moderne paraît vouloir diminuer l'importance.

Je priverais dans ma description les villes de Saint-Louis et de Gorée de leur plus grand attrait, si j'omettais la partie féminine de leur population.

La polygamie n'existe en fait dans aucune de ces villes. Certains musulmans riches de Saint-Louis mettent par le mariage civil leurs filles à l'abri de la concurrence : cet acte me semble plutôt un hommage rendu à notre législation qu'une précaution réellement utile.

La polygamie est presque impossible à Saint-Louis à cause des difficultés de vivre, dans les villes, et du haut prix attribué à la dot des jeunes filles bien apparentées. D'ailleurs un noir trouverait difficilement à Saint-Louis une seconde femme, et une étrangère redouterait la position.

Je puis bien signaler, mais je ne saurais faire comprendre, l'art avec lequel la femme de Saint-Louis sait captiver son mari ; elle fait appel à son amour-propre pour se faire donner de l'or, un mouton, des pagnes, une vache, etc. En un mot, elle emploie tous les moyens pour se faire attribuer les épargnes qu'il peut faire, le mettant ainsi dans l'impossibilité d'épouser une autre femme, faute d'avoir intégralement acquitté sa dot.

Les jeunes filles des classes moyenne et supérieure, sont instruites et bien élevées. L'européen trouve un accès plus facile dans les familles, à Gorée qu'à Saint-

Louis ; c'est la conséquence des mœurs particulières à ces deux villes.

Lorsqu'on abandonna le poste de Kéniéba, MM. Guiol et Girardot, tous deux conducteurs des ponts et chaussées, et M. William, garde du génie, se trouvèrent réunis à Sénoudébou. Ces trois messieurs, Goréens d'origine, s'entretenaient devant moi de leurs premières années et de leurs compagnons d'enfance. Presque tous les garçons étaient morts à la fleur ou dans la force de l'âge ; la mortalité avait épargné leurs contemporaines qu'ils avaient connues enfants.

Cette conversation me donna l'explication du grand nombre de demoiselles non pourvues qu'on rencontre à Gorée ; je ne crois pas qu'il y ait à Saint-Louis entre les deux sexes une différence numérique aussi grande qu'à Gorée.

Les dames indigènes de la classe bourgeoise sont remarquables par leur fidélité conjugale ; c'est au point que jamais un jeune sénégalais n'adressera ses hommages à une femme mariée. Une veuve ne se remarie jamais ; si on peut citer une exception, soyez assurés que les circonstances font de cette exception une plus forte preuve de la règle.

Il fut un temps où les Européens contractaient régulièrement, avec les jeunes filles indigènes, des unions temporaires appelées *mariages à la mode du pays*. Il n'y a plus, dans les mœurs des villes du Sénégal, d'autre trace du passage de cette coutume, qu'un certain nombre de ces unions temporaires rendues permanentes par la légitimation.

On attribue la tombée en désuétude des mariages à la mode du pays, à diverses causes morales : les prêtres, à leurs sermons ; les gouverneurs, au *kant* de leurs épouses qui ont refusé d'inviter à leurs soirées les dames de par l'usage du pays. Sans nier ces deux sortes d'influences, il ne faut pas en cacher une autre plus puissante d'ordre matériel : la déchéance de la fortune des familles indigènes, par la libération des captifs en 1848 et par l'Européennisation du commerce.

Le mariage à la mode du pays était également condamné par les prêtres catholiques et par les marabouts. C'était un compromis semi-légal, nécessité par la *movibilité* des agens européens ; malgré son caractère transitoire, ce contrat était relevé par des précautions, des formalités et un cérémonial ; la position des conjoints était reconnue morale dans tout le pays.

Pour plusieurs européens, le mariage temporaire n'a été qu'un pas vers le mariage définitif, devenu nécessaire pour légitimer leurs enfants. Cette réparation était d'autant plus juste, que les dames du Sénégal apportaient, dans leur union provisoire, la fidélité que nous leur reconnaissons dans le mariage permanent.

Les missionnaires du Sénégal font sonner bien haut les quelques mariages légitimes d'emblée qui se contractent à Gorée. Ils sont fiers d'avoir prémuni les jeunes filles du pays, contre le danger du mariage transitoire ; mais ils déplorent que leurs vertus ne puissent valoir, à toutes leurs ouailles dans ce monde, la récompense méritée d'une union légitime

Pour que le mariage à la mode du pays pût subsister dans des conditions de morale matérielle, il fallait : des jeunes filles de nature fidèle, et que les ressources combinées des deux conjoints fussent suffisantes, pour faire vivre la famille sublégitime.

De ces conditions il ne reste plus que la première, la fidélité native de la femme du Sénégal. L'autre condition ne se rencontre plus : les jeunes filles qui peuvent être dotées sont en position de profiter des avantages du mariage permanent ; dans ces temps plus difficiles, la plupart des jeunes gens européens ne pourraient garantir, aux jeunes filles peu fortunées, des ressources suffisantes, pour soutenir la mère et les enfants de la nouvelle famille.

Si la perte de l'habitude des mariages à la mode du pays est regardée par les uns, comme un fait d'une haute importance pour la morale éthérée et transcendante, elle m'apparaît comme un signe de décadence dans la fortune indigène.

Comme moyen d'augmenter le bien-être matériel des indigènes français, je proposerai l'agriculture ; pour donner, aux femmes des villes du Sénégal, une industrie qui leur restitue, par le travail personnel, l'indépendance qu'elles devaient au labeur de leurs captifs, j'indiquerai la culture du tabac et la manufacture des cigares.

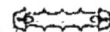

Les divers essais sur le tabac, que j'ai faits au Sénégal, m'ont démontré que cette colonie pouvait produire en abondance des feuilles brûlant sans préparation.

Sans parler du reste de la côte occidentale d'Afrique, on importe annuellement, d'Amérique dans le fleuve Sénégal, pour plus de 700,000 fr. de tabac en feuilles : j'ai dit plus haut qu'en petites têtes de quatre à huit feuilles, cette marchandise sert d'appoint dans les échanges.

Les agents préparateurs des Manufactures Impériales tiennent à livrer aux consommateurs, les produits les plus parfaits. D'un autre côté, ils ne pourraient employer en trop grande quantité les feuilles étrangères, si avantageuses à la fabrication, sans nuire à notre culture nationale.

Le tabac à priser français ne connaît pas de rival

dans le monde. La Régie fait tous ses efforts pour améliorer le scaferlati et les cigares ; elle ne recule pas devant des achats importants à la Havane, pour satisfaire les justes exigences des consommateurs.

Nos colonies ne pourraient-elles pas fournir ces feuilles de soutien, que notre manufacture tire de l'Amérique : Virginie et Kentucky ? Qu'est-ce qui fait la qualité des tabacs de la Havane et de Manille ? Vous croyez que c'est le terrain ? il y est bien pour quelque chose. Un autre point commun ? ces deux colonies sont espagnoles.

Je suis convaincu, par l'expérience que j'en ai faite, que le Sénégal peut fournir, même du tabac de choix pour cigares de prix. Je n'ai obtenu qu'au troisième essai du tabac brûlant sans préparation.

Etant allé depuis à la Havane, j'y ai appris que tous les tabacs de l'île de Cuba ne jouissaient pas de ce privilége; qu'outre certaines conditions d'exposiposition, de terrain, que l'expérience a indiqués les plus favorables à cette qualité, il fallait compter avec des circonstances imprévues.

Ainsi, on ne peut pas dire *à priori* que tel terrain produira certainement du tabac brûlant sans nitre, et il est entendu, dans les usages de la place, qu'un marché pour cigares est résiliable, toutes les fois que le tabac livré ne remplit pas cette condition.

Les meilleurs terrains de Cuba, pour la production du tabac à cigares, sont : le sud de l'île (*vuelta de abajo*); les lits de ruisseaux; les terrains primitifs, riches en mica, dont la poussière tenue sable les feuilles du tabac de la Havane. Dans l'industrie des cigares, dans les villes allemandes, on produit ce sablé en répandant, sur les feuilles de robe, de la fine poudre de mica (sable d'or).

Les terrains primitifs du Haut-Sénégal se trouvent dans ces conditions favorables à la culture du tabac. La sécheresse du climat donne aux feuilles un parfum pénétrant; non loin des terres aurifères, j'ai recueilli du tabac de qualité supérieure pour cigares. J'ai obtenu, d'une culture dans le lit de la Falémé, des feuilles qui ne brûlaient pas en suivant; mais leur couleur et leur parfum, leur assigneraient une valeur suffisante comme tabac à priser.

Une ferme de Richard-Toll, dans laquelle se trouvait M. Paul Holl, produisait du tabac; les Maures, appréciateurs de cette marchandise, recevaient, avec la même faveur que les têtes de tabac américain, celles de production indigène.

Quelle richesse pour la colonie dont le terrain serait susceptible de produire du tabac moyen ! Mais si le tabac obtenu valait pour la confection des cigares, quelles ressources pour la population féminine des villes !

On sait que la régie, jalouse de la fabrication en

grand, ne s'occupe que par nécessité, des soins minutieux qu'exige la fabrication des cigares. Quand on a vu la somme de travail que vaut à la Havane cette industrie, quand on sait combien de femmes fait vivre à Hambourg la confection des cigares, on ne peut rien souhaiter de plus, pour le bien-être d'une colonie, que la culture du tabac et les industries qui en dépendent.

Quels plus grands avantages aurait procuré au Sénégal la réussite dans la recherche de l'or ?

Je n'ai pas craint de faire entrevoir, dans l'augmentation du bien-être général apporté par la culture du tabac, dans la plus grande indépendance donnée à la femme par la confection des cigares, un danger pour l'assiette de la moralité légale de la colonie.

Je ne connais que deux sources d'exigences morales : l'administration et la religion. Les administrateurs moralistes sont souvent très-embarrassés pour concilier des intérêts différents : le bien-être matériel et la moralité.

Quant à moi, je tiens pour fictive et relative toute morale, que l'augmentation du bien-être matériel pourrait compromettre ; la morale réelle et absolue accompagne toujours, comme cause et effet, l'abondance et la juste richesse d'un pays.

Nous ne trouverons jamais, inconséquents avec leurs principes, les moralistes religieux. Le temps est subordonné à l'éternité ; la vie future doit primer notre court passage sur la terre. La morale religieuse qui nous donne le bonheur définitif ne saurait fléchir devant les mesquines considérations du bien-être ici-bas. Au milieu de toutes leurs divisions, les ministres de tous les cultes ont un point commun, leur inflexibilité pour les prescriptions de la morale de leur religion respective.

L'administrateur, qui compte sur l'intervention des missionnaires d'un culte quelconque en faveur de la civilisation, se fait une idée bien petite de la religion et de ses ministres. L'œuvre des missionnaires est essentiellement religieuse : leur règne n'est pas de ce monde et on ne saurait les faire servir d'instruments à la colonisation.

On peut bien croire que la religion chrétienne est nécessaire à la civilisation. On n'est pas plus autorisé par cette conviction, à faire servir les missions à l'action matérielle, qu'à subordonner la civilisation matérielle à l'initiative des missions. On doit poursuivre la transformation civilisatrice par tous les moyens isolément : matériellement, par le travail ; spirituellement, par la prédication.

Malheureusement les deux actions, administrative et prédicante, paraissent publiquement se prêter un appui qui les contrarie mutuellement. Je complète ma pensée par une anecdote :

M. Pénaud, notre amiral regretté, était alors commandant la station des Côtes Occidentales d'Afrique. Etant au Gabon, il avait invité à sa table, à bord de la frégate, entr'autres convives un officier du Gabon et les chefs des deux missions religieuses, M. Lossédat, supérieur de la mission catholique et française et M. Vilson, chef de la mission protestante et américaine.

M. Lossédat avait été empêché par un accès de fièvre intermittente. L'officier voulant être agréable à M. Vilson lui dit : « Les missionnaires protestants sont les vrais artisans de la civilisation, ils commencent avant tout à apprendre à lire et à écrire aux jeunes gens, tandis que les missionnaires catholiques les abrutissent par des sermons et des offices en latin. »

M. Vilson lui répondit qu'il recevait son éloge en mauvaise part — « Nous sommes si peu les mission-
« naires de la civilisation, que nous voudrions éloi-
« gner nos jeunes gens de tout contact avec les
« civilisés, dont ils ne voient que l'irréligion et l'in-
« conduite. Nous ne poursuivons d'autre but que la
« conversion des peuples, et nous commençons par

« leur enseigner la lecture pour les mettre à même
« de lire la Bible. Les moyens des catholiques sont
« différents parce qu'ils ont une religion d'autorité,
« et ils donnent plus d'importance à la prière et à la
« prédication. Catholiques et protestants, tous les
« missionnaires n'ont qu'un but, dégagé de toute
« considération d'ordre temporel, sauver les âmes. »

J'ai contracté des amitiés dans les deux rangs de
ces infatigables travailleurs du champ spirituel. Mon
estime pour eux est d'autant plus grande, que leur
conviction est plus forte et que le but qu'ils poursuivent est plus caché à ma grossière nature.

Plus encore au Sénégal que dans tout autre pays,
il serait dangereux de rendre solidaires, l'administration, la politique et la religion.

J'ai indiqué les obstacles qu'oppose la polygamie
à la prédication chrétienne ; les missionnaires reconnaissent bien d'autres difficultés. Les prêtres catholiques du Sénégal, portent envie à ceux de leurs
collègues qui ont à instruire les peuples plus méridionaux, que ne retient pas une religion aussi fortement organisée que le Mahométisme. Les missionnaires du bas de la côte préféreraient évangéliser
des peuples ayant au moins la notion d'un être suprême ; tandis que les Fétichistes, auxquels ils
s'adressent, leur paraissent privés de tout sentiment
religieux

Par ces désirs contradictoires, on voit que les missions chrétiennes ont peu de prise sur les peuples indépendants de l'Afrique, mais la difficulté ne lasse guère la patience de leurs fervents ouvriers.

Les missionnaires sont mieux récompensés de leurs efforts par la docilité de la population des villes de Saint-Louis et de Gorée. J'ai bien étonné un indigène de mes amis en lui disant qu'en France, les personnes pieuses pratiquaient l'abstinence pendant le carême, mais que les directeurs n'exigeaient pas la continence pendant ce temps de mortification.

Avant de parler de notre politique, je vais tâcher d'apprécier l'aptitude à une civilisation matérielle, de chacun des peuples du Sénégal.

Je n'ai eu qu'à me louer de mes relations avec les Maures, et je commence par eux. Nos marchandises européennes, les guinées, les fusils, la poudre, etc., leur sont devenues indispensables, habitués qu'ils étaient à se les procurer par le commerce de la gomme. Ils saisiront tout moyen convenable de remplacer la récolte de la gomme et son trafic. On peut s'adresser à eux comme pasteurs et comme agriculteurs.

J'avais voulu rendre le Sénégal producteur de laine,

et pour celà, j'avais importé des reproducteurs mérinos. J'avais tiré ces moutons des pâturages les plus ingrats de la Crau d'Arles, et je les savais capables de résister aux fortes chaleurs et aux herbes brûlées par le soleil. La dent du lion a arrêté cet essai auquel on avait fait, en *haut-lieu*, des objections trop raisonnées pour me toucher.

On prétendait que la laine étant faite pour couvrir les moutons, ces animaux ne devaient pas conserver leur toison dans les pays chauds ; on s'appuyait sur l'existence en Afrique de moutons à poil. Je ne serais pas étonné si les faits donnaient raison à l'objection, mais je trouvais que l'expérience valait la peine d'être tentée ; elle coûte peu et les résultats peuvent en être immenses.

Les plus grands inconvénients à l'introduction du mérinos seraient : les arbustes épineux, les broussailles, les khan-khan, les tiques ; aussi ne conseillerais-je cette amélioration de la race du pays, que concurremment avec l'extension des cultures et plus d'unité dans leur direction.

Les Maures, parmi eux, les tribus qui s'adonnent à l'élève du mouton, et, parmi elles, les fractions qui ont conservé des restes de la race mérine, *le coura*, s'empresseraient d'adopter les mérinos. Outre le lait, le beurre et les petits, cette race leur offrirait par sa toison, une valeur commerciale susceptible d'être échangée contre nos marchandises européennes.

Jusqu'à ce jour, les Maures ne se sont pas occupés de culture, parce qu'avec la gomme et les guinées provenant de la vente de la gomme, ils pouvaient se procurer du mil auprès des peuples agriculteurs.

Les conditions économiques ont changé ; les Maures sont fiers, il leur répugne de travailler la terre. Montrons-leur une agriculture relevée, celle où le travailleur restant debout, se contente de diriger la charrue que trainent ses animaux de travail. Nous verrons chez les Maures ce que nous avons vu chez nous, la profession agricole relevée en même temps que la posture du travailleur.

On a trop souvent dépeint les Maures comme des gens pillards et de mauvaise foi ; tous ceux qui comme moi les ont fréquentés, se louent de leurs qualités et de leur facilité pour les affaires. Chez eux, comme partout, il y a des gens déclassés et sans aveu, des commerçants trompeurs, mais la masse est sociable et susceptible de dévouement et des sentiments les plus élevés.

Le jour où, après une guerre acharnée de trois ans, la paix fut promulguée, les Maures vinrent chez nous, nous allâmes chez eux, sans la moindre défiance. Je demandais à un Maure : « pourquoi ne nous vendriez-vous pas l'autorisation d'aller prendre du bois, d'aller couper de la paille (fourrage) sur votre terrain ? — Nous ne pouvons vendre ce que

Dieu nous donne pour rien. Si nous apportions chez vous de l'herbe ou du bois, nous vous demanderions le prix de notre travail, et non celui de ces objets. »

Je m'étais fait passer de Tod sur la rive des Maures, avec trois hommes et des marchandises pour acheter des moutons ; nous étions tout-à-fait rassurés sur les valeurs que j'avais apportées pour les échanges. En une heure de temps, j'ai pu acheter et embarquer quatre-vingts moutons de divers propriétaires, sans la moindre discussion.

Une mauresse m'avait présenté un lot de cinq têtes ; je l'avais accepté pour une pièce de guinée (15 fr.). Pendant que j'examinais un autre lot, ma vendeuse avait changé un des moutons ; je la regardai en riant, et dès qu'elle eut vu sa petite ruse découverte, elle ne fit aucune difficulté pour rendre l'animal convenu.

Les Maures sont intelligents et pleins d'initiative. Que l'exemple leur soit donné et, quoique arrivés les derniers, ils auront bientôt conquis le premier rang dans la production agricole ! Chez eux comme chez les Noirs, c'est par l'intérieur que le mouvement doit commencer.

Un marabout vénéré chez les Dowiches a fait venir autrefois de Saint-Louis, des maçons et de la chaux, pour bâtir des magasins semblables à ceux des traitants de Bakel. La chaux a été portée, à dos de chameaux, de Bakel à sa résidence. Un des maçons qui avait travaillé pour ce marabout ne tarit pas en éloges de sa justice et de sa richesse.

Les Maures n'aiment pas se servir des mots vendre et acheter; la plupart d'entr'eux préfèrent : recevoir et donner des cadeaux. Ce mode de procéder n'est guère favorable aux affaires commerciales ; mais il est chez les Maures l'indice d'un grand fond de générosité.

Les Peuls sont plus doux mais plus méfiants et moins sociables que les Maures ; je n'aurais pas la patience nécessaire pour acheter, même à haut prix, une dizaine de moutons dans un camp de ces pasteurs.

S'ils sont lents à se décider, les Peuls n'ont pas les yeux fermés sur leurs véritables intérêts : ils finiront bien par préférer des moutons dont la toison soit une marchandise, par apprécier dans leurs bœufs une source de revenus en les faisant travailler. Ils sauront trouver la place qui leur convient, dans un remaniement économique du Sénégal.

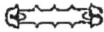

On a vu que les peuples agriculteurs retirent de leur travail à peine de quoi satisfaire à leurs besoins. Les Noirs résistent difficilement à la tentation de vendre leurs récoltes, pour satisfaire une envie personnelle et surtout les caprices de leurs femmes.

Aussi, malgré la sécurité que nous leur assurons, les peuples voisins de nos établissements se trouvent dans une position plus précaire, que les populations des états plus éloignés ; comme conséquence, nous trouvons plus d'hostilité chez nos voisins et plus de sympathie chez les populations reculées.

On pourrait croire que le commerce ressemble à la pluie, qui est avantageuse, modérée ; désastreuse, quand elle est trop abondante. Le commerce est bienfaisant, quand il apporte aux populations, en échange d'une partie de la récolte, ceux de nos produits utiles dont elles sont privées ou qu'elles ne fabriquent qu'avec beaucoup de travail, les clous, les ferrures, les étoffes communes, etc. ; il devient un fléau, quand la récolte entière est absorbée par des marchandises d'une utilité douteuse, quelquefois nuisibles, les étoffes de prix, les armes, les spiritueux.

Deux faits matériellement significatifs viendront à l'appui de cette manière de voir.

Au commencement, quand le commerce demanda des arachides, cette marchandise était, ce qu'elle est restée depuis, le produit par excellence. Devant une pareille demande on eût dit en France : « quand on a des arachides on a de l'argent. » Au Sénégal, cette expression aurait affaibli la valeur de cette marchandise, qui paie la majorité des frets, de la navigation marchande à la côte occidentale d'Afrique.

Aussi, les noirs voisins de Saint-Louis, les habitants du Cayor, se livrèrent-ils avec ardeur à cette culture, favorisée chez eux par un terrain meuble et productif. Il leur fut facile, pendant les premiers temps, d'employer le prix de la vente de leurs arachides, à acheter le mil qui forme la base de leur nourriture. Par le fait de l'extension de cette culture semi-industrielle — faute de grains féculents, les indigènes peuvent se nourrir de cette graine oléagineuse, — le prix du mil augmenta et une mauvaise récolte affama le pays.

Damel (1) défendit alors aux habitants du Cayor ses sujets, de se livrer à la production exclusive de l'arachide, et il exigea qu'on fît entrer, dans la culture, le mil pour une part qu'il détermina. L'exposé des motifs de cette mesure, qui fut publiée dans tout le pays, ferait honneur à un économiste civilisé.

Au mépris du droit du souverain et de l'intérêt évident de ses sujets, le commerce de Saint-Louis alarmé, poussa le Gouverneur à faire des représentations à Damel. La menace et la réponse sont dans les journaux de l'époque ; on ne fit pas la guerre alors parce

---

(1) Les gens de Saint-Louis disent Damel et non le Damel. Cela prouve que ce mot sert, à la fois de nom et de titre, à tous les chefs du Cayor.

qu'on ne se trouvait pas préparé pour une expédition.

M. Azan, capitaine d'infanterie de marine, commandait le Valo. Cet officier vivant au contact des populations, au poste de Richard-Toll, s'attachait à combattre, par tous les moyens en son pouvoir, la famine dont souffrent régulièrement, une partie de l'année, les habitans de cette contrée.

Il crut devoir conseiller aux chefs de villages, d'engager leurs sujets à ne pas se hâter de vendre leurs récoltes, à en garder ce qui leur serait nécessaire pour passer l'année. Il rappela à ses administrés les dangers de l'ivrognerie.

Les Noirs n'ayant pas de superflu ne vendirent plus rien ; les commerçants se plaignirent à M. Faidherbe de ce qu'on ne pouvait plus traiter de mil dans le Valo, de ce que la liberté du commerce des spiritueux était menacée. Les Gouverneurs peuvent bien réglementer les échanges mais on ne peut pas exiger d'eux qu'ils augmentent la production.

Le fait que j'ai rapporté plus haut d'un dissentiment avec le Cayor, est antérieur à l'administration du gouverneur Faidherbe. Le conflit actuel avec ce pays est regrettable, mais notre cause y est juste.

Le Gouvernement français avait obtenu de Biraïma, Damel du Cayor, le consentement à une ligne télégraphique entre Saint-Louis et Gorée à travers son état. Toutes les dispositions étaient prises et les premières dépenses faites.

Ce chef étant mort, son successeur — son père — refusa de ratifier les engagements de son prédécesseur.

Nous avons un intérêt capital à établir des communications sûres et régulières entre les deux villes principales de notre colonie ; un intérêt de cette importance, quand il ne nuit pas aux habitants du Cayor, équivaut à un droit. Damel n'a été poussé à rompre avec nous que par orgueil personnel et par une idée exagérée de sa force.

Il était indispensable de montrer que jusqu'alors on avait évité la guerre avec le Cayor, non par crainte, mais en considération de nos intérêts commerciaux. En absorbant du Cayor la bande maritime par laquelle Gorée est relié à Saint-Louis, nous avons supprimé une cause de difficultés politiques permanentes avec cet État. Les difficultés commerciales ne disparaîtront, que lorsque l'importance productrice du Cayor sera atténuée, par l'extension de la production générale du Sénégal.

Les gouvernements européens ont à se préoccuper du régime politique des peuples, dont ils désirent les produits et au voisinage desquels ils ont formé des établissements. Ils s'efforcent, dans l'intérêt de leur commerce, de maintenir dans les pays producteurs l'ordre et la paix. Cette action, généralement juste dans l'esprit de l'intervenant, ajoute souvent un nouvel élément de trouble.

C'est que l'européen trouve plus facile d'accuser, de la persistance du désordre, l'entêtement des peuples voisins, leur ignorance de leurs véritables intérêts, la forme de leur gouvernement et la personnalité du gouvernant. Il serait sage aussi d'en rechercher la cause, dans la maladresse d'une intervention, qui ne compte pour rien les vrais intérêts matériels politiques et sociaux des populations.

Les peuples au milieu desquels nous nous implantons n'ont certainement pas une constitution civile et sociale, des besoins matériels, en harmonie avec les exigences de notre commerce. Mais pouvons-nous les changer à notre avantage par une intervention purement politique ou militaire? L'expérience nous répond : Non.

C'est toujours pour un intérêt personnel et immédiat que nous voulons agir sur les populations, et notre intervention se fait presque toujours, en temps inopportun, à l'heure de la nécessité. Je pourrais apporter des faits à l'appui; j'aime mieux imaginer une situation qui a dû se présenter et se représentera encore.

Une difficulté, fiscale ou autre, empêche les produits d'être rendus sur le marché à l'époque voulue; cependant, les navires sont arrivés d'Europe et par leur séjour d'attente, ils grèvent de frais imprévus la marchandise espérée.

Dans une telle circonstance que pourra faire la politique! S'abstenir et attendre? Elle n'a que des intérêts commerciaux à sauvegarder et le commerce la presse. Intervenir? Pour sauver des intérêts actuels limités ne risque-t-on pas de compromettre nos relations futures? Toute politique au service d'une situation économique fausse est par le fait frappée d'impuissance.

Les considérations et les faits qui suivent montreront de nouvelles difficultés.

Dans les pays où la vie de relation est très-simple, où il n'y a pas à proprement parler d'action gouvernementale, il est matériellement indifférent que l'autorité soit attribuée à l'un plutôt qu'à un autre chef influent. Un changement de main du pouvoir est une satisfaction donnée à la mobilité des esprits, et n'apporte aucun trouble dans les positions sociales.

Forcer certains peuples à organisation simple à garder toujours, même le chef de leur choix, c'est les entretenir dans une agitation sans fin... jusqu'à la mort de celui qu'une force supérieure les a contraint de supporter.

Comme conséquence pratique ou comme simple

coïncidence, les événements du Sénégal nous montrent les assassinats de chefs d'autant plus communs, que notre influence a été plus efficace à enrayer les variations politiques de nos voisins.

On n'a pas à reprocher à notre politique l'excès de son intervention dans les affaires des Maures. M. le gouverneur Faidherbe avait reçu pour tâche de chasser les Trarzas du Valo ; il y a réussi complètement par une guerre continue de trois ans. Cette guerre était nécessaire ; elle a imposé une limite aux empiètements des Maures, mais elle ne nous a pas gagné la reconnaissance du Valo, ainsi que je le montrerai plus loin.

Nous ne sommes guère intervenus dans les affaires intérieures des Maures, que pour savoir à qui nous devions donner des marchandises ; par conséquent dans un but plus que désintéressé.

Le commerce français payait autrefois aux Maures un tribut appelé coutume ; par la paix qu'il a imposée aux Trarzas, M. Faidherbe a affranchi la France de tout tribut ; seulement, comme le chef des Maures a le droit de prélever un impôt sur la gomme que vendent ses sujets, et qu'il n'a rien organisé pour cette perception, le gouverneur du Sénégal se charge de faire opérer ce recouvrement au moment de l'échange.

Par les marchandises qu'il reçoit ainsi, le chef

Maure peut s'attacher les tribus réfractaires ; il est engagé, pour augmenter son revenu, à attirer le plus de gomme possible.

On ne saurait imaginer une situation politique plus avantageuse. Avant M. Faidherbe, on avait eu la maladresse de reconnaître chez les Braknas, comme investi d'un droit légal lui et toute sa descendance, un des chefs de ces Maures. M. Faidherbe voulut éviter tout embarras en reconnaissant pour chef, le plus fort, celui qui était le mieux en état de protéger les caravanes.

Mais en peu de temps, malgré l'appui matériel que lui donnaient nos marchandises, ce chef perdait de son empire et finissait par ne plus pouvoir, même venir prendre livraison de son impôt. Le poste de Podor était souvent encombré des marchandises perçues pour un roi des Braknas, incapable de venir les chercher. Je ne sais pas si, dans ce cas embarrassant, le Commandant n'aura pas été forcé de les livrer au compétiteur le premier arrivé.

Il faut à l'homme et aux états une occupation matérielle ou morale ; une population à laquelle le travail laisse trop de loisirs est naturellement en butte aux orages politiques. Toute animosité cesse au Sénégal, entre les agriculteurs à l'époque du travail des champs.

Une agitation en permanence, est constitutive

des sociétés oligarchiques que les soucis matériels n'occupent pas assez ; elle compromet bien les intérêts des populations, mais elle donne une satisfaction à leur activité. Notre commerce souffre bien plus que le bien-être des indigènes de leur instabilité politique, et c'est pour nous, et non pour eux, que nous cherchons à les amener à l'état de tranquillité, par une pression qui ne leur procure qu'un équilibre politique instable.

En agissant ainsi, nous serions dans notre droit..... si on pouvait réussir par ce moyen.

Tout l'intérêt matériel de notre occupation du Sénégal est absorbé par le commerce ; notre règle politique doit être, d'assurer dans le pays la tranquillité dont le commerce a un si grand besoin. Les Américains font un commerce important avec les Noirs de la côte occidentale d'Afrique ; ces peuples éminemment commerçants laissent de côté le canon, et s'arment de patience.

Le moyen d'être patient, quand on a sous la main une armée pleine d'ardeur, qu'on s'appelle le Commerce de la France et qu'on n'aime pas attendre. Les Américains ne font à la côte d'Afrique que des trafics individuels, et je n'oserais penser que leur politique d'abstention, ou cette absence de politique, puisse être appliquée à notre Colonie, centre d'un système commercial, qui fournit l'aliment le plus régulier de notre navigation marchande.

Nous sommes forcés d'intervenir ; il est difficile de le faire à propos ; un peuple supportera une injustice flagrante, qu'une simple formalité poussera à la révolte. Un cheval rétif se laisse seller sans trop se défendre ; il s'emporte et devient fou, pour une faveur qu'on aura attachée à sa tête.

Je ne connais que trois manières d'intervenir : forcer à la tranquillité par la menace permanente, appuyée par la force en cas de résistance ; changer les chefs ; absorber le pays pour le gouverner à la française.

Le premier de ces moyens convient peu, il n'est qu'un expédient transitoire, qui laisse le temps de réfléchir aux deux autres. L'absorption a mes sympathies pour les états de peu d'importance ; elle a jusqu'à présent compromis la production des pays un peu étendus. Le changement de chefs se présente comme le moyen le plus employé, et il mérite que nous l'examinions du point de vue indigène, auquel nous prétendons nous placer.

Parmi les chefs des peuples indépendants du Sénégal, les uns semblent vouloir favoriser notre action ; les autres, sans nous être hostiles, paraissent fuir notre contact. Nous pouvons réprimer les hostilités personnelles ; mais nous devons rechercher les motifs qui éloignent de nous, des chefs dont nous reconnaissons la droiture et l'honnêteté.

Je suppose que les chefs honnêtes craignent, pour le bonheur matériel et moral de leurs peuples, l'influence perturbatrice de notre approche. Ils peuvent nous attribuer les griefs suivants :

Les peuples, nos voisins, sont exposés à souffrir de la famine par la facilité qu'ils ont à vendre leurs récoltes. Pour satisfaire aux excitations du commerce, le travail est plus forcé, et l'esclave devient d'autant moins soumis que sa tâche augmente, à mesure qu'il se rapproche d'un peuple qui répudie l'esclavage. Les conditions sociales sont compromises par notre contact. Notre influence dans le pays affaiblit celle des chefs.

Ces motifs ne sont-ils pas suffisants, pour assombrir le caractère des chefs soucieux des intérêts de leurs peuples. La justesse, jusqu'à un certain point, de leur défiance doit nous engager à essayer de ramener à nous, ces hommes à vues politiques saines.

Nous n'avons guère réussi en les remplaçant, dans un moment d'humeur, par des chefs qui se sont déclarés nos partisans, pour des motifs auxquels les intérêts de leur peuple étaient souvent étrangers. Ceux-ci se trouvent toujours dans une position difficile ; leurs sujets leur reprochent de favoriser les intérêts des Blancs. Nous sommes cause de plus grands embarras encore, pour le gouvernement des prétendants, que nous avons opposés aux chefs qui se refusaient à nous donner satisfaction.

On devait attendre, de l'école des otages, des jeunes gens capables et dévoués; dans cette école, on instruit à Saint-Louis les enfants des chefs les plus influents, et de préférence ceux qui doivent succéder à la haute position de leur père : j'ai parlé de la facilité qu'on trouve à instruire les jeunes indigènes. Les jeunes otages sortent de l'école avec une certaine instruction, mais ils arrivent chez eux tout dépaysés, ni sénégalais, ni français. Que dis-je? Comme si leur nature réagissait contre notre éducation, ils peuvent devenir hostiles.

Celui d'entr'eux qui donnait les plus belles espérances, ne se cachait pas pour dire (il avait seize ans, et il était encore à l'école).—« Je ne me sentirai chef dans le Valo, que lorsqu'il n'y aura plus de Français. » Devenu chef, il a fallu l'exiler.

Il me serait difficile d'expliquer ce fait, ni pourquoi le Valo ne nous est pas plus dévoué. Ce pays était tombé sous la domination des maures Trarzas, par le mariage politique du scheik maure Mohamed-el-Abib avec la reine du Valo; nous avons affranchi le Valo par une guerre de trois ans, et nous ne pouvons pas compter sur le peuple de cet état!

Nous nous sommes peut-être exagéré les inconvénients de la domination des Maures, sur la production agricole du Valo. Pourquoi depuis plus de sept ans que la paix dure dans ce pays, l'agriculture n'y est-elle pas florissante? je démontrerai que c'est à cause de la nature du terrain.

Notre conduite politique, dans ces derniers-temps, a eu deux phases : avant M. Faidherbe, la paix et la guerre dépendaient, au Sénégal, des exigences du commerce du moment ; depuis ce gouverneur, on a adopté un système politique dans lequel on tient compte des intérêts généraux du commerce.

Bien avant M. Faidherbe, les administrateurs du Sénégal s'étaient plaints de la versatilité de la politique qui leur était imposée par les impatiences du commerce, et aucun d'eux n'a eu les moyens et surtout le temps de continuer une politique suivie. On cite M. Quernel, qui, ayant réduit les Maures, fut forcé, par ordre, d'offrir la paix à ses ennemis, quand ils allaient la lui demander.

M. Faidherbe fait lui-même honneur à M. Bouët-Willaumez, de la conception du plan politique qu'il a exécuté. Il s'agissait de chasser les maures Trarzas du Valo, s'affranchir des coutumes, transporter le commerce sur notre territoire ; enfin après avoir forcé les Maures à des concessions qui diminueraient les difficultés et les causes de conflit, occuper le Valo et par une politique énergique, maintenir la paix avec le Fouta et le Cayor.

Le gouvernement de l'Empereur a maintenu

M. Faidherbe à la tête du Sénégal tout le temps qu'exigeait l'application de son système politique.

M. Faidherbe a atteint le but matériel qu'il poursuivait, la domination du pays et la souveraineté politique de la France. On n'a pas obtenu les avantages définitifs, que tout le monde considérait comme les conséquences forcées de ces succès matériels.

Ces conséquences morales, le peuplement du pays et une plus grande activité dans sa production et sa consommation, font défaut à une tranquilité maintenue par la pression ; elles seraient les fruits d'une paix stable, fondée sur la satisfaction des intérêts vrais des indigènes.

On ne saurait attribuer, au gouvernement de M. Faidherbe, d'avoir produit un état de choses définitif, sans rendre ingrate la tâche de ceux qui seront appelés à lui succéder.

Plus M. Faidherbe a montré de courage et d'habileté dans la conduite de la guerre, plus il a mis de moelleux dans sa politique ; mieux il a condamné le système de la pacification du Sénégal pour le commerce et par la force.

Il fallait soumettre ce système séduisant, au contrôle de l'expérience. Pour dégager le problème de la colonisation de toutes les idées erronées qui l'obscurcissent, il était nécessaire de procéder par *fausse-position*.

Plusieurs appréciations d'une erreur dangereuse ont eu cours, relativement au Sénégal : la grande valeur agricole des terres du Valo ; l'extensibilité du commerce, par la création de postes militaires et par leur multiplication ; la possibilité de développer, sans préparation, dans notre colonie, la production de l'or, du coton, de l'indigo, etc.

Pour soutenir les propositions contraires sur lesquelles repose toute l'économie de ce travail, j'ai dû attendre les échecs infligés par la pratique, aux systèmes fondés sur les appréciations fausses que je viens d'énumérer.

La haute valeur agricole attribuée aux terres du Valo, est une hypothèse nécessaire à toutes les conceptions politiques ou économiques, qui ont pour objectif Saint-Louis et ses environs. Démontrer l'erreur de cette opinion, c'est condamner tout le système politique pivotant sur Saint-Louis, et montrer l'intérieur du Sénégal, comme le point de départ naturel de toute action sérieuse dans le fleuve.

Parmi les idées fausses qui, au Sénégal, ont cours sur le Sénégal, il n'en est guère de mieux accréditée que la croyance en la fertilité du Valo. Un jour, devant deux amis coloniaux assez confiants en mes vues en général, j'exprimais mon opinion de l'infériorité agricole du Valo ; ils ne purent retenir une exclamation de douleur et d'incrédulité en entendant attaquer une de leurs illusions les plus caressées. Malgré son peu de faveur, je puis prouver mon assertion.

De tout temps, la production du Valo s'est montrée inférieure à celle des autres parties du Sénégal ; on en a accusé d'abord l'agitation politique, entretenue par les prétentions des maures Trarzas, et après la paix, la paresse des habitants. Le Fouta, le Cayor et le Haut-Pays jouissaient-ils pendant ce temps-là d'une tranquillité parfaite ? Leurs habitants sont-ils réellement plus laborieux ?

J'ai reconnu, dans la facilité des noirs du Valo à se défaire de leurs produits au moment de la récolte, une cause aux *faims* annuelles qui dépeuplent cette contrée ; j'admets aussi que la plupart des entreprises qu'y ont tentées les Européens n'ont pas été sérieuses. Mais ces *faims* et cet avortement de *toutes* les tentatives agricoles, pourraient nous faire soupçonner aussi un défaut de fertilité.

Voici des preuves plus directes. La plupart des terres du Valo, appartenant à la classe des *exceptionnellement inondées*, ne peuvent servir de base ni au travail régulier des Indigènes ni à une exploitation à l'européenne. Quand même elles seraient moins fertiles, étant plus régulières, les terres du Cayor, du Fouta et du Haut-Pays, récompensent plus sûrement leurs habitants d'un travail régulier. La paresse dont on accuse les Yolofs du Valo ne trouverait-elle pas une excuse dans l'irrégularité de la rémunération de leur terrain ?

Pour juger ces terres dans leur production, ne nous contentons pas de les examiner du pont d'un bateau à vapeur. J'ai été surpris de la distance de deux mètres laissée entre les touffes de mil dans le Valo, tandis que dans le Bondou on la garde de soixante-quinze centimètres au plus.

Si, dans les deux champs que j'essaie de comparer, on suppose des plants de même venue et le même soin des agriculteurs à compenser la qualité du terrain par son étendue, — la perspicacité agricole des noirs nous garantit cette dernière condition — nous trouverons, dans la raison inverse du carré des distances laissées entre les pieds de mil, le rapport de la fertilité des terres du Valo et du Bondou.

Je consigne à regret, à cause de sa sévérité, ce rapport :: 9 : 64 qui attribuerait aux terrains du Bondou une valeur septuple de ceux du Valo. Mais j'ai pu me tromper en appréciant ces distances qui ne sauraient être que des moyennes, appliquées qu'elles sont à des cultures irrégulières, et disposées d'instinct. Cependant les chasseurs savent bien qu'on parcourt sans embarras les champs de mil du Valo et qu'on ne traverse qu'avec peine ceux du Haut-Sénégal.

Grâce à la fertilité de leur sol, les cultivateurs du Haut-Pays peuvent, dans leurs récoltes, faire une part aux oiseaux, qu'ils se contentent d'éloigner par des épouvantails ingénieux et par des cris. Dans le Fouta et dans le Valo, le cultivateur s'astreint à habiller chaque panicule de gros mil avec les feuilles de la tige; sans ce travail méticuleux, les oiseaux ne lui laisseraient rien à récolter.

Je concéderai que dans le Valo les mange-mils sont plus nombreux et plus hardis que dans le Bondou, si on veut reconnaître que, pour habiller ainsi leur gros mil sur pied, les agriculteurs du Valo sont moins paresseux qu'on ne le dit.

Je me suis laissé trop emporter à rabattre le titre de la fertilité des terres du Valo ; je reconnais cette infériorité relative comme un très-léger inconvénient pour des entreprises agricoles ; l'irrégularité de leur production se présente à mon esprit comme un obstacle tout autrement sérieux.

Je n'attaquerai pas à cette place les autres opinions que je crois préjudiciables à l'avenir du Sénégal ; elles sont directement ou virtuellement combattues dans cet ouvrage.

D'ailleurs, quelques-uns des systèmes jusqu'ici en en faveur s'évanouissent au jour de l'expérience. Les auteurs de *De la Sénégambie* promettaient de grands avantages commerciaux, de l'établissement d'un poste à Médine. Ce poste subsiste depuis assez longtemps; le survivant de ces messieurs doit reconnaître, que les résultats n'ont pas répondu à l'attente générale, dont l'opinion, consignée dans le livre que j'ai cité, n'était que l'écho.

Il a été créé, à la côte occidentale d'Afrique, tant de postes commercialement inutiles, que le système du développement de notre commerce par les postes militaires, compte aujourd'hui peu de partisans.

Les postes militaires ont une valeur réelle appliqués à un but direct et déterminé, militaire, politique, etc.; ainsi les postes étagés entre Saint-Louis et Gorée sont utiles comme caravansérails, relais de courriers, protecteurs de la route et du télégraphe. Le mécompte commence lorsqu'on attend de ces postes des résultats indirects, une influence sur la prospérité. Ils donnent bien la sécurité au commerce, mais ils paraissent n'exercer aucune action favorable sur la production.

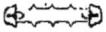

On est trop absolu en disant que la capacité militaire ne s'accorde pas avec le mérite civil que réclament certaines positions. Il est certain qu'on a peu de chances d'avoir bon, un gouverneur qui ne se recommanderait que par des antécédents de chef militaire; mais il n'est pas rare de rencontrer des esprits assez judicieux, pour allier la fermeté du commandement militaire à l'aménité de l'autorité civile. M. Faidherbe s'est présenté avec cette double aptitude ; je puis en citer un autre sans sortir de la marine et de la côte occidentale d'Afrique.

On sait la rigidité parfois inquiète qu'apportait, dans l'exercice du commandement, l'amiral Pénaud dont la marine déplore la perte récente. Sa réputation bien connue d'exigence dans le service, maintenait les chefs sous ses ordres dans une salutaire préoccupation.

Le même homme, commandant la station des côtes occidentales d'Afrique, trouvait, dans le même sentiment du devoir, la patience d'écouter pendant des heures entières, un palabre entre les habitants de Glass et de Denis, au Gabon.

Son esprit, si éminemment militaire, lui faisait saisir l'inanité de certains projets de fortification. « N'ont-ils pas la prétention de se mettre en état de résister à l'Europe coalisée ? Qui songera jamais à attaquer le Gabon ? »

A propos du manque de viande fraîche dans un poste, il demandait aux officiers pourquoi ils n'avaient pas un troupeau de moutons. « — Le commandant du poste défend de laisser paître des moutons autour du poste, parce que ce n'est pas militaire. — Pourquoi militaire ? Nous voulons des fermes, et non des forts. »

M. Pénaud étant chef de cabinet du ministre de la marine, M. Ducos, je lui présentai un projet sur le Gabon : j'étais inconnu de lui, je le suis resté depuis. Après la lecture d'un exposé sommaire de mes vues sur ce poste, il me mit en relation avec M. Mestro, directeur des colonies, et, par ce dernier, avec le ministre, M. Ducos.

M. Mestro avait un faible pour le Sénégal, qu'il connaissait bien ; quand on lui reprochait sa facilité à accueillir les projets sur cette colonie, il répondait : « Je ne fais pas grand fond sur ce projet en particulier, mais j'ignore ce qu'il faut au Sénégal ; on serait coupable en décourageant un essai qui ne coûte rien, quand on sait combien peu il faut à ce pays pour produire de grands résultats. »

La mort du ministre M. Ducos a arrêté des projets sérieux sur la côte d'Afrique. Bordelais, il savait la valeur du Sénégal, qu'il pouvait apprécier encore par l'intimité de M. Régis, dont le nom résume la côte occidentale d'Afrique, sur la place de Marseille.

Je poursuis l'étude de notre action civilisatrice au Sénégal jusqu'à son point de départ, jusqu'au ministre de la marine et des colonies.

Tous les ministres qui se sont succédés à ce département, ont fait tous les efforts possibles pour la prospérité de notre colonie ouest-africaine ; les occasions ont manqué à la plupart.

Pour les éclairer dans leurs mesures relatives aux colonies, les ministres de la marine n'ont que : les vœux du commerce, les rapports officiels et les aspirations métropolitaines.

Les ministres ne peuvent rester sourds à l'expression des inquiétudes du commerce : on a bien de la peine à se défendre contre l'avis d'une spécialité. M. Ducos sortait d'un centre commercial ; il savait qu'autorité consultative imposante pour les besoins généraux du pays, les Chambres de commerce ne sont, dans les questions trop spécialisées, que l'écho renforcé d'un intérêt particulier.

Dans une colonie comme le Sénégal, les vœux du commerce et les rapports officiels concordent, le plus souvent, vers une politique, que notre position purement commerciale nous force à tenir au courant.

Tous les ministres ont pensé que le Sénégal pouvait être mieux qu'une colonie de trafic, et ils ont fait tous leurs efforts pour accroître son importance ; mais quelle lueur pouvait les diriger dans la voie de l'amélioration ? L'avenir intrinsèque du Sénégal est encore plein d'obscurité ; il est pressenti par ses habitants français, qui seraient en peine de le préciser.

Les ministres de la marine et des colonies ne pouvaient faire autrement, que se laisser guider par les aspirations métropolitaines et par le courant de l'opinion publique. En parlant de mes efforts personnels de colonisation, je vais montrer, dans le sens du courant de l'opinion publique, la cause des insuccès de tout ce qui a été tenté au Sénégal, et le plus grand obstacle qui se soit opposé à mes projets.

L'opinion courante admet, que les colonies ont tout à gagner à servir les besoins métropolitains ; je suis persuadé que la métropole ne profitera de ses colonies, qu'en donnant avant tout satisfaction à leurs intérêts. Les administrateurs guidés par l'opinion publique et moi, poursuivions le même but, la prospérité combinée de la métropole et de ses colonies ; mais, par le seul fait de l'opposition de notre point de départ, nos moyens d'action devaient se contrarier : le plus faible, je devais être culbuté.

J'avais demandé à M. le ministre Ducos d'aller tenter, à mes frais, au Gabon, une entreprise quelconque, sans moyens définis. Mon but était de donner au pays une consistance propre, par les progrès de l'agriculture, par la création d'industries locales et par une navigation inter-africaine.

J'osai dire à un ministre de la marine qu'il fallait protéger une colonie naissante, qu'on voulait rendre productive, contre les dangers d'une action commerciale maritime prématurée et exagérée. M. Ducos m'envoya au Gabon. Il mourut.

A Gorée, je rencontrai, commandant de la station,

M. Mauléon qui m'accueillit avec méfiance. L'énergie de ma conviction ne tarda pas à le gagner à mes espérances ; il me suffit de lui montrer combien on avait dépensé à transporter des bœufs au Gabon, sans réussir à y former un troupeau assez nombreux, pour fournir de viande fraîche le poste et la station.

Il comprit que les efforts et les dépenses avaient échoué faute d'entente et d'unité : des fournisseurs livraient des bêtes en médiocre état, sans vivres suffisants ; les bœufs se blessaient souvent dans le transbordement ; le navire qui transportait ces précieux animaux avait quelquefois une autre mission à remplir. Les rares individus qui avaient supporté la traversée, arrivaient dans un état de maigreur peu encourageant, pour le commandant du poste qui en prenait charge. Ces bœufs enfin, étaient incorporés dans un troupeau, trop nombreux pour les ressources des paturages voisins.

J'offris de former un troupeau moi-même à Quita, de présider à tous ses mouvements et de le suivre jusqu'au Gabon, où je le disséminerais pour qu'il pût profiter des paturages : ce fractionnement du troupeau m'avait été suggéré par la beauté des animaux élevés en petit nombre par les deux missions et par les Noirs.

Avec 10,000 francs, on pouvait créer d'emblée une

ressource suffisante pour le présent et l'avenir du pays; j'aurais rendu les 10,000 francs avancés, en livraisons de viandes et d'animaux.

Une seule difficulté arrêta M. Mauléon. « — Mais quelle garantie me donnerez-vous? — Vous me faites transporter au Gabon dix mille francs de bœufs achetés à Quita ; ces bœufs rendus au Gabon bien emménagés et nourris pendant trois mois représentent une valeur de 30,000 francs : j'ai trente mille francs de viande à la disposition du poste et de la flotte. »

M. Mauléon demanda au Ministre d'affecter, à l'emploi que je lui indiquais, 10,000 francs qu'il n'avait pas cru devoir donner à des chefs dont il n'était pas content ; l'autorisation arriva à son successeur. Mais le Grand-Bassam avait pris le pas sur le Gabon et le courant portait vers l'immigration ; c'est pourquoi des fonds, destinés à la formation d'un grand troupeau au Gabon, furent virés à un emploi plus conforme aux nouvelles préoccupations des esprits.

J'étais au Sénégal lors des encouragements à la production de l'indigo, du coton et de l'or ; je ne pouvais m'associer à un mouvement que je jugeais infructueux, par le seul fait qu'il avait son point de départ dans un besoin étranger au Sénégal. L'exploitation de l'indigo, tentée surtout à Coylel et à Richard-Toll, a échoué sur ces deux points. Du poste de Dagana, j'ai pu suivre les phases de ces deux entreprises ; je vais entretenir le lecteur de celle qui paraissait offrir le plus de garanties.

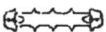

M. *Correz*, pharmacien de Saint-Louis, est arrivé dans cette ville par une voie tout-à-fait romanesque. Il faisait partie de cette légion, dite italienne, qu'on avait levée en France en 1848, pour aller à Rome appuyer la révolution. Cette légion devint un embarras par suite d'un changement dans la politique, et on offrit, aux jeunes gens qui en faisaient partie, le passage pour se rendre dans les colonies où ils pourraient être utilisés.

La ville de Saint-Louis désirait un pharmacien. Le gouverneur du Sénégal, se trouvait à Gorée, au moment où passait le navire de l'état qui portait nos jeunes gens vers leur destin problématique ; il fit demander si parmi eux ne se trouvait pas un pharmacien diplômé, M. Correz se présenta.

Après avoir gagné un petit avoir, dans la pharmacie qu'il avait créée à Saint-Louis, M. Correz vint à Paris. Comme il lui était devenu difficile de vivre loin du Sénégal ; il profita du courant qui portait à la culture de l'*indigo*, pour offrir de relever l'ancienne ferme de Coylel près de Dagana.

J'étais contrarié de voir pousser le Sénégal à des

cultures exclusivement industrielles. Je sentais que les vrais intérêts de notre colonie étaient sacrifiés; on lui demandait de l'indigo à cause de l'insurrection de l'Inde Anglaise, comme on devrait lui demander plus tard du coton par suite de la guerre américaine. Cependant, je connaissais déjà M. Correz; la facilité de son caractère, la similitude de nos travaux et l'isolement, nous rapprochèrent encore.

A une autre époque d'encouragement aux cultures industrielles, Coylel avait été installé en indigoterie; il en restait des bassins presque intacts, qu'il eût peu coûté de remettre en état de servir. Malheureusement, pour la production de l'indigo, il fallait cultiver des plantes, essayer des procédés et les appliquer industriellement.

Les essais de M. Correz, en petit dans des barriques, ne laissaient rien à désirer, mais il resta pharmacien; il n'était ni agriculteur, ni industriel. Le gouverneur du Sénégal, M. Faidherbe et M. Ardin, officier de spahis commandant de Dagana, firent pour M. Correz ce qu'il leur était permis de faire; mon ami fut obligé de suspendre ses essais au bout de deux ans.

Le monde était plein du bruit de la Californie ; rien ne pouvait en détourner l'attention, que l'annonce des gisements aurifères de l'Australie. La Guyane avait ses placers ; le Sénégal a de tout temps exporté son or de Galam ; on a pu soutenir, avec apparence de vérité, que le Bambouk a fourni l'or du temple de Salomon : notre colonie ne pouvait rester en dehors de l'agitation du moment. On eût accusé de félonie, quiconque aurait essayé de faire revenir le gouvernement sur une entreprise peu préparée. Le temps de l'or était venu.

De Dagana, je voyais monter l'expédition, déplorant la voie coûteuse dans laquelle la colonie s'engageait. M. Faidherbe me proposa d'aller au Bambouk pour contribuer, dans ma spécialité, à faire réussir une entreprise qui devait exalter le Sénégal ; j'étudiais alors les terrains du Bas-Pays, je suivais la courbe d'inondation, et je voyais, par la tentative sur l'or, mes essais agricoles ajournés indéfiniment.

Je revins en France. En retournant au Sénégal, j'avais emmené les reproducteurs mérinos dont j'ai déjà parlé et je me mettais en mesure de faire, à l'île de Tod, un essai sur le tabac ; j'ai déjà exposé le rôle que dans mon esprit doit remplir le tabac dans la production sénégalaise.

Mais la guerre était aux Etats-Unis, et il fallait du coton à l'Europe.

Le *coton* vient au Sénégal spontanément. Presque partout, parmi les populations agricoles du fleuve, chaque femme cultive, dans un petit jardin, quelques plants de coton pour filer les vêtements de sa famille. Dans certains villages, on se contente quelquefois d'arracher les mauvaises herbes, qui pourraient gêner la venue des plantes levées au hasard. Dans le Cayor et dans un grand nombre de localités du haut du fleuve, on récolte assez de coton, pour qu'on puisse y acheter cette marchandise en quantités commerciales.

On trouve dans le Haut-Pays, des plantes de *nankin*, que je suppose provenir de graines de Chine, essayées par la Compagnie des Indes; cette qualité s'est si bien acclimatée au Sénégal, qu'elle y vient spontanément. Les gens du pays ne sèment pas le coton jaune; mais avant d'égrener une récolte, ils ont soin de séparer les touffes de nankin qu'ils réservent pour un tissu particulier.

Il serait donc oiseux de demander si le coton peut venir au Sénégal. Pour savoir s'il pourrait y venir en quantités et de qualité commerciales, il suffit de jeter les yeux sur la production de l'Egypte, pays absolument identique à notre colonie. Dans le Bas-Pays, cette culture est favorisée d'un sous-sol salé, reconnu utile aux qualités riches longues-soies, *sea-island* d'Amérique, *jumel* d'Egypte.

Plus on s'avance dans l'intérieur au Sénégal, plus on trouve des cultures étendues de coton : vu la grande difficulté où l'on y est de se procurer les tissus de nos fabriques, et la nécessité de faire sortir le vêtement de l'industrie indigène.

Pourquoi alors n'ai-je pas fait, en faveur du coton, des efforts dont on m'aurait su gré ? On n'avait songé à demander du coton au Sénégal, que parce que l'Amérique n'en fournissait plus.

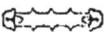

Certainement, de tous les métaux, à cause de son inaltérabilité, l'*or* est celui dont l'exploitation est la plus simple ; tellement qu'un proverbe mexicain dit que, pour exploiter une mine d'argent, il faut le rendement d'une mine d'or.

Toujours à l'état natif, l'or n'a besoin d'être revivifié, que lorsqu'il a été altéré industriellement, pour faciliter son exploitation, par l'amalgame ou la chloruration ; tout le travail se réduit, dans les cas les plus communs, à une action mécanique. S'il faut des machines pour tirer l'or du quartz qui le contient, le plus souvent, et dans les entreprises d'essai, on se contente de fouiller les terres et de les laver.

Cette opération n'exige qu'un outillage simple ; elle peut donner des résultats satisfaisants au travail personnel. Quand un groupe, formé en vue de l'exploitation des sables, s'est recruté parmi des travailleurs rudes à la besogne et bons terrassiers, chacun d'eux peut recucillir une honnête aisance, en quelques années d'exploitation, sur un point favorable d'un pays aurifère.

Mais on ne peut exploiter l'or, par un travail organisé sur une certaine échelle, qu'en repassant de grandes quantités de terres, pauvres et riches. Il faut toute la science de l'ingénieur civil, pour mettre de l'ordre dans le mouvement des terres et pour amener l'eau nécessaire au lavage. Plus les fonds dont on dispose sont considérables, plus est ruineuse la moindre faute dans la disposition économique du travail.

Il y avait un certain inconvénient dans l'idée arrêtée, de confier à un officier du génie militaire, la conduite de l'Exploitation des terres aurifères du Bambouk.

De ce qu'un docteur en médecine doit avoir des connaissances botaniques, ce titre n'est pas une recommandation suffisante, s'il n'accompagne pas des études spéciales ; je déclinerais l'honneur d'être chargé d'une flore quelconque. Pourrais-je répondre de ne pas être une cause d'embarras, pour un jeune botaniste auquel on confierait, sous mon contrôle, un travail de sa spécialité ??...

Un bon officier du génie sait conduire économiquement des travaux de dépense ; il n'est pas élevé pour les entreprises de rendement.

Je crois malgré cela que le succès d'une pareille entreprise est moins compromis, si elle est confiée entièrement à un officier du génie militaire ; en lui adjoignant un trop jeune ingénieur civil, on met celui-ci dans une position fausse et on éparpille la responsabilité industrielle : Il est difficile d'attendre une abstention absolue d'un directeur pris dans une spécialité voisine.

J'ai peut-être tort de considérer comme une faute, ce choix d'un ingénieur militaire, pour diriger l'Exploitation de l'or du Bambouk ; on n'aurait peut-être pas évité le danger d'immixtion avec le premier directeur venu. Il pourrait bien se faire que je voie dans la profession, un péril causé par la faiblesse de l'humaine nature, mise dans certaines conditions.

J'ai bien connu un capitaine d'infanterie de marine, que les lauriers d'un garde du génie empêchaient de dormir. Il voulut, lui aussi, laisser un monument de son passage au Gabon, et il maintint aux arrêts le pauvre garde, pendant la construction d'un pont. On a donné, par ironie, à ce pont le nom du capitaine. J'ai retrouvé le pont restauré, mais il n'avait pas perdu son nom primitif; il le garde peut-être encore aujourd'hui : le Nouveau-Monde s'appelle toujours Amérique.

J'ai eu le plaisir de faire la traversée de Toulon à

Saint-Louis en compagnie de M. Arbelet, se rendant au Sénégal comme ingénieur des mines, attaché à l'Exploitation de l'or du Bambouk. M. Arbelet joignait, à la solide instruction spéciale qu'on puise à l'école, modeste et pratique, des mines de Saint-Etienne, une instruction générale très brillante. Il connaissait la langue anglaise, si utile pour suivre les travaux sur l'or, publiés en Angleterre et en Amérique.

Mes trois compagnons de voyage, M. Arbelet et deux gardes du génie, M. William, indigène et M. Huitier, français, me pressaient de demander à les accompagner au Bambouk; je leur dis que je croyais intempestive l'exploitation de l'or et que l'organisation de l'entreprise laissait à désirer. Ces mots étaient vides de sens pour ces messieurs, trop peu au fait alors des choses coloniales; je ne pouvais empêcher l'avenir, de leur en donner une explication trop sensible.

M. Arbelet est mort la seconde année de l'exploitation; il était presque resté en dehors des travaux. Pendant qu'on poussait des galeries dans tous les sens à la recherche *du filon*, il traduisait les substantiels traités populaires publiés, en Angleterre et en Amérique, pour les besoins des nombreux émigrants en Californie et en Australie. J'ai réfléchi devant un passage souligné, *il est reconnu que l'or exploitable n'est jamais très-éloigné de la surface du sol.*

Sa traduction finissait au milieu de l'ouvrage par :
« Mais plusieurs fois j'ai nommé le rocker, sans vous décrire cette machine admirable de simplicité, sans laquelle — si elle n'avait pas été employée — le monde eût été privé de l'or de la Californie et de l'Australie.

DESCRIPTION DU ROCKER.

. . . .

. . . . »

J'ai laissé tomber une larme sur ces points.

Est-ce la paresse ou la fatigue qui a arrêté la plume de M. Arbelet? Aurait-il refusé de tracer des lignes, qui pouvaient servir à l'Exploitation en faisant connaître le rocker ?

Que ceux qui voudraient lui en faire un reproche s'arrêtent, s'ils n'ont pas connu l'irritation entretenue dans les caractères, par les fausses positions dans les postes éloignés.

Bien avant la mort de M. Arbelet, j'exprimais, dans un rapport reproduit par la *Revue Coloniale*, mon opinion que, dans les postes isolés du Sénégal, les fausses positions et les fautes administratives font plus de victimes encore que le climat.

On est en droit de supposer que pour les connaître ainsi, j'ai dû me trouver souvent aux prises avec ces difficultés d'ordre purement abstrait ; elles sont en effet quelquefois si étrangères à une volonté humaine, qu'on ne peut en rendre personne précisément responsable.

A la mort de M. Arbelet, le ministre de la marine ne voulut pas faire abandonner le Bambouk, avant d'y avoir envoyé un élève de la brillante école des mines de Paris, recrutée dans l'élite de l'école polytechnique.

M. Braconnier est mort sans être arrivé à Kéniéba. J'avais été désigné par M. Faidherbe, pour aller à la suite de M. Braconnier et l'aider de ma connaissance du pays; quand je partis de Tod pour Senoudébou, nous connaissions la nouvelle de la mort de M. Braconnier. Il n'y avait aucun avantage à continuer des travaux infructueux, et le Ministre fit évacuer Kéniéba : on laissa M. Baur chargé d'exploiter le district minier. Je continuai mes essais sur l'agriculture.

Les gardes, les sous-officiers et les ouvriers du génie et de l'artillerie, quittaient Kéniéba à regret. Pourtant il y a de l'or, disaient-ils. Ils regardaient et montraient leurs échantillons de quartz aurifère, ce mirage qui avait égaré l'Exploitation, en la détournant du sol vulgaire.

Six mois après, nous apprenions à Sénoudébou que les galeries s'effondraient, mais que des négresses trouvaient un travail rémunérateur dans le lavage des terres, résidu de l'exploitation, quoique apportées auprès de l'eau, à charges d'ânes.

L'alternance de sécheresse et d'humidité extrêmes, propre au Sénégal, avait opéré la désagrégation des terres, plus énergiquement que le plus fort boccard. Sur certains points de l'Amérique, on n'exploite pas l'or autrement : c'est une imitation des moyens naturels. On barre un torrent avec des terres médiocrement aurifères ; lors des pluies, la partie légère est entrainée au loin. Tout l'or se trouve retenu dans les terres qui ont subi le moindre déplacement ; elles sont assez riches pour être traitées au plat.

On n'avait pas, pour encourager la recherche de l'or au Sénégal, la même raison qu'en Californie et en Australie ; la découverte de l'or a donné de l'importance à ces deux pays par l'immigration européenne. L'appel fait au travail européen, juste pour des pays favorables au travail de la race blanche, serait un contre-sens appliqué au Sénégal, où le blanc ne saurait que mourir d'un travail personnel.

S'il n'y a rien à attendre pour le travail de l'or au Sénégal de l'activité individuelle ou des petites associations européennes, on ne peut pas davantage compter sur des Noirs travaillant à leur compte. La recherche, comme le travail de l'or, est réputé avilissant pour les Noirs, et ils ne se livrent le plus souvent à cette industrie, que transitoirement, pour y gagner de quoi satisfaire au besoin du moment.

Tous les traités populaires anglais, s'accordent à reconnaître le travail des terres aurifères, comme le labeur le plus pénible. Comme effort, la journée du chercheur d'or est estimée plus ingrate que celle du casseur de cailloux ; cette profession ne peut être conseillée qu'à des terrassiers durs à la fatigue. Toutes ces raisons doivent nous faire considérer l'exploitation de l'or, comme peu favorisée par les conditions économiques actuelles du Sénégal ; j'indiquerai la place normale de cette exploitation, dans une transformation de notre colonie en pays producteur.

Dans nos pays civilisés, on apprécie souvent la richesse d'une manière assez fausse pratiquement ; voici une anecdote qui fait connaître l'idée bien différente que s'en font les Noirs des pays aurifères.

Dans un voyage à travers le Bambouk, M. Baur et M. Girardot passèrent par une porte, ménagée dans un grand bûcher dressé en travers du sentier. Une pareille disposition était faite pour les étonner ; arrivés chez un noir propriétaire (je me sers de ce mot, faute d'un plus juste) de puits aurifères, ils lui en demandèrent la cause.

Il répondit qu'il employait ses loisirs et ceux de ses captifs, à couper du bois et à le mettre en tas, pour les besoins de sa cuisine. « Je l'arrange ainsi pour qu'il ne s'éparpille pas. Je le place sur le sentier qui conduit à la fontaine, pour avoir sous la main, dans un seul voyage, l'eau et le bois pour mes aliments. »

Ce bucher était un trésor auquel il puisait dans le besoin ; il en était plus fier que des trous de mine, pour l'exploitation desquels on lui payait redevance. Il s'estimait plus riche, de sa vache, de sa fontaine, de son bûcher, d'une barrique de sel, que de cet or qu'il foulait aux pieds. Pour le Noir des pays aurifères, comme pour chacun de nous en réalité, l'or n'a de valeur qu'au moment où il s'en dessaisit, quand il l'échange contre des marchandises dont il a besoin.

Les exploitations des terrains aurifères sont faites ordinairement par ces peuples de l'intérieur, sans préjugés, Malinkés, Soninkés, etc., que j'ai désignés généralement sous le nom de peuples de race Mandingue. Le lavage est effectué, par les femmes, au moyen de la calebasse ; elles utilisent, à cet ouvrage, le tour de main dont j'ai essayé de donner une idée, en décrivant la préparation du couscous : elles n'opèrent que sur des terrains assez riches.

Ils proviennent de trous de mine, puits ordinairement peu profonds, non cuvelés, dans lesquels on descend, par des encoches faites sur les parois, ou par de grossières échelles. Il n'est pas difficile de reconnaître la couche riche au milieu des statifications. Elle se compose d'une matière sablonneuse, d'un gris noir ardoisé, qui repose sur une couche blanche presque argileuse, dans laquelle l'or ne peut pénétrer.

Quand la Falémé est basse, les femmes plongent dans des bassins profonds, pour en retirer à la calebasse, de la terre aurifère quelquefois enrichie de pépites. Les gens du pays savent reconnaître les points des cours d'eau, où s'accumulent l'or et les sables lourds.

Il est évident que les sables riches du fond de la Falémé, pourraient être exploités facilement à l'aide de scaphandres ; lorsque M. le gouverneur Faidherbe m'eut fait écrire que je pourrais être chargé, à défaut de M. Braconnier, de poursuivre la recherche de l'or, je m'étais disposé à employer ce moyen pour l'exploration du fond de la Falémé.

Les terres riches du Bambouk, où se trouve le terrain aurifère, peuvent être facilement attaquées par tranchées à ciel ouvert ; on éviterait le travail de remuer les terres supérieures, pauvres, en les renversant derrière soi dans la tranchée, après avoir enlevé par dessous, la couche riche qui la soutient.

Je ne puis omettre dans un travail de la nature de celui-ci, le jardin d'acclimatation de la Taouey. Il a été créé presque sur l'emplacement du jardin de

M. Richard, aujourd'hui dans notre colonie de la Réunion. Le poste de Richard-Toll (jardin de Richard), est aujourd'hui remplacé par la maison de commandement de la Taouey, résidence de l'officier qui dirige la politique du Valo.

Il est à regretter que la bâtisse coûteuse de la Taouey fixe un jardin d'acclimatation, sur ces terres que j'ai nommées exceptionnellement inondées, et que je considère comme devant entrer les dernières dans le mouvement d'exploitation régulière.

Il semble naturel de faire relever le jardin d'acclimatation d'une autorité essentiellement coloniale, l'ordonnateur par exemple, au lieu de le soumettre à la Direction du génie.

Je sais que dans cette dernière position, le jardin peut profiter de plus grandes ressources, sans ajouter une nouvelle charge au budget colonial ; mais ces avantages, retirés de la connexion à un service étranger, peuvent fausser les résultats des expériences exécutées dans ce jardin.

Sans autres établissements de culture, le jardin d'acclimatation n'a pas grande portée ; c'était pour lui donner une apparence d'utilité, que M. Simon, créateur et directeur du jardin de la Taouey, insistait pour me faire entreprendre, dans son voisinage, une exploitation agricole. A des fermes, le jardin pourrait fournir des arbres fruitiers avancés, qui rendraient ces établissements plus immédiatement agréables. Enfin, on y instituerait une série d'expériences, qu'on n'a pas le temps de faire dans une grande exploitation.

Il ne faudrait pas compter sur le jardin d'acclimatation pour servir d'exemple aux populations indigènes. Depuis longtemps on reprend, dans les établissements gouvernementaux, des exhibitions de labourage à la charrue ; les Noirs regardent cet outil avec curiosité, mais la charrue ne sera adoptée qu'après une démonstration économique irréfutable.

De tout temps, depuis que les Blancs sont au Sénégal, les officiers autour des postes, les habitants de Saint-Louis et de Gorée dans des jardins auprès des villes, font pour leurs besoins personnels des cultures maraîchères sur une petite échelle. Je me souviens encore du temps, où on invitait ses amis à venir manger une belle salade cultivée avec soin, dans une caisse. A cette époque, on avait beau fournir, aux Noirs du Sénégal, des graines, des outils, du terrain, on ne pouvait les décider à exploiter la culture maraîchère : cependant plusieurs d'entr'eux savaient travailler aux jardins de leurs patrons.

Mais depuis le jour où quelques industriels eurent retiré un certain profit de la vente du produit de leurs jardins, les Noirs achètent des graines, des outils, louent la terre et vendent les légumes au marché.

La révolution économique est accomplie et on trouve, aux marchés de Saint-Louis et de Gorée, des radis, des salades, des choux, des carottes, des betteraves, à des prix que les plus hardis d'entre nous n'auraient pas osé promettre.

❦

Il est rare d'obtenir un résultat au moment même où on le désire le plus vivement. Cependant l'esprit une fois poussé dans la voie de la recherche finit toujours par atteindre le but convoité ; mais souvent lorsque le besoin ne s'en fait plus sentir. Il est donc peu sage de se laisser entraîner à poursuivre une invention sous l'aiguillon d'une impérieuse nécessité ; on risquerait de donner une fausse direction à ses efforts.

On peut citer, à l'appui de cette manière de voir, la plupart des découvertes scientifiques, que le blocus continental rendait si désirables, sous le premier Empire : la soude factice, le sucre indigène, le nitrate de potasse, le pastel, etc. Combien de solutions scientifiques qui n'ont obtenu la consécration industrielle que plus tard, lorsque la nécessité qui les avait fait poursuivre s'était évanouie ?

Le sucre de betterave, qui eût été un bienfait absolu pendant les guerres de l'empire, est devenu plus tard, lors de son épanouissement industriel, une difficulté économique encore persistante, sous le nom de question des sucres.

Mais encore ces résultats étaient-ils demandés à un pays organisé pour la production agricole et industrielle. Le Sénégal n'a été jusqu'ici qu'une colonie à échanges : il est inutile de lui demander des produits agricoles avant de le transformer en colonie agricole.

Quand on veut obtenir des produits manufacturés, on commence par faire les machines qui confectionnent ces produits : la machine du produit agricole est la ferme. Et il y a dans les productions qu'il faut demander à la ferme, une succession naturelle dont il n'est pas indifférent, pour le résultat, d'intervertir l'ordre : dès avant l'expérience on reconnaît, à un caractère particulier, les cultures par lesquelles doivent commencer, pour réussir, les fermes isolées.

Laissons les esprits chagrins accuser d'entêtement les colons qui cultivent la canne à sucre, de préférence aux autres plantes coloniales ; cherchons plutôt une raison à cet engouement.

Un champ de cannes rend plus tôt qu'une plantation de caféiers : ce peut être une considération utile dans les pays à ouragans comme la Réunion.

Une même contenance superficielle de terrain rend plus d'argent avec la canne à sucre qu'avec le coton et le café; mais, dans les pays où il y a beaucoup de terres libres (c'est le cas d'un grand nombre de nos colonies), il faut avoir égard aux frais de culture plutôt qu'à la superficie du terrain : M. Balguerie nous démontre que le coton rend davantage, proportionnellement au capital employé.

La vraie raison est d'un autre ordre : c'est qu'il y a des cultures plus fermières les unes que les autres, parce qu'elles fournissent plus, aux besoins essentiels de la ferme.

Dans un pays favorisé par des moyens de transport et avancé en civilisation, une exploitation spéciale peut vivre, complétée qu'elle est par les exploitations voisines. Elle n'a à rechercher, dans le choix de sa culture, que la facilité d'écoulement des produits, leur valeur et la proportion de leur rapport avec le capital dépensé. Telle était la condition économique de l'agriculture dans les Etats du Sud du Nord-Amérique.

Une ferme isolée doit avant tout pourvoir à ses besoins, et toute culture industrielle dont les produits accessoires fourniront à ces besoins, sera pour elle un gage de succès. Outre le produit riche, le sucre, la canne fournit, la bagasse qui sert à rapprocher le vesou, et ses feuilles pour nourrir les animaux de travail ; les résidus sucrés sont en outre transformés en alcool.

Nos Chambres sont émues périodiquement par la grande question des sucres. Sous ce titre trompeur par sa spécialité, se déguise le problème de l'intérêt le plus général. Malgré la précaution prise dans les deux camps de ne montrer que les intérêts secondaires, la raffinerie et la marine marchande, on sent, à l'acharnement des parties, qu'elles cherchent un compromis, difficile à établir, entre les intérêts contradictoires de l'agriculture dans les colonies, et dans nos départements du Nord.

Dans ces départements, les plus riches et les plus peuplés de la France, la betterave est le pivot économique de la ferme, comme dans nos colonies la canne à sucre : la pulpe de betterave remplace comme nourriture des animaux, la feuille de canne.

La canne à sucre est une culture à trop longue échéance pour résister aux variations hygrométriques du Sénégal ; c'est l'arachide qui parait réunir les qualités d'une plante fermière pour notre colonie.

L'arachide donne un produit riche, une graine oléagineuse dont le prix peu variable est suffisamment rémunérateur, eu égard au travail demandé par cette culture ; sa fane est, pour les animaux herbivores de toute espèce, le plus profitable des fourrages, bien supérieur à la feuille de canne. L'arachide a sur le roseau à sucre l'avantage de produire en quatre mois, et de ne pas exiger d'outillage pour fournir un produit marchand.

Le plus grand avantage qu'on puisse reconnaître à l'arachide, en la jugeant du point de vue agricole le plus élevé, c'est que sa culture est améliorante. Tandis que la canne exige des engrais, des travaux et des jachères, on peut toujours faire arachide sur arachide : le terrain gagnant toujours en fertilité.

Il faut s'attendre à rencontrer au Sénégal des terrains où l'arachide ne réussira pas ; le béref mais surtout le sésame rempliraient le vide comme culture industrielle, mais non comme plantes fermières.

On aurait tort de s'appuyer sur l'entraînement qu'a subi la côte d'Afrique (le Cayor surtout) vers la culture de l'arachide, pour espérer une impulsion analogue vers la production du coton. Il ne faut pas perdre de vue que l'arachide n'est pour les Noirs qu'une plante semi-industrielle, puisqu'elle sert à les soutenir faute d'aliments féculents.

Le bon sens des Noirs saura résister à toute excitation qui pourrait augmenter les famines déjà trop communes chez eux. C'est peine perdue d'attendre d'eux qu'ils produisent de grandes quantités de coton, avant de les avoir préparés à cette révolution économique, en les dotant d'une agriculture plus avancée, capable d'assurer une production alimentaire suffisante.

On m'a souvent reproché de ne pas avoir fait porter mes travaux et mes recherches sur une colonie moins ingrate que le Sénégal ; mais ce sont précisément ces difficultés, si reprochées au Sénégal, qui rendent notre colonie propre à servir de support à une juste action colonisatrice.

On ne peut pas songer à peupler le Sénégal avec des européens, il faut donc l'accepter avec ses races indigènes. Si la terre de l'Amérique du Nord avait été moins hospitalière à la race blanche, les Indiens n'auraient pas été aussi promptement refoulés et amoindris. Je sais encore qu'il y a des pays favorisés d'un ciel plus clément et d'une terre plus fertile ; je sais que le Taïtien trouve, dans l'arbre à pain, le bananier et le chou caraïbe, un pain quotidien qu'il n'a pas besoin de serrer dans des magasins de prévoyance ; j'ai vu, par l'exemple du Gabon, que la facilité de vivre produit ou accompagne la facilité des mœurs.

Je perdrais mon temps à prêcher le travail, à des peuples que les productions de leur pays engagent aux douceurs du repos : quand les mangos sont mûrs, il est difficile dans les Antilles de trouver des travailleurs.

Je ne suis partisan ni de la morale ni de la civilisation imposées par le besoin. Je ne proposerai donc jamais de couper les arbres à pain de Taïti pour en rendre les habitants plus laborieux et plus moraux. Mais je suis encouragé par les famines qui déciment les Sénégalais à leur apporter, de la civilisation moderne, ces moyens que l'industrie met au service du travail, pour le rendre productif.

Les peuples du Sénégal rétifs à toute pression religieuse ou politique, ne demandent pas mieux que de se laisser entraîner dans la voie du progrès matériel.

On doit mettre en première ligne, parmi les agents du progrès matériel, la création des voies de communication, l'adoption des instruments agricoles à action continue et la substitution du travail des animaux à celui des captifs.

En exploitant seulement les bords des cours d'eau on ne cultive qu'une longue mais étroite bande des terres du Sénégal. On ne peut conquérir tout le pays à la production, qu'en portant le travail dans l'intérieur.

Le jour où, laissant les bords du fleuve à la culture

indigène, on demandera des produits à l'exploitation des terres non cultivées, il faudra que des voies, créées par le travail de l'homme, soient substituées ou ajoutées au seul moyen de communication actuel, le fleuve Sénégal et ses marigots.

Dans les terrains peu accidentés du Bas et du Moyen-Sénégal, on ne peut trouver aucun obstacle à rouler les produits des fermes jusqu'au lieu de livraison au commerce. Les eaux ne sauraient s'opposer au transport par terre, utile seulement pendant la saison sèche.

Dans une brochure intitulée *Production du coton dans nos colonies*, M. Poulain insiste, à plusieurs reprises, sur l'impossibilité d'utiliser comme bêtes de trait, à cause de leur petitesse, les bœufs et les chevaux du Sénégal. Les noirs américains de la République de Libéria, à la côte d'Afrique, emploient à rouler et à labourer, des bœufs de Quita bien plus petits que ceux du Sénégal ; ces agriculteurs élevés à bonne école, trouvent encore avantageux l'emploi du trait ; ils compensent la force par le nombre.

M. Poulain sait bien qu'on embarque souvent des bœufs pour la Guadeloupe, à la grande terre de Gorée, sa résidence et centre de sa chefferie. Il n'y a que le travail et le travail de traction, qui puisse payer les frais de transport aux Antilles, d'animaux non reproducteurs.

Sa position de capitaine, ex-chef du génie à Gorée, donne à M. Poulain une grande autorité, pour juger de l'avenir des moyens de transport au Sénégal. Je regrette de n'avoir à opposer à son opinion que mon incompétence ; mais je désespérerais de tout avenir agricole pour notre colonie, si, comme cet officier, je croyais les animaux de travail du Sénégal, condamnés au bât à perpétuité.

Presque tous ceux qui, au Sénégal, se sont occupés d'agriculture, ont employé au labour des bœufs à bosse, des bœufs-porteurs. La charrue n'est pas restée dans la colonie, faute d'une concluante démonstration économique. Un autre outil paraît plus en rapport avec la faiblesse des animaux et les procédés actuels des indigènes ; quoiqu'il soit inférieur en action à la charrue, son adoption serait un progrès : je veux parler de la houe à cheval.

N'ayant à Sénoudébon qu'un araire, insuffisant pour le peu de temps que dure la saison agricole, je fis emmancher en charrue, une pelle qui produisait sur le terrain l'effet d'une houe à cheval, mais avec l'inconvénient d'un plus fort tirage.

Pour engager les gens du pays à venir voir travailler mes instruments, je m'étais bien gardé de les y convier. Les Noirs appréciaient très bien la façon expéditive dont ma pelle donnait à la terre une façon de raclage et de résection des herbes, tout-à-fait semblable à celle de leurs propres outils.

Quoique l'araire ne renversât qu'une bande de terre de moins d'un décimètre, ils voyaient là un travail superflu, dont l'expérience ne leur avait pas montré les avantages. Mais quand les plants d'arachides eurent levé, ils reconnurent que ceux du sol travaillé à la charrue étaient noirs : Ils savent que la teinte foncée du vert d'une plante, est un indice de sa vigueur.

La plupart des témoins du travail étaient, des marabouts lettrés, des gens de Saint-Louis et des maîtres de captifs. Un de ces derniers devait avoir à se plaindre de la paresse et de l'indocilité de ses serviteurs; car, flattant les bœufs attelés,—« Tu es heureux, me dit-il, d'employer des captifs qui ne parlent pas (qui ne sont pas raisonneurs). »

En arrivant du Sénégal au Gabon, je ne pouvais me lasser d'admirer la puissance de la végétation dans ce pays équatorial. Connaissant les résultats que donne la culture au Sénégal, dont l'aspect végétatif est si inférieur, je ne doutais pas que le Gabon ne fût un pays plus facile à transformer en lieu de production agricole ; à l'épreuve, il me fallut revenir de cette première impression.

La fertilité d'une terre s'affirme surtout par la production animale; or, les bestiaux prospèrent au Sénégal naturellement, et il faut des soins ou beaucoup de nourriture pour élever des bœufs au Gabon. Dans ce dernier pays, la végétation est plus apparente et plus continue ; si, sous l'influence d'un climat égal, chaud et humide, il y pousse facilement du bois et de l'herbe, ce bois brûle mal, cette herbe nourrit peu.

En retournant du Gabon en même temps que moi, un de mes collègues disait, dans une boutade : « Il va enfin m'être donné de manger du vrai rôti, cuit devant un vrai feu, fait avec du vrai bois. » Cette expression frappera, plus encore par sa justesse que par son originalité, tous ceux qui ont vécu quelque temps dans un des pays, chauds et humides, situés sous l'équateur.

Un bois qui a poussé vite, brûle mal dans une atmosphère chaude et humide ; un pareil climat est favorable aux compositions et aux décompositions organiques : ainsi, au Gabon, un arbre grossit en peu de temps, mais abattu, il ne reste pas un an sans être transformé en humus. Au contraire, les décompositions inorganiques ont de la peine à s'effectuer, dans une condition thermique et hygrométrique invariable.

Au Sénégal, la température et l'humidité oscillent entre des limites très-éloignées. Sous l'influence de cette variation, le sol s'effleurit, s'ameublit et livre à la végétation, les éléments inorganiques dont elle a besoin. J'ai vu, dans un an, un affleurement de schiste devenir friable, et une argile compacte soulevée par un labour, avoir assez perdu de sa tenacité pour être fertile.

De cette comparaison, il ressort que la culture des plantes annuelles nécessiterait, au Gabon, des labours préalables assez profonds ; tandis qu'au Sénégal, la façon la plus légère suffirait le plus souvent.

Je n'ai pas le moindre fait positif, l'étude la plus superficielle, à apporter comme préparation, à l'idée d'établir un canal, sur la bissextrice du Sénégal et de la Gambie. On ne comprendrait pas des fermes, établies dans l'intérieur du Sénégal, privées de l'eau nécessaire aux besoins domestiques et agricoles. Un canal seul peut leur procurer, avec ce bienfait, un moyen de communication économique.

Je n'insiste pas sur l'importance de ce travail comme modificateur du Sénégal et comme placement de fonds ; à propos de la question du percement de l'isthme de Suez, il peut y avoir divergence d'opinion sur l'avenir du transit par le canal maritime ; il n'y a qu'une voix pour reconnaître la valeur réelle et les revenus certains du canal d'eau douce.

On reproche aux Français de ne pas connaître les Colonies ; l'avenir de nos établissements souffre moins de cette ignorance, que des idées préconçues et fausses, qui sont acceptées et qui ont cours. On ne saurait parler, à qui que ce soit, de cultures, de production au Sénégal, sans provoquer les réponses interrogatives suivantes : — « Oui ? Tombouktou ? La communication entre le Sénégal et l'Algérie ? Porter notre commerce jusque vers l'intérieur de l'Afrique ? »

Tombouktou ? Pour avoir dit la vérité sur cette ville, notre Réné-Caillé fut longtemps soupçonné de ne pas l'avoir vue.

Je comprends difficilement quelles relations on peut désirer entre le Sénégal et l'Algérie. On ne voudrait pas faire passer par l'Algérie, les marchandises françaises destinées au Sénégal ? Je ne saurais imaginer, pour envoyer en France les produits du Sénégal, un moyen plus économique, plus prompt et plus sûr, que la navigation : par les navires à vapeur, le transit entre notre métropole et notre Colonie s'opère en moins de quinze jours, et le fret ne coûte pas plus de cent francs le mètre cube.

Pourquoi voudrait-on pénétrer dans l'intérieur de l'Afrique ? (Je mets en dehors de la question les voyages dans l'intérêt des sciences spéculatives, la géographie, l'histoire naturelle, etc.) Pour aller chercher les produits africains et écouler les marchandises de nos manufactures ? On paraît ignorer comment la marchandise se meut, à travers l'Afrique.

Elle arrive, portée par la marchandise humaine, sur les marchés Barbaresques, de Tripoli, de Tunis et du Maroc; les productions du Soudan ne fournissent que l'accessoire au trafic des caravanes, la traite des esclaves en constitue le principal.

Des banalités oiseuses ont été pendant trop longtemps le mot d'ordre de l'enthousiasme du monde civilisé sur les questions africaines.

Il ne peut rien avoir de commun entre notre Algérie et notre Sénégal actuels. Pour que ces deux colonies échangent, des courriers d'abord, puis des marchandises et des voyageurs, par des moyens de transport de plus en plus perfectionnés, il faut qu'elles deviennent plus importantes par leur population et leur production ; il faut qu'elles entraînent par leur exemple, dans la voie de la civilisation matérielle, tous les peuples qui les séparent.

Pourquoi chercher au loin un aliment à nos fabriques, un débouché à notre commerce ? Mettons à notre portée la production et la consommation, en condensant la population dans nos deux colonies africaines.

En poursuivant directement les deux résultats, relier l'Algérie et le Sénégal, et accroître nos relations commerciales, nous nous exposons à éloigner la réalisation de notre désir ; ces deux faits sont la conséquence naturelle de l'accroissement de la population dans nos colonies; cet accroissement est le but vers lequel doivent tendre nos efforts ; nous devons nous défendre de toute marche qui nous en écarterait.

La prospérité de nos états constitués réside dans l'intelligence des gouvernants, et les chefs de nos états européens prennent possession de l'autorité, en ceignant la couronne. Chez les peuples primitifs, un bon gouvernement donne pour premier fruit une augmentation notable de la population, je vous ai montré Almami Saada prenant la culotte pour symbole de son autorité.

Outre la faute grossière, dans laquelle on tombe communément, de subordonner la question africaine à des considérations accessoires ou dépendantes, les meilleurs esprits se trouvent égarés, dans leurs appréciations, par le jugement partial des voyageurs.

En lisant le portrait peu flatté que nous fait Réné-Caillé des maures riverains du Sénégal, il ne faut pas perdre de vue les souffrances auxquelles sa fausse position a exposé ce voyageur français, chez ces peuples nomades et inquiets.

Le conte qui a servi de passe-port à Caillé, de la Gambie jusqu'à Tanger par Tombouktou, était bien fait pour le perdre, s'il n'avait trouvé sur sa route des gens crédules par humanité.—Il avait été enlevé d'Egypte par les infidèles, et il regagnait son pays !

Chez les peuples primitifs, un voyageur civilisé se trouve toujours embarrassé, quand on lui demande le but et les motifs de son voyage. Dira-t-il qu'il désire aller à Tombouktou pour le raconter chez lui et gagner en considération ? Il ne peut invoquer un motif aussi peu plausible sans éveiller les plus justes préventions. Les indigènes lui diront toujours : « Tu n'es pas marchand, tu ne vends rien ; tu n'es pas notre ami, tu ne nous connais pas et tu n'apportes pas de cadeaux, que viens-tu faire ici ? »

Dans son année d'initiation chez les Braknas, Caillé s'est fait des mœurs des Maures, une idée bien différente de la mienne, et de celle des habitants du Sénégal qui ont avec ce peuple des relations suivies et régulières.

Il y a, chez les Maures, surtout de la part des tribus guerrières, plus d'exactions particulières que parmi les nations mieux organisées ; mais je ne crois pas qu'on puisse leur reprocher une improbité nationale.

Caillé n'est pas très-fondé en accusant d'immoralité spéciale un peuple aussi prolifique : tous les voyageurs sont frappés du grand nombre d'enfants qui jouent autour des camps maures.

Bien souvent aussi le lecteur donne, aux réflexions d'un voyageur, une portée qui est loin de sa pensée. Le célèbre voyageur Barth raconte que dans la vallée d'Auderaz l'homme attelle l'esclave à la charrue ; il blâme cet emploi de l'homme à la place du bœuf, et il fait remarquer qu'Auderaz est probablement le point de l'Afrique le plus sud, où la charrue soit employée au travail des champs.

Dans l'esprit du docteur Barth, que six années d'explorations ont rendu africain, la seconde partie de sa réflexion sert évidemment à atténuer l'effet de la première. L'Européen n'est pas détourné, par la phrase corrective, du tableau émouvant d'un esclave attelé à la charrue; il ne peut détacher de son esprit, ses idées sur l'esclavage américain et sa notion d'une culture profonde et d'une charrue lourde et puissante.

Je considère douce la condition de l'esclave attelé à une charrue nécessairement proportionnée à ses forces et adaptée à la culture africaine. Je plains davantage celui qui doit tirer de la boue la nourriture de toute la case de son maître. Personne ne songe à gémir sur l'apprenti-menuisier attelé à un char-à-bras chargé de planches et poussé par son patron. Préférerait-on les voir tous deux, portant les planches sur leur tête? Répudions l'esclavage; mais, faute de mieux, désirons à l'esclave les outils les plus parfaits.

Les métropoles engagées dans des pays vastes et peuplés, songent plus à étendre qu'à fortifier l'action matérielle de leur colonisation ; tels se montrent les Européens dans leurs possessions africaines. De même, les gouvernements disséminent leur force morale dans les traités qu'ils contractent avec les peuples voisins de leurs colonies.

Autrefois, on s'empressait de prendre possession des pays découverts, et on considérait comme un titre de propriété la notification de cet acte aux puissances régulières. Je ne combattrai pas le droit que s'arrogeaient les nations européennes de s'approprier des peuples indépendants ; elles ne pouvaient pas même invoquer l'intérêt de la civilisation : une prise de possession illusoire empêchait souvent l'exploitation du pays par un peuple plus en mesure de le coloniser immédiatement. Ces traités commencent à perdre de leur valeur par la droiture du sens des peuples contractants et par l'embarras que leurs colonies donnent à la plupart.

Je parlerai seulement des conventions pratiques, de celles qu'on passe encore avec les peuples voisins, pour régler les relations commerciales, politiques, etc. Ces traités sont respectés tant qu'ils consacrent des avantages réciproques, et qu'ils ne portent que sur des questions peu importantes. De part et d'autre, on évite d'être mis en hostilité pour des intérêts médiocres. La lettre de pareils traités est salutaire en ce qu'elle tranche des discussions qui pourraient dégénérer en voies de fait et compromettre la tranquillité.

On ne gagne rien aux traités arrachés à la faiblesse, à la crainte ou à la courte-vue politique d'un chef voisin; ces traités sont des gages de paix d'autant plus fragiles, que nous nous y serons réservé plus de clauses avantageuses. Si nous sommes en mesure de nous procurer ces avantages par la force, pourquoi un traité? Si nous ne voulons pas la guerre, alors surtout, pourquoi un pareil traité?

On croit pouvoir rapporter l'agitation politique de l'Europe, aux traités onéreux que plusieurs états ont dû subir, à l'heure de la nécessité ; aurait-on la prétention d'imposer des conditions onéreuses durables, à des peuples que la simplicité de leur organisation rend à peu près indifférents à la paix et à la guerre?

J'ai été péniblement impressionné à la lecture du compromis passé à Madagascar entre Radama II et les Français : en Europe on se réjouit à tort, de ces traités impraticables où le présent est sacrifié à un incertain avenir.

C'est encore par la force d'un préjugé européen, qu'à la côte d'Afrique on achète des droits, un terrain; on a souvent fait intervenir, pour acheter un territoire convoité, un prétendu propriétaire tout étonné du droit qu'il affirmait.

Au point de vue de la justice naturelle et même de l'assise de la propriété dans une grande partie du Sénégal, je préfère à l'achat une prise de possession franche, sauf indemnité à l'occupant, mais non au prétendu ayant-droit. Soyons pour nos voisins une cause d'abondance et de sécurité, et ils nous remercieront encore de les avoir déplacés des terres qu'ils cultivent accidentellement.

On dit trop souvent en France que les Anglais sont meilleurs colonisateurs que les Français. Je reconnais à nos voisins, plus de capitaux et de persévérance ; leurs fabricants excellent à suivre les goûts des populations. Mais les Anglais ne réussissent pas comme nous à s'assimiler les peuples voisins ; ils les tiennent éloignés par leur raideur et leur morgue britanniques. La ville de Sainte-Marie de Bathurst a été souvent compromise par les rebellions des indigènes, et cette place a plusieurs fois été sauvée par les secours de notre colonie du Sénégal.

Nos établissements militaires les plus faibles ont supporté seuls, de bien plus rudes chocs. Le poste de Médine a pu, aidé des guerriers de Sambala, résister à l'avalanche humaine conduite par Alagui, jusqu'à ce que les hautes-eaux aient permis aux troupes de Saint-Louis de se rendre dans le Haut-Pays.

On pense trop à leur colonie du Cap de Bonne-Espérance, en attribuant aux Anglais une grande valeur colonisatrice ; on oublie que cette colonie leur est venue toute organisée par les Hollandais, le vrai peuple colonisateur.

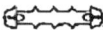

Je ne contesterai pas la supériorité que donne aux Anglais sur nous leur langue nationale. La langue anglaise est la plus répandue sur les côtes, à la suite des deux peuples les plus commerçants du Globe, les Anglais et les Américains ; elle est en outre plus facilement apprise par les peuples primitifs. Les Noirs de la côte d'Afrique ont facilement saisi le mécanisme de la composition des mots anglais ; ils ont encore étendu les ressources du mot auxiliaire *get* qu'ils ont même malencontreusement transporté dans leur français, traduit par gagner. — J'ai gagné faim.

Ne soyons pas trop fiers des difficultés de notre langue ; elles nous placent dans une position inférieure parmi les peuples colonisateurs.

Chacun tient à sa langue maternelle ; on l'a apprise sans peine, et on ne s'inquiète guère des difficultés qu'elle peut offrir aux étrangers. Sans prétendre substituer à la confusion des langues répandues sur le Globe, une langue universelle à tous les peuples, ne pourrait-on pas désirer leur voir adopter une langue internationale des intérêts matériels.

Une langue, assez logiquement combinée pour être apprise facilement, relierait tous les peuples civilisés ; elle serait entre leurs mains un puissant moyen de civilisation ; le voyageur, dans les contrées les plus reculées, pourrait lui devoir la vie.

L'influence d'une langue logique serait d'autant plus grande sur les peuples africains, que la plupart de leurs langues sont assez philosophiquement combinées ; leur esprit comparatif suffit aux indigènes pour leur faire saisir et appliquer les combinaisons du langage de leurs voisins ; ils n'ont pas besoin qu'on leur en indique les règles.

La multiplicité des idiomes d'Afrique rend urgente l'adoption d'une langue facile à apprendre : j'ai signalé, de notre comptoir du Gabon au cap Estérias, sur une étendue de cinq lieues marines et une population certainement inférieure à cinq cents habitants, cinq langues aussi différentes entre elles que nos langues européennes.

Nous ne pouvons pas nous arrêter à l'idée de faire adopter la langue française ; on ne serait pas fondé à choisir une langue aussi difficile. D'ailleurs, aucune des langues parlées dans l'univers ne peut satisfaire pour l'emploi international. Dans une langue facile, la construction des mots-racines doit suivre le classement des idées-mères que ces mots doivent rendre ; on ne peut attendre un travail aussi difficile que de l'ensemble des peuples avancés en civilisation.

Nous aurions peut-être quelqu'enseignement à retirer de l'étude des langues des indigènes africains pour la formation des mots qui représenteront les idées dérivées de l'idée-mère. Les verbes volofs se modifient assez heureusement suivant les nuances de l'idée principale ; mais ces combinaisons sont moins philosophiques que celles de la langue m' pongoë du Gabon; en voici une idée, très-abrégée puisque les missionnaires comptent plus de vingt formes de verbes.

Une action type étant donnée, *voir* par exemple, par un simple augment ou redoublement au mot radical, le Gabonnais rend : *regarder*, voir avec intention ; *examiner*, regarder avec attention ; *observer*, regarder pendant un certain temps dans un but déterminé ; *laisser errer son regard*, regarder sans voir ; regarder sans but ou voir sans regarder, *flâner*; faire voir à un autre, *montrer*; regarder avec intention mauvaise, *espionner*; etc., etc. Le radical *entendre* devient, avec les mêmes modifications : *écouter, donner à entendre* etc. Les Gabonnais n'ont pas le mot se promener ; mais de *aller* ils font se promener, par l'additif qui signifie que l'action est faite sans but.

La langue des Gabonnais est assez philosophique, puisqu'il est difficile dans cette langue de rendre différemment une pensée simple.

Le mot propre s'impose au Gabonnais; le Français est réduit à le chercher; dans le courant de ce livre, je me suis trouvé quelquefois dans l'obligation de l'éviter.

Le lecteur sera surpris par l'effet de la phrase suivante; il pourrait être tenté de la considérer comme un cas particulier, vestige d'une règle générale qui serait perdue : le Djolof est habité par des Yolofs qui parlent le volof.

Je recommande l'usage de la ponctuation, introduite dans la langue parlée, pour éviter ces constructions si difficiles, en français et en anglais, des phrases interrogatives et négatives.

Dans la langue m'pongoé, le sens négatif est donné par une intonation particulière du verbe, très-sensible pour les indigènes ; les missionnaires français et américains, versés dans cette langue, sont réduits, dans leur inhabileté à saisir l'accent négatif, à s'en rapporter au sens de la phrase.

Les Gabonnais emploient, dans le langage vulgaire, cette hardiesse par laquelle nos romanciers et nos dramaturges donnent à la phrase le sens interrogatif : les premiers, par le point d'interrogation; les seconds par l'accent de l'interprète : — « Tu l'aimes? » Au

Gabon le son é remplace la ponctuation. *O kenda go,* Tu vas à. *O kenda go é,* tu vas à ? ou où vas-tu ?

Les Noirs ont l'esprit si porté aux combinaisons qu'ils ne tarderaient pas à démêler, dans la langue qu'on leur présenterait, la règle grammaticale qui nous paraîtrait, à nous, la plus embrouillée.

Pour les juger ainsi, je n'ai pas besoin de reconnaître à l'esprit des Noirs une portée philologique exagérée. L'usage des langues historiques nous porte à tenir moins compte de l'utilité actuelle d'un mot que de son origine et de ses transformations; nous crions au prodige quand un enfant, qui n'a pas encore subi l'influence corruptrice de l'usage sur la droiture de son esprit, dit qu'il faut délumer une lampe : il a entendu dire allumer, rallumer; *délumer* lui vient plus facilement à la bouche qu'*éteindre.*

Le besoin d'une langue des affaires, simple et à radicaux ordonnés plus ou moins justement d'après les idées, ne se fait pas seulement sentir à ceux qui s'occupent de colonisation ; il est plus impérieux et beaucoup plus général qu'on ne le croit.

La langue philosophique existe dans le monde, du moins celle qui tient compte de l'économie des moyens : c'est la télégraphie nautique.

Dans la télégraphie usitée à bord, on ne se sert ordinairement ni de lettres, ni de syllabes ; mais de mots, représentés par des nombres figurés par des pavillons.

La plupart des pavillons télégraphiques sont presque carrés ; leur surface est assez grande, pour que dix modifications différentes soient faciles à distinguer, à portée de longue-vue, aux distances télégraphiques : ces dix modifications se rapportent aux dix chiffres de la numération décimale.

Trois pavillons au plus sont superposés dans le signal ; ils représentent suivant leur position des unités, des dizaines et des centaines ; une place vide au milieu tient lieu de zéro. On évite la nécessité d'avoir en triple tous les pavillons, par l'adoption de deux pavillons supplémentaires qui servent à répéter un pavillon-chiffre déjà employé dans le signal.

On représente les unités de mille par des flammes, pavillons allongés et étroits. Leur forme ne permettant pas des modifications trop compliquées, on se contente d'en avoir cinq : ce nombre est doublé par la convention qui reconnaît à chacune la valeur d'un chiffre pair ou impair, suivant qu'elle est supérieure ou inférieure au signal. Ce système donne lieu à onze mille signes ; on produit d'autres séries en intercalant la flamme aux pavillons, etc.

On lit un signal en nommant les nombres figurés par les pavillons ; on le traduit en cherchant dans le livre télégraphique les mots correspondant à ces nombres. Ces onze mille signes servent à rendre tous les mots français. On a réservé quelques-uns de ces signaux pour représenter des lettres, des syllabes ; ce qui permet de former, par plusieurs coups de signaux, les mots non prévus dans le répertoire, les noms propres entr'autres. Les autres séries servent à la représentation des nombres, des lieux, des routes, des manœuvres et autres idées professionnelles.

Les signes nautiques n'appartiennent à aucune langue, ils peuvent être suivis par les marins de toutes les nations. Il suffit d'avoir les nombres télégraphiques rapportés aux mots qui dans une langue donnée représentent les idées dont ces nombres sont les signes.

Malgré cet avantage, malgré tous les efforts tentés à cet effet, les nations maritimes n'ont pu s'entendre pour adopter une télégraphie uniforme ; le code Reynold, la Série Universelle, le système Marryat et diverses tactiques navales, servent à entretenir la confusion dans les langues sur mer.

Nous avons de la répugnance à feuilleter un livre de signaux, ordonnés alphabétiquement dans une langue qui n'est pas la nôtre ; les Anglais relèguent vers les derniers nombres le mot *stop*, dont nous plaçons l'idée au commencement de notre dictionnaire en l'étiquetant *arrêter*. Le désordonnement systématique du répertoire ferait plus, en faveur de l'unité de la télégraphie sur mer, que toutes les prescriptions ministérielles.

On ne peut donc reprocher à la télégraphie nautique que d'avoir des signes ordonnés suivant la série alphabétique d'une langue déterminée ; on ne saurait imaginer une combinaison qui économise mieux le temps et les pavillons. La télégraphie électrique actuelle est plus arriérée encore ; en s'astreignant à rendre les mots lettre par lettre, elle renonce à l'avantage de l'économie des signaux.

Le jour où on aura mis un ordre non national dans les télégraphies électrique et nautique, la langue internationale sera créée. Il ne faudra aucun effort pour remplacer les pavillons par des sons : les unités et les centaines, par dix voyelles ou diphtongues usuelles; les dizaines et les mille, par dix consonnes faciles pour toutes les bouches. Quand on songe qu'avec l'artifice déjà en usage chez les Gabonnais, la partie usuelle du langage exigerait moins de deux cents radicaux et de cent modificateurs.

Une telle langue, composée philosophiquement, avec moins de trois cents conventions à confier à la mémoire, n'exigerait pas quinze jours pour être parlée sans fautes possibles. Cette langue ferait retour, de tous les substantifs sans substance, beauté, liberté, richesse, etc., aux adjectifs, beau, libre, riche, d'où on les a tirés. Elle ne conviendrait ni aux orationneurs ni aux versificateurs ; mais, par sa jusesse, elle donnerait plus de force aux mouvements oratoires; plus d'éclat, aux idées poétiques. Quand même on ne lui reconnaîtrait d'autre utilité, que d'être la langue des besoins matériels ? Un puissant instrument de colonisation ?

⬥⬥⬥

On aura lieu d'être étonné, que reconnaissant au Sénégal de grandes ressources pour la production, je ne puisse pas citer, à l'appui de ma manière de voir, la réussite d'une seule des entreprises tentées dans ce pays.

Je vais passer en revue les causes auxquelles j'attribue les insuccès de la plupart. Les agitations politiques du pays en ont fait échouer un nombre moindre qu'on ne le dit ; — les exploitants Européens sont trop portés à rapporter aux indigènes, les causes de leurs insuccès. —

J'ai contesté, au commerce seul et au système politico-militaire qu'il nécessite, le pouvoir d'assurer à notre colonie une tranquillité favorable à la production. Je dois reconnaître que la politique ferme suivie au Sénégal dans ces derniers temps, nous a valu une suprématie incontestée. Une paix obtenue, même pour peu de temps, par une vigoureuse direction, serait un point de départ très avantageux pour une action colonisatrice et agricole; la tranquillité stable résultera de la création de nouveaux intérêts, qui rendront les populations moins indifférentes à l'agitation et à la guerre.

Tous les habitants anciens de Saint-Louis se souviennent d'un industriel de cette ville qui achetait des cotons bruts. Il les travaillait pour les rendre propres à l'exportation; j'ai entendu dire que sa machine ne pouvait suffire à égrener tout le coton apporté.

Je soupçonne que cet achat de coton au Sénégal avait pu commencer sous l'influence d'une rareté de la matière en France ; la spéculation aura dû s'arrêter par le retour aux prix normaux.

Ne craindrions-nous pas un semblable contre-coup, en ne poussant le Sénégal à la production du coton, qu'à cause de la guerre d'Amérique ?

J'ai montré que les tentatives sur l'or et sur l'indigo n'ont pas réussi, surtout parce qu'elles ont été commencées en temps inopportun, sous la pression d'intérêts étrangers à la colonie.

J'ai vu naître et mourir à Saint-Louis une entreprise dont la réussite paraissait assurée ; il semblait qu'un moulin remplacerait avantageusement les mortiers primitifs des négresses, pour la préparation de la nourriture des indigènes de Saint-Louis.

Pour favoriser cette entreprise qui paraissait intéresser le pays, M. Faidherbe avait supprimé les pileuses des navires de l'état, et il avait fait remplacer, par de la farine de mil, la ration que les laptots noirs recevaient en grain ; il a fait observer la défense de piler le mil pendant la nuit.

Malgré cet appui et la bonne volonté des négociants, presque tous intéressés à cette entreprise montée par action, le moulin a dû s'arrêter vaincu par les mortiers des négresses.

Je me contenterai de signaler deux défauts de cette entreprise. Les négresses n'ont pas autre chose à faire, dans leur ménage primitif, que préparer le couscous ; cet emploi de leur journée est favorable à leur moralité. Le moulin ne pouvait pas moudre pour rien ; la négresse qui travaille à son couscous diminue le prix de revient de sa nourriture : on sait pour combien peu le paysan de la Forêt Noire compte son travail de l'hiver. Le moulin eût été un bienfait et il aurait réussi, arrivant dans une société féminine occupée à un travail rémunérateur, la fabrication des cigares par exemple.

Je reproche encore à ce moulin de ne pas s'être complété par un appareil granulateur. Tout ou rien, grain ou couscous ; une manipulation qui s'arrêtait à une préparation intermédiaire, la farine, ne répondait à aucun besoin déterminé ; d'autant plus que, du mil, la farine se conserve bien moins que le grain et le couscous.

La côte occidentale d'Afrique n'est pas favorable à la mise en avant trop prompte d'un grand capital ; la victoire n'y est pas assurée aux gros bataillons, comme sur le terrain de nos transactions européennes.

Ce pays offre aussi peu de chances aux entreprises qui commencent de trop bas ; ces tentatives ne peuvent avoir la consécration de la réussite que par une durée assez longue. Un européen ne peut pas se flatter de conserver, sur la côte occidentale d'Afrique, au milieu des difficultés d'un début difficile, la santé qu'il lui faudrait pour amener son entreprise à sa forme durable : le premier jardin de M. Aubry-Lecomte a été abandonné quoiqu'il fût rempli d'arbres ; la seconde fois, les arbres ont été conservés parce qu'ils donnaient des fruits.

J'ai commis l'erreur de croire à la possibilité de réussir dans une entreprise commencée avec des moyens infimes. Je comptais sur le mécanisme de la progression géométrique qui, d'un premier terme et avec une raison faibles, produit les plus grands effets. A la côte d'Afrique, un homme ne dispose pas d'un nombre suffisant de termes ; il ne peut arriver à un résultat prompt et appréciable, qu'en prenant pour point de départ un terme déjà élevé de la série : j'indiquerai le capital le plus convenable pour une solution prompte du problème agricole du Sénégal.

Je me suis attaché, dans le courant de ce travail, à montrer les ressources qu'offre le pays pour une action agricole. J'ai réduit l'exagération des difficultés connues pour pouvoir arrêter les entreprises au Sénégal ; mais il y a d'autres obstacles d'autant plus à craindre qu'ils seraient moins prévus.

J'ai fait entrevoir que le Haut-Sénégal me paraissait surtout favorable pour les débuts d'une entreprise agricole, à cause de sa tranquillité politique et de la meilleure qualité des terrains dans cette contrée. J'insiste sur trois difficultés capitales plus particulièrement propres au Haut-Pays. Les blancs y sont sujets, pendant la saison sèche à l'anémie et à la fièvre pendant les pluies. Les bœufs des maures, ceux qu'on se procure le plus facilement, succombent à l'anémie pendant l'hivernage qui est la saison agricole. Dans cette même saison, des travailleurs en grand nombre sont atteints du *ver de Guinée*.

Lors de l'exploitation du Bambouk, une assez forte fraction du personnel, plus d'un cinquième, avait les membres envahis par le filaire ; on utilisait les malades à écorcer les bois qui devaient soutenir les galeries. Que feraient-ils pour les cultures ?

Le simple énoncé des trois difficultés précédentes suffit pour attirer sur elles l'attention ; elles constituent, à une entreprise agricole, les obstacles les plus sérieux, en ce qu'elles s'attaquent aux agents même de la ferme : aux blancs directeurs, aux noirs travailleurs et aux bêtes de somme.

Je me suis trouvé aux prises avec ces difficultés ; elles m'ont donné bien moins de mécomptes que la nécessité de pourvoir, dans une exploitation non préparée, à la nourriture des bœufs de labour.

MOYEN COLONISATEUR.

PRÉMISSES.

Comme moyen d'augmenter la production du Sénégal, je propose la création d'un système de fermes. Cet organe particulier de production ajouté à notre colonie, me parait devoir amener des résultats considérables et multiples ; je vais les énumérer dans l'ordre de l'importance que je leur attribue, subordonnant naturellement les résultats conséquents aux directs, les moraux aux matériels.

1° L'exploitation, suivant les procédés de l'agriculture moderne, d'un certain nombre de fermes d'une certaine étendue, doit accroître et surtout rendre plus régulière, la production générale de la Sénégambie. — Sa simplicité qui donne à cette proposition l'aspect d'une évidence, ne saurait la dispenser d'une confirmation pratique.

2° Pour des voies de communication, routes, chemins de fer et canaux, un système de fermes est, à la fois, une raison et un moyen d'être ;

3° Les fermes sénégalaises constitueraient un intérêt local, puissant à contrebalancer la pression des idées métropolitaines sur les destinées de la colonie.

4° En se tenant en dehors des agitations intérieures des populations indépendantes, les fermes vivront en bonne intelligence avec leurs voisins. Créations réellement indigènes par leurs intérêts, mais constituées d'après les principes modernes, elles exerceront sur leur voisinage une action de présence analogue à celle des ferments, une action modificatrice lente et soutenue. Sous l'influence de ces fermes, l'état social moyen-âge des peuples indépendants tendra vers une transformation en société moderne : la captivité et les préjugés de caste tomberont en désuétude.

5° Entraînés par l'exemple de fermes, s'il est concluant, les Noirs demanderont, à des instruments de travail plus expéditifs, le moyen d'entreprendre des cultures plus étendues, et d'accroître ainsi la production essentiellement indigène.

Ayant indiqué le but que doivent atteindre les fermes sénégalaises ; après avoir, surtout, donné de longs développements sur les ressources qu'on trouvera, pour une semblable création, dans le Sénégal spontané et modifié, je puis sans inconvénient être bref, dans l'exposition du système que je propose.

Plusieurs motifs me commandent la réserve, dans

la description de cet organe nouveau de colonisation et dans l'explication de son fonctionnement.

Une trop grande insistance à la discussion des détails, m'entraînerait dans des aperçus techniques, sans intérêt pour la majorité des lecteurs.

Quoique plein de confiance dans mes vues d'ensemble, je ne saurais, sans m'exposer aux plus grossières erreurs, trop préciser les moyens de conduire une entreprise, qui ne repose encore sur aucune expérimentation suivie.

Le *Moyen colonisateur* comporte deux divisions :

Dans la première — LES FERMES — je montrerai ce que peuvent être des fermes au Sénégal.

Dans la seconde — LES EAUX ET LES CHEMINS — j'esquisserai les ressources qu'offre le pays à ces fermes, pour augmenter leurs produits et pour les réaliser.

MOYEN COLONISATEUR.

FERMES.

Pour l'établissement des fermes, on évitera les terrains occupés par les Noirs.

Ainsi placées, elles n'auront refoulé personne, et elles n'apporteront aucun trouble dans les travaux agricoles indigènes actuels ; si la production des fermes devait remplacer plus tard la production indigène, ce ne serait qu'après réussite, par une substitution de l'ordre économique et non par l'action d'une force brutale.

Les fermes devront donc s'étendre dans l'intérieur, à travers les terrains, cultivables uniquement sur pluies, peu recherchés par les Noirs, et les seuls convenables pour une exploitation en grand. Les têtes de lignes s'appuyeront nécessairement, à la mer, au fleuve ou à des marigots.

J'assigne aux premières fermes une étendue normale d'environ mille hectares.

Plus petites, leur personnel ne leur assurerait pas une défense et une importance suffisantes ; plus grandes, trop d'éloignement du lieu d'habitation entraînerait une trop grande perte de temps.

Dans une ferme régulière de mille hectares, la distance moyenne des cultures au centre n'excède guère un kilomètre.

On conservera, entre les premières fermes à établir, une espace qui sera déterminée plus tard par expérience sur une ligne d'essai. (Comme les typographes, j'adopte le féminin pour caractériser *l'espace* technique).

Cette espace sera choisie : assez grande, pour que le réseau des fermes puisse couvrir en peu de temps la plus grande surface ; assez petite, pour que les ferme puissent se prêter un mutuel appui pour la défense et l'exploitation, et fournir des relais aux courriers, aux voyageurs, aux charrois.

Cette dernière condition, variable d'après la nature des routes, la force des chevaux, etc., peut faire prévoir un espacement de vingt à trente kilomètres.

La première ferme à établir a sa place naturelle à Sénoudébou, d'après les considérations suivantes :

territoire libre, étendu ; relations amicales ; terre fertile ; existence d'un poste, bien placé pour une exploitation, presqu'inutile comme point militaire ou politique ; distance des Maures, assez petite pour pouvoir profiter de leur commerce d'animaux, assez grande pour qu'on n'ait rien à craindre de leurs excursions individuelles.

C'est à l'Etat, directement intéressé au succès des fermes, qu'il appartient de favoriser leur création. Il donnerait l'exemple en se faisant bailleur de fonds pour la ferme d'essai, dont il abandonnerait la propriété et la direction à une capacité particulière, individu ou société, que je désignerai par la Ferme.

D'après les résultats de ce point de départ, il serait fait appel aux capitaux privés, lorsqu'on aurait reconnu dans ce moyen d'exploitation, appliqué au Sénégal, une utilité pour le pays et un placement avantageux des capitaux.

Pour former cette ferme d'essai et les autres fermes têtes de lignes, dans les points où on rencontrera des Noirs établis, on se gardera de reconnaître un ayant-droit ; l'occupant sera peu exigeant sur l'indemnité, quand on traitera avec lui de gré à gré.

L'Etat, bailleur de fonds de la ferme d'essai et la Ferme, qui en entreprend l'exploitation, doivent se lier par un contrat dont les clauses soient combinées, favorables aux deux parties et par suite au succès de l'exploitation.

L'Etat doit retirer de son initiative, en compensation de ses chances de perte dans une entreprise inconnue, un avantage frappant, qui soit démonstratif pour engager les capitaux privés, à se porter vers la création des autres fermes.

Pour donner à la Ferme les moyens de réussir, l'Etat lui abandonnerait le poste de Sénoudébou et un fond de création, applicable à l'achat d'instruments, de vivres, et de marchandises pour payer les ouvriers agricoles.

J'estime à cent mille francs la somme qui peut suffire à une ferme d'essai, et à une rente annuelle de vingt-cinq mille francs — 25 0/0 du capital réellement avancé par l'Etat, — l'obligation que la Ferme doit contracter envers son bailleur de fonds.

La rente ne serait servie à l'Etat qu'à compter du commencement de la troisième année d'exploitation.

Ceux qui ne seraient pas convaincus des avantages que l'Etat pourra retirer des fermes sénégalaises, penseront que cent mille francs est une somme trop forte à aventurer dans une entreprise douteuse. Les agriculteurs trouveront, au contraire, cette même somme beaucoup trop faible, pour conduire jusqu'à récolte plus de mille hectares de terrain en friche.

Je répondrai à ces derniers que pour promettre une récolte, sur un terrain dont le défrichement et la culture n'auront pas absorbé plus de cent francs par hectare, je compte sur une ressource locale.

Je montrerai plus loin que, parmi les ouvriers de tous les pays, le sénégalais est celui qui se prête le mieux aux combinaisons de crédit : les habitudes de ses travailleurs font, du Sénégal, la contrée la plus favorable à la réussite d'une entreprise agricole commencée avec un capital insuffisant.

L'obligation d'une rente de 25,000 francs, que je demande pour la ferme d'essai, paraîtra une condition onéreuse. J'en affranchis les débuts de l'exploitation, en ne la faisant partir que de la troisième année, c'est-à-dire du moment où toutes les hésitations auront cessé, et où la Ferme se trouvera en possession de tous ses moyens.

Par cette charge, trop lourde pour une spéculation commerciale, j'assure l'emploi exclusivement agricole, des ressources fournies en marchandises par le bailleur de fonds. Quoique l'Etat n'ait déboursé effectivement que cent mille francs, cependant par la cession d'un Poste et par le transport à pied d'œuvre du matériel d'exploitation, il met en réalité une valeur double à la disposition de la ferme d'essai.

Il n'y aurait pas lieu de donner des encouragements trop actifs à des entreprises agricoles, dans un pays tel que le Sénégal, si la culture ne devait pas y valoir, une rémunération élevée pour le capital et un bénéfice important pour l'exploitation.

D'ailleurs, pour remplir son obligation envers l'Etat, la ferme d'essai n'est astreinte à aucune limite de terrain ; son obligation n'est proportionnelle qu'à la somme dont elle a profité ; elle peut étendre ses cultures, multiplier ses fermes, contracter d'autres obligations moins onéreuses : on ne lui demande que de réussir.

Si la ferme d'essai était impuissante à remplir ses engagements, soit qu'elle ait mal opéré ou que le pays ne vaille pas suffisamment pour une exploitation agricole, il y aurait lieu à résilier.

L'Etat rentrerait dans la possession de son Poste et de celles des valeurs avancées, qu'on pourrait encore sauver. C'est l'hypothèse de non-réussite qu'il faut toujours admettre, dans toute entreprise qui n'a pas reçu la sanction pratique.

La ferme d'essai d'abord, les autres fermes plus tard, emmèneront pour premiers travailleurs, des ouvriers et des manœuvres des villes de Saint-Louis et de Gorée ; elles trouveront le complément sur les lieux.

Des maîtres, maçons ou charpentiers, de ces villes, seront des contre-maîtres intelligents et actifs; plusieurs d'entr'eux par leurs relations, seront en mesure d'employer des ouvriers à des sous-entreprises de travaux, de défrichement, de labourage, de sarclage, de récolte.

Il leur suffira pour cela d'acquérir l'habitude de mesurer les surfaces hectarimétriques, comme ils savent apprécier actuellement les surfaces métriques, pour les besoins de leur profession.

Le succès des fermes me paraît dépendre de la réponse à cette question : une agriculture avancée et outillée peut-elle, au Sénégal, attribuer à des ouvriers agricoles, les prix que donnent le génie et les ponts-et-chaussées, à leurs ouvriers et à leurs manœuvres des villes de la colonie ?

Les premiers travaux des fermes devront tendre à assurer la nourriture et le bien-être des hommes et des animaux de travail.

Chez les Maures et chez les Peuls, on se procurera des bœufs zébus, des ânes et des chevaux, et par l'intérieur, des bœufs du pays capables de résister à l'épizootie de l'hivernage.

On sait qu'il faudra commencer avec les bœufs des Maures ; nous profiterons de cette nécessité, où se trouvera la première ferme de se mettre en relation avec la rive droite du Sénégal, pour établir une ligne d'essai entre Sénoudébou et Bakel.

Cette dernière ville est : le point le plus commerçant du haut du fleuve, fréquenté par les Maures ; le lieu d'où la ferme tirera des travailleurs, des animaux de travail et de boucherie; le marché où elle dirigera ses premiers produits.

La ligne d'essai reliera Sénoudébou à Bakel par trois fermes intermédiaires ou par quatre espaces. Cette ligne, longeant la Falémé, dans l'intérieur, sur la rive gauche, aboutit au confluent de cette rivière dans le Sénégal. C'est le point où se trouverait Bakel si, dans l'établissement de ce poste, on n'avait eu égard qu'à des considérations pacifiques et économiques.

D'après ce qui précède, on voit que cette première ligne de fermes, quoique la plus courte, n'est pas la moins importante. Elle servira à déterminer par expérience : le coût, d'établissement, d'entretien et de traction, pour diverses voies; les espaces les plus avantageuses; les obligations à imposer aux fermes pour l'entretien de la voie, etc.

Le réseau primitif des fermes comprend les lignes suivantes :

La ligne de santé se dirige vers les montagnes du Fouta-Djalon et vers Timbo capitale de ce pays : c'est la ligne que suivront les travailleurs européens malades, qui auront besoin d'aller respirer un air plus frais; c'est par là qu'on recevra des fruits, oranges, noix de Kola, etc.; c'est la route des caravanes des Fouta-Djalonkais, la ligne d'où on tirera les bœufs du pays.

La ligne d'exploration se dirigera, du point où la ligne précédente s'écarte de la Falémé vers une des grandes cataractes du Sénégal, vers Gougnakari par exemple : c'est la ligne qui mettra la colonie en relation avec les contrées aurifères, le Bambouk, le Bouré et avec les pays peuplés et producteurs des bassins du Haut-Sénégal et du Haut-Niger : par cette voie les fermes attireront les laborieux Bamanos.

La ligne politique ou *intersénégambienne*, va de la Falémé à Gorée : elle abrite les populations faibles et laborieuses intersénégambiennes, contre les incursions des Maures et la malveillance des Noirs riverains des deux fleuves, des Toucouleurs surtout ; elle coupe aux populations riveraines turbulentes leur refuge vers l'intérieur ; elle affaiblit le Cayor en le divisant en deux parties.

La ligne politique est la plus importante, en ce qu'elle permet l'écoulement des produits des fermes aux ports d'embarquement ; les autres lignes n'auront une importance réelle dans les commencements que par leurs relations avec la ligne politique.

Au premier bailleur de fonds, l'Etat, la ferme d'essai reconnaît une rente de 25 0/0 du capital avancé. Les résultats de cette expérience fixeront la valeur du combien 0/0, les autres fermes du réseau primitif devront offrir aux capitaux particuliers : ce 0/0 suivra les variations de l'offre et de la demande ; il dépendra de la disponibilité des capitaux et de la confiance dans l'exploitation.

La ferme d'essai et plus tard les premières fermes établies fournissent, aux fermes en formation, les productions du pays dont elles ont besoin, des vivres, des animaux dressés ; elles entreprennent leurs premiers travaux, etc : par ces divers services, les fermes établies deviennent bailleurs de fonds envers les fermes suivantes, pour la valeur du service rendu.

Mais la direction de chaque ferme reste indépendante des autres fermes et des capitalistes. Les directeurs-propriétaires des fermes pourront toujours remplacer leur obligation par des titres de rente sur l'Etat.

Ces mesures ont pour but : de donner, au capital employé pour les fermes, une rémunération élevée mais fixe ; de laisser, au travail créateur des fermes, toute liberté d'action ; de le rendre puissance locale et de le soustraire aux influences d'intérêts étrangers généralement contraires à ceux de la colonie.

Les fermes qui font partie d'une ligne sont astreintes à certaines conditions d'utilité générale, de position, d'obligation d'entretenir la voie, des relais, etc., qui sont pour elles des charges, et qui rendent solidaires toutes les fermes de la ligne.

- Il doit être facultatif, à tout individu qui le pourra, d'établir une ferme indépendante du réseau, quoique pouvant s'appuyer sur une route ; il faut donc établir une différence, entre la ferme libre affranchie de toute condition onéreuse, et la ferme de ligne supportant des charges dans l'intérêt général, par l'assiette de l'impôt.

Cette différence cesserait le jour où, par une organisation définitive du pays, les fermes de ligne seraient relevées de leurs obligations, prises en charge par un service public spécial.

A cause de la solidarité des fermes, il convient de prendre quelques précautions. Un directeur de ferme ne serait propriétaire qu'après avoir donné preuve de capacité, par deux années de gestion ou par quatre années de sous-direction. Le propriétaire voisin serait intéressé à dénoncer, dans la gestion d'un propriétaire-directeur, des signes de faiblesse, tels que, un abaissement de la production, un manque aux obligations, etc.

Un certain nombre de directeurs-propriétaires assemblés pourrait forcer à vendre, celui de leurs collègues qui laisserait dépérir sa ferme par négligence, inconduite ou maladie. Ils fixeraient la compensation en une rente garantie par tous.

- Des Noirs pourront faire des cultures à la moderne ; les fermes voisines leur fourniraient, à l'époque des travaux, des instruments et des animaux de travail.

La ferme d'essai, et plus tard quelques-unes des fermes, pourront servir d'écoles d'agriculture pour remplacer l'école des ôtages. On y recevrait non-seulement les fils de chefs et des principaux du pays, mais encore les plus intelligents et ceux de meilleure volonté parmi les élèves des écoles de villages.

Dans nos relations avec les Noirs, nous prenons trop au sérieux leur constitution féodale et leurs préjugés de caste. En favorisant le travail et en dirigeant la fortune vers la capacité, nous amènerons les Sénégalais à une organisation sociale analogue à la nôtre : la solde et la considération que nous donnons aux mécaniciens, font oublier peu à peu qu'ils sont, de profession, forgerons.

Dans le choix des lieux pour l'établissement des fermes, on se gardera de sacrifier la production agricole, leur but primitif, à quelque exigence secondaire que ce soit ; on ne placera donc jamais les fermes sur un terrain stérile ou inférieur, soit pour leur donner une position moyenne sur la voie, ou pour les favoriser d'une eau abondante.

Du lieu favorable à la culture où la ferme sera établie, elle pourra surveiller les relais placés au point de la route le plus utile pour la régularité des mouvements.

Pendant la saison agricole, qui est celle des pluies, une ferme, quelque part qu'elle soit, ne manquera jamais d'eau pour les besoins de l'exploitation ; la récolte faite, le troupeau, la plus grande partie des animaux de travail et tout le personnel spécialement agricole, abandonneraient les fermes privées d'eau, pour vivre pendant la saison sèche, sur les fermes plus favorisées sous ce rapport.

Pour la même raison, si une ligne traversait une contrée stérile, on mettrait entre les fermes de cette contrée la plus grande distance possible. Il pourrait être avantageux de laisser des lacunes ; les fermes qui limiteraient ces terrains impropres à la culture, seraient dédommagées par les autres de leurs frais d'entretien d'une espace plus longue, et de l'obligation de fournir des relais supplémentaires aux points où les exige l'intérêt général du roulage.

La première année, à cause de la brièveté de la saison agricole — on ne dispose que de deux mois pour les travaux préparatoires, — une ferme de mille hectares devra mettre en ligne soixante-quinze araires légers, et avoir deux cents bœufs en mouvement ou en réserve. Plus tard, on pourra préparer le terrain à la fin d'une saison agricole pour la suivante ; cette conduite permettra, de disposer d'au moins six mois pour les travaux de labour préparatoires, et de suffire avec un personnel et un matériel bien moindres.

Afin d'assurer la régularité des cultures, toutes les fermes entretiendraient leurs animaux de travail. Dans les commencements, chacune d'elles dresserait ses bœufs de labour; mais, plus tard, quelques-unes pourraient trouver avantage à exploiter une spécialité : l'élève, le dressage, les troupeaux, des cultures particulières, certaines industries.

Pour éviter que le personnel d'exploitation leur fasse défaut au moment des cultures, les fermes devront ménager à leurs ouvriers du travail pour la saison sèche. Lors de la formation du réseau primitif, les travailleurs des fermes faites seront employés, pendant la morte-saison agricole, à établir les routes et les canaux, à exploiter les bois, etc.

Mais quand tous les travaux d'installation seront achevés, il faudra trouver aux ouvriers une occupation industrielle : ce sera le moment de songer à l'exploitation des terres aurifères du Bambouk et du Bouré.

Peut-on avoir le moindre doute sur la réussite de cette exploitation, entreprise avec les ressources des fermes en vivres, en matériel, en personnel formé; avec l'économie apportée au lavage des terres, par l'emploi de l'eau d'un canal, dont l'agriculture aurait payé les frais ? Quel mécompte pourraient trouver à ce travail, des fermes qui ne lui demanderaient qu'une solde de morte-saison pour leurs ouvriers.

Les fermes voisines du Bambouk n'attendraient pas

ce moment pour occuper les loisirs de leur personnel au traitement en petit des terrains aurifères. Mais qui apprendra aux indigènes à reconnaître les terres riches? — Les femmes Malinkées ou autres, déjà chercheuses d'or. La moralité du récit suivant indiquera aux fermes le moyen le plus sûr de se faire initier aux procédés les plus simples et les plus efficaces employés sur les *placers* par les mineurs de race blanche.

Depuis longtemps on signalait en Australie des rencontres fortuites de morceaux d'or ; une de ces trouvailles fit une impression plus grande que les autres par l'importance de sa valeur, par sa notoriété, et aussi par l'intervention de l'instinct des animaux. Le berger d'un docteur très-connu avait été amené par l'attention de ses brebis, à reconnaître et à enlever un nid de pépites d'or retenues entre les racines d'un arbre.

Le gouvernement métropolitain, sollicité par l'autorité coloniale, envoya un géologue-chimiste étudier les terres australiennes au point de vue de leur richesse aurifère. Le savant officiel ne fit pas faire le moindre pas à la question de l'or australien ; il était réservé à l'initiative privée, aux efforts d'un aventurier — ce mot doit toujours être pris en son acception glorieuse dans les livres de voyages et de colonisation — de donner à la colonie anglaise la clé de ses trésors enfouis.

M. Hargrave, australien d'origine anglaise, fut entraîné, comme un grand nombre d'autres jeunes gens, vers les placers de la Californie. Il ne fut pas longtemps à comprendre qu'il lui manquait, pour faire fortune dans la profession de mineur, l'habitude d'un travail rude et la persévérance.

Doué d'un esprit observateur, il reconnut une similitude d'aspect entre les terres aurifères des mines du Sacramento et des sites australiens. Peut-être avait-il appris, par des lettres de ses compatriotes, les cas de morceaux d'or trouvés dans la colonie anglaise, sa patrie.

Rentré en Australie, sa première occupation est de vérifier la valeur des terrains qu'il avait supposés exploitables pour l'or, et après avoir reconnu plusieurs gisements, il se met en mesure de profiter de sa découverte, non pour l'exploiter, ce qu'il savait n'être pas dans ses moyens, mais pour la vendre.

Après bien des démarches auprès des autorités, fatigué des retards officiels, M. Hargrave écrivit au gouverneur qu'il allait faire connaître au public des placers riches, et qu'il s'en remettait, pour la récompense, à la générosité du gouvernement.

Un jour, il réunit dans un lieu public des jeunes gens de Victoria; il leur dit qu'il allait partir avec des outils pour une contrée qui dès-lors s'appela Ophir, distante de deux journées de cheval : il leur donnait rendez-vous, dans le même lieu, à la même heure et au même jour de la semaine suivante.

M. Hargrave eut à peine montré l'or, produit de trois journées de travail, que tous les jeunes gens de la ville firent leurs préparatifs de départ. On sait quelle importance a acquise l'exploitation de l'or en Australie. M. Hargrave demanda, en récompense, une position de Receveur des mines.

Combien de jeunes gens ne trouverait-on pas *retours de Californie*, ayant acquis le coup-d'œil qui fait discerner un site minier, et assez exercés à la prospection pour juger de la richesse d'une terre ?

Tel d'entr'eux qui a reculé devant les fatigues du travail de l'or, saisirait l'occasion d'acquérir l'aisance ou une position par un séjour de quelques années au Sénégal, employées à initier les directeurs des fermes et leurs ouvriers, à la recherche de l'or et aux procédés les plus simples de son exploitation.

Quel marin n'a pas rencontré, débris plus ou moins authentique de l'expédition de Raousset-Boulbon, un jeune homme déclassé, que les fermes sénégalaises, en profitant de ses connaissances de chercheur d'or, transformeraient en homme glorieusement utile à son pays.

Les fermes entreprendront d'abord les cultures fermières, celles qui procurent le grain, nourriture du personnel, et, en même temps qu'un produit de vente facile, un résidu utilisable comme fourrage pour les animaux de travail. Une ferme ne pourra se soustraire à cette obligation, que lorsqu'elle pourra adopter une spécialité plus avantageuse, et que ses besoins seront assurés par la production des fermes voisines.

J'ai exalté la valeur fermière de l'arachide ; mais il ne faudrait pas trop insister sur ce produit dans les localités où les Noirs ne s'y adonnent pas. Ainsi, des traitants, à Dagana, voulurent cultiver l'arachide malgré l'avis et contre l'habitude des indigènes ; leurs plantes furent mangées par des insectes.

Pour succédané de l'arachide comme plante fermière, je conseille le dolic, haricot à ombilic noir, appelé niébé par les indigènes. La fane du niébé ne le cède en rien, comme fourrage, à celle de l'arachide, et on trouvera chez les Maures un certain débouché du produit riche, les graines consommées par eux comme légume sec.

Il y aurait inconvénient à donner une trop grande extension à cette culture ; le niébé ne fournissant qu'à la consommation indigène, est un produit d'une défaite limitée ; on n'est pas forcé, pour le moment du moins, à se restreindre dans la culture de l'arachide, qui alimente le commerce d'exportation et une industrie considérable.

Les indigènes font, de certains arbres à branches étalées, leurs magasins à fourrage. Au moment de la récolte, ils envoient avec des fourches, les bottes de fane d'arachide et de niébé, sur les branches de ces arbres où ils les prennent à mesure des besoins. Au Sénégal, le fourrage craint plus des termites que des pluies, et, dans la construction des magasins qui devront renfermer le foin ou les fanes fourragères, on pourra se dispenser de toiture, mais non d'un plancher tenu élevé de terre par des supports en pierre ou en fonte.

Les besoins des fermes en grains et en fourrage étant satisfaits, il y aura lieu à rechercher pour chacune d'elles, les cultures à adopter, suivant leur productivité particulière et la facilité d'écouler leurs récoltes.

Dans les points éloignés où, faute d'écoulement, les vivres seront à meilleur marché, on profitera des non-valeurs, vieillards, enfants, infirmes, pour se livrer aux cultures méticuleuses qui exigent le travail plus des yeux que des bras, le tabac, le coton, le café.

On ne se laissera pas entraîner à l'adoption d'une culture industrielle, d'après la valeur exceptionnelle du moment et des qualités riches, mais sur les prix offerts ordinairement des qualités communes.

La culture du café pourra réussir sur les élévations arrondies du Moyen et du Haut-Sénégal, déjà couvertes par des plantes de familles botaniques voisines. Le café Rio-Nunez, qui vient spontanément dans certaines localités de la côte d'Afrique, serait facile à propager par la culture et pourrait convenir, aux fermes que leur éloignement mettrait dans l'obligation d'adopter la culture d'un produit, assez riche pour supporter les frais de transport.

Le sésame ne sera cultivé que sur des terrains en exploitation depuis quelques années, dans lesquels les terres se seront assez mélangées pour que la maturité des plantes arrive en même temps ; faute de cette précaution, on s'exposerait à laisser verser une partie de la récolte et à rentrer l'autre avant la maturité de la graine. Dans le Haut-Sénégal, le rendement du sésame est considérable.

Avant de cultiver l'indigo, on pourra transformer en fécule pure, l'indigo brut indigène ; sur ce produit marchand, on pourrait faire établir la valeur de l'indigo d'origine sénégalaise.

Pour le coton, on saura que les variétés les mieux herbacées deviennent arbusculeuses au Sénégal. Le coton sera donc traité comme une plante persistante par une culture profonde. Dans certains points du Bas-Sénégal, on pourra essayer, en vue de la qualité longue soie, des arrosages à l'eau saumâtre, quand l'eau de cette qualité sera peu éloignée de la surface.

La pratique du Haut-Sénégal montrera aux fermes

que les vents secs et brûlants de la direction de l'Est ne sont pas, pour les cultures, aussi absolument désastreux qu'on le dit.

Moi aussi j'ai cru longtemps avec le public à l'influence fâcheuse de ces vents sur la culture maraîchère, j'ai dû reconnaître mon erreur devant une démonstration concluante de M. Moriac. Cet ancien habitant de Saint-Louis, d'origine française, me fit remarquer, dans une promenade au milieu des jardins de l'île de Sor, un contraste entre les plants des deux bords de toutes les planches de carottes ; les plants du bord de l'Est étaient vigoureux et verdoyants, tandis que ceux du bord directement exposé aux vents salins d'Ouest étaient jaunes et chétifs.

Je conseille aux fermes de ne plus admettre, sans une vérification consciencieuse, l'absolu des effets attribués à ce même vent d'Est sur la venue des arbres et des arbustes. Ce vent marque au Sénégal le repos de la végétation comme le froid dans nos climats empérés. On pourrait essayer d'acclimater certains arbres utiles en dirigeant leur végétation de manière à l'amener au repos pendant la saison sèche : j'ai parlé de ce gonakié qui trop inondé par le fleuve, a pu éviter de périr en changeant l'époque de sa floraison.

On mélangera dans le personnel des fermes les trois races, Yolof, Toucouleur et Bambara, moins pour soustraire les travailleurs aux influences politiques locales, que pour mieux utiliser leurs aptitudes diverses. Tout en conservant avec les voisins des relations d'amitié et de parenté, les Noirs des fermes, seront fidèles ; ils sont glorieux d'appartenir à une entreprise qui réussit.

Les fermes seront autorisées à racheter des captifs ; ceux-ci auront toujours la faculté de changer de maître quand ils en trouveront un nouveau disposé à payer, à l'ancien, le prix du rachat augmenté d'un intérêt assez élevé. L'Etat pourrait être conduit à racheter tous les captifs ; il imposerait aux rachetés une capitation d'affranchi, supportée par le captif libéré jusqu'à concurrence du prix de la rédemption.

Il sera avantageux pour les Noirs agriculteurs, convertis à l'emploi de la charrue, de louer aux peuples pasteurs des bœufs de travail pour la saison agricole. Pourquoi ces pasteurs, s'ils ne veulent pas voir leurs bœufs maltraités ou mal conduits, n'entreprendraient-ils pas eux-mêmes les labours pour les Noirs cultivateurs ? Ces derniers les paieraient en nature à la récolte, comme ils paient actuellement le forgeron qui fabrique et répare leurs outils.

Ces mêmes pasteurs pourraient utiliser leurs animaux pendant la saison sèche, en entreprenant le transport des récoltes, non plus à bât comme aujourd'hui, mais par la traction sur une route régulière, roulante, non interrompue par des ravins. Peut-être ferrée ?

Tout le personnel masculin des fermes se récréerait par l'exercice à la cible, le maniement du cheval et les évolutions en tirailleurs. Les populations du Sénégal ont presque toutes l'esprit militaire : dans leurs loisirs les jeunes tirailleurs sénégalais chantent les sonneries du clairon, crient les commandements ou simulent l'escrime à la bayonnette. Cet esprit serait entretenu par de grandes chasses aux fauves; il servirait toujours à en imposer aux voisins.

Il faut que le sol soit défendu par les mêmes bras qui le cultivent; l'agriculteur du Cayor subit actuellement la tyrannie de la caste de Tiédos, à laquelle il a eu l'imprudence d'abandonner le soin de la défense du pays.

Préparées contre toute aggression, les fermes pourront avoir une politique propre, conforme à leur but et à leur organisation; agents de civilisation matérielle, elles n'interviendraient que contre la violation matérielle de la tranquillité. Elles auront la faculté de rester neutres dans les différents des peuples indépendants entr'eux, et même dans leurs démêlés avec le gouvernement de Saint-Louis. Cette dernière neutralité paraîtra impossible à ceux qui ne connaissent pas le Sénégal; nous avons vu des traitants continuer avec sécurité leurs relations avec les Toucouleurs, avec les Maures, etc., pendant que le gouvernement de la colonie était en guerre avec ces peuples.

Les fermes fourniront, contre remboursement, aux

colonnes françaises, des vivres et des moyens de transport ; leurs contingents armés pourront aider l'action des troupes à réprimer un brigandage inquiétant ou une aggression imposante ; les travailleurs ne marcheront jamais pour appuyer une demande en réparation de sévices particuliers ou de molestations individuelles.

Chaque ferme pourra faire intervenir son contingent, seul ou uni à celui d'une ferme voisine, pour réprimer une démonstration armée d'un chef quelconque contre un petit Etat. Une ferme ne se mêlera aux affaires des voisins que lorsque les hostilités porteront une atteinte violente et directe à la sécurité de ses travailleurs et de ses opérations. Chaque ferme, enfin, pourra fournir son arbitrage quand elle sera requise par deux voisins ou deux partis en désaccord.

On pourrait craindre de voir la tranquillité souvent compromise par cette faculté, laissée à chaque directeur de ferme, d'avoir avec ses voisins une politique particulière et indépendante ; mais ce danger est presque annulé par l'intérêt particulier des fermes, qui leur commande surtout la prudence et la longanimité. Si, par accident, l'humeur batailleuse d'un directeur compromettait les relations ou le travail, il se trouverait dans un des cas que nous avons prévus, pour lesquels on peut exproprier un directeur.

Les directeurs compromettraient les intérêts des

fermes, en voulant exercer personnellement, sur leurs voisins, une pression politique ou religieuse; mais ils pourraient, sans inconvénient, mettre les ressources matérielles des fermes à la disposition des apôtres du mouvement spiritualiste.

L'homme ne vit pas seulement de pain : quand un travail rémunérateur leur aura permis la satisfaction des besoins définis et matériels, les indigènes du Sénégal seront tourmentés par ces aspirations vagues, religieuses, politiques, platoniques, gnostiques, artistiques, etc., que rien de défini et de matériel ne saurait calmer. Ce sera le moment d'intervenir, pour ces hommes de foi qui se sont donné la tâche de transformer en mouvement l'agitation de l'humanité, en assignant un but à ses aspirations. Tous ces initiateurs à la vie spiritualiste, missionnaires, savants, artistes, voyageurs, littérateurs, etc, trouveront dans les fermes établies au Sénégal, des postes avancés vers l'intérieur, des caravansérails, des renseignements, des guides, et les plus utiles références.

Pour combattre une agitation profonde comme celle d'Alagui, les fermes ne se contenteraient pas de donner un asile et un point de ralliement au parti opposant; elles auraient à s'unir, à s'entendre contre le danger commun et général, pour mettre une armée en campagne, rétablir la tranquillité partout et forcer les agitateurs dans leurs lieux de refuge.

Agriculteurs et industriels, les directeurs de fermes se garderont de faire la guerre et les siéges en militaires. Leur armée, assurée de trouver des vivres dans toute l'étendue du réseau, et pourvue d'un matériel de transport détourné du travail producteur, pourra agir promptement, partout et à son heure.

Libres du point d'honneur militaire, leurs ouvriers ne seront pas humiliés d'approcher les murailles, de front, en poussant devant eux, pendus à des chassis montés sur des roues, des pavois en tôle comme ceux depuis si longtemps employés sur les bateaux à vapeur de rivière. Au pied de la muraille, les assiégeants n'auront besoin que des outils qui leur sont le plus familiers, la hache, le pic, pour détruire l'obstacle dont se couvre l'ennemi. Une poutre manœuvrée en bélier serait, dans cette situation, souvent plus efficace que le canon.

Les difficultés, toujours aplanies toujours renaissantes, que rencontre la politique du gouvernement de Saint-Louis avec le Cayor et le Fouta, pourraient faire craindre des obstacles insurmontables à la formation de lignes de fermes, à travers ces contrées à populations belliqueuses, organisées ou inquiètes.

Je suis persuadé que des fautes politiques graves, commises par les fermes déjà établies, pourraient seules amener une opposition générale sérieuse à la création de nouvelles fermes dans ces pays; la formation de fermes disposant de plus de cent travailleurs aguerris, n'a rien à craindre des mauvais vouloirs individuels ou des tracasseries d'une caste ou d'un parti. Les Blancs des fermes, se livrant avec les Noirs aux travaux de culture si honorés et si appréciés par les indigènes, ne seront bientôt plus des étrangers pour leurs voisins, qui les considèreront plutôt comme compatriotes.

Un lecteur européen croira sans peine que les Noirs pourront être dans les fermes des travailleurs utiles ; mais il n'admettra jamais qu'il soit prudent pour une ferme de compter sur ces travailleurs pour la défendre, si elle était attaquée par les indigènes, leurs compatriotes et leurs corréligionnaires. Je réponds à cette incrédulité en affirmant une opinion plus invraisemblable encore : les indigènes travailleurs seront pour les fermes sénégalaises plus que des défenseurs, ils pourront faire à ces établissements une avance de travail à terme assez long, pour que l'entreprise de ces fermes arrive à réussite malgré l'insuffisance du capital engagé.

Cette valeur propre de l'ouvrier sénégalais comme instrument de crédit est si inattendue, étant inusitée, que je dois l'éclairer par des développements et la confirmer par des faits.

Les ouvriers de nos villes et de nos campagnes ne se procurent guère par leur travail que les moyens de vivre et de soutenir leur famille. Leurs besoins absorbant presque toute leur paie, nos travailleurs ne sauraient apporter aux embarras financiers de l'industrie qui les fait vivre, que le secours généralement insuffisant d'une avance d'au plus un mois de travail.

Entre le salaire de nos travailleurs et ce qu'en absorbe la satisfaction de leurs besoins absolus ou relatifs la différence est trop faible, pour que l'épargne qu'elle constitue mette ces ouvriers en possession d'un capital suffisant en temps utile : telle est la cause du peu de succès, en Europe, des combinaisons qui ont pour but de soustraire les bras à une dépendance oppressive du capital.

Le travail et le capital se trouvent au Sénégal dans des rapports économiques bien différents. Le travailleur peut faire, à l'industrie qui l'emploie, l'avance de la plus grosse part de sa solde, jusqu'au moment utile ; celui de la réalisation, la récolte dans une entreprise agricole.

Sauf le cas de famine, le Sénégalais pourvoit sur place à sa subsistance par un travail peu soutenu pendant les mois agricoles ; quand ils viennent dans les villes de la colonie offrir leurs bras aux entreprises européennes, les jeunes gens de l'intérieur ne demandent pas au travail le couscous quotidien ; mais une somme importante, pour se marier, pour acheter un fusil, un cheval, etc.

Le manœuvre venu de l'intérieur travaille sans relâche des mois et des années pour acquérir la valeur qu'il a assignée à ses efforts, et il ne rentrera chez lui qu'avec le gage de son travail. Aussi, pour réaliser plus promptement et plus sûrement son désir, ne demande-t-il à toucher de sa solde que pour la satisfaction de ses besoins les plus stricts, et il laissera le reste entre les mains de l'entrepreneur, pour éviter la tentation de faire des dépenses inutiles.

Aucun des cultivateurs que j'employais à l'île de Tod, de quelque nationalité qu'il fût, Maure, Yolof, Toucouleur ou Bambara, ne consentait à toucher son mois : ils étaient nourris et ne demandaient que des à-comptes insignifiants. En partant, ils préféraient être payés par un bon à toucher en marchandises dans le point commerçant où ils se rendaient.

Ces deux facultés, de ne payer une grande partie du travail qu'après la réalisation et de régler par des bons, donnent une facilité extrême à une grande industrie quelconque au Sénégal.

Un négociant de Saint-Louis, fournisseur de bestiaux, retirait un avantage notable du mode d'opérer suivant : il réglait ses achats d'animaux par des bons payables en marchandises à la volonté du porteur, pour la nature de la livraison et pour le magasin. Le négociant qui avait émis ces bons, les remboursait à un temps de présentation déterminé ; outre l'intérêt représenté par le temps de vue, il bénéficiait encore des hésitations pour l'achat et du temps, quelquefois long, pendant lequel les Noirs qui n'avaient pas besoin de marchandises gardaient le bon dans leur portefeuille.

Les Noirs du Sénégal ont une certaine estime pour le papier, leur confiance est augmentée par celle des Blancs, pour lesquels cette valeur fait prime.

Je ne soutiendrai pas : que les travailleurs sénégalais n'ont jamais eu à regretter leur excès de confiance en leurs patrons ; ni que la fidélité des maîtres à remplir leurs engagements envers leurs ouvriers, chez les peuples à organisation primitive, soit plus absolue aujourd'hui que dans les temps bibliques. Je sais que Jacob est toujours exposé à être leurré par Laban, mais je crois que nous nous exagérons le dommage éprouvé par Jacob et son dépit, quand au bout des sept années convenues de travail, Laban lui offrit Lia au lieu de Rachel, qui avait été désignée comme prix de cet effort. En consentant à garder pendant sept nouvelles années les troupeaux de Laban, Jacob nous montre qu'à cette époque et dans cette société, le mariage, pour les femmes, consistait uniquement et essentiellement dans le changement de case ; j'ai montré à *la Polygamie* qu'il en est encore ainsi au Gabon.

Le dommage, causé au travailleur par l'improbité du patron, est moindre dans les contrées à organisation lâche, que dans nos pays à droit strict comme nos besoins. La facilité à l'exploitation que donne au maître la jeunesse et l'inexpérience des Noirs de l'intérieur, est combattue par son véritable intérêt à ne pas éloigner les travailleurs de son chantier. Ces considérations suffisent à expliquer comment la confiance des ouvriers en ceux qui les emploient persiste inaltérée.

Habitués qu'ils sont à payer la dîme à leurs chefs, les Noirs du Sénégal sont des contribuables tout formés ; il leur répugne d'autant moins d'acquitter cet impôt que, employée presqu'entièrement pour les besoins, ou mieux, pour l'honneur de la communauté, la dîme enrichit rarement le chef qui la perçoit.

Mais dans l'emploi de cet impôt, répartition en harmonie avec l'état social des peuples indépendants du Sénégal, les besoins absolus et matériels sont complètement sacrifiés aux intérêts moraux et secondaires : rien pour les travaux publics, tout pour la judicature, le culte et le faste des chefs ; la dîme paye la solde du tamsir, du marabout, et les frais de représentation du chef, plus harmonieusement nommés frais d'aumône et d'hospitalité ; mais il est fait appel à la corvée ou à la prestation en nature pour tout ce qui est matériel, tracé d'un lieu de prière, élévation d'un mur de défense, percement d'une forêt pour un chemin, édification de cases d'utilité publique, entretien des sentiers, défrichement et sarclage du champ du marabout. Ces obligations ne dispensent pas les hommes de suivre le chef en campagne, ayant à leur charge leur armement et leur nourriture.

Ainsi préparés, les indigènes du Sénégal seraient tout disposés à payer un impôt, rendu juste par son application au développement matériel du pays.

Pour établir et développer mon moyen colonisateur, *fermes, eaux et chemins*, de la manière la plus propre à réaliser notre désir, j'ai envoyé en avant, PRÉMISSES, comme un but dont nous ne devons pas nous écarter, les résultats généraux que nous demandons à cet instrument de colonisation. De l'établissement des fermes en particulier, le Sénégal retirera deux avantages agricoles résultant d'une plus grande extension des cultures. 1° L'éloignement et la destruction des animaux nuisibles à l'agriculture et aux troupeaux, les fauves, les oiseaux, les singes, les sangliers, les biches, etc. 2° En débarrassant de grandes étendues de terrain des arbustes épineux qui les couvrent, on rendra possible l'introduction du mérinos; l'établissement de la ligne de santé permettra d'envoyer estiver vers les Alpes du Fouta Djalon, les troupeaux de ces moutons à toison riche. Je laisse au lecteur le soin de déduire, suivant son tempérament, les avantages politiques, économiques, religieux, etc., que les fermes procureront à notre colonie.

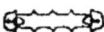

J'ai dit que, si on ne voulait rien faire pour le Gabon, il serait avantageux de faire entrer ce comptoir dans un échange contre la Gambie ; même avec l'intention de négocier la cession de ce poste à l'Angleterre, le gouvernement français ferait utilement de donner une plus grande valeur à ce comptoir, en le préparant pour la production agricole.

Même sans intention agricole, il faudra toujours créer pour ce poste des ressources alimentaires ; la pénurie de viande de boucherie n'est pas moindre au Gabon, aujourd'hui qu'il y a dix ans ; et le comptoir pourvu d'un troupeau suffisant, on se trouvera forcé de faire travailler les bœufs pour augmenter la production de fourrage et diminuer le prix de revient du kilogramme de viande de boucherie. Comme il serait impossible de réussir au Gabon par les moyens que j'ai recommandés pour le Sénégal, je vais en indiquer de plus appropriés à la nature de cette contrée équatoriale.

On sait que le Gabon est privé d'hommes, d'animaux de travail et de ces variations hygrométriques, qui dissocient les éléments du sol, dispensent les Sénégalais de travaux agricoles préparatoires. En compensation, la saison agricole qui dure huit mois au Gabon, y laisse tout le temps pour achever les travaux avec un personnel réduit, un petit nombre de paires de bœufs et un faible matériel; si des labours profonds y sont indispensables, la durée des pluies y donne le loisir et la facilité de les faire. L'abondance des pluies fait un devoir de donner aux sillons une très-faible pente pour éviter les ravinements.

On a à choisir au Gabon entre deux qualités bien tranchées de terres à culture :

1° des bas-fonds très-riches en humus et couverts de bois, qui défrichés conviennent pour les cultures les plus exigeantes, la banane-cochon (*plantain* des anglais), la canne à sucre, etc. ;

2° des plaines étendues sur des plateaux nus, dont le terrain maigre et argileux ne produit que des herbes frêles, du briza minor.

Il existe sur les pentes, des terrains intermédiaires.

Les indigènes ne cultivent que les terres de la première catégorie, plus favorables au travail primitif. Je laisserais volontiers ces terrains aux Noirs, et je préférerais les terres de la seconde catégorie et les intermédiaires, comme plus propres à la grande culture, et pouvant être facilement améliorées par le travail des bœufs et par l'apport de la chaux, des détritus végétaux et des déjections animales qu'on aurait sous la main.

Je trouve, à la mise en valeur de ces terrains, le double avantage d'être d'une inocuité absolue pour la santé des Blancs et d'exiger moins de bras ; leur culture s'élèverait en passant par l'intermédiaire des plantes qni donnent des fourrages abondants, jusqu'à celles qui fournissent des produits industriels.

EAUX ET CHEMINS.

Les premières fermes seront reliées par des routes ordinaires, plus ou moins coûteuses suivant l'importance du transit : il suffira qu'elles soient viables pendant la saison sèche, époque de la suspension des travaux agricoles pendant laquelle les fermes se débarrasseront de leurs produits. Il sera facile de disposer et d'entretenir ces routes dans le Moyen-Sénégal, pays peu accidenté, à terrain solide; un mouvement plus considérable sur les routes du Bas-Sénégal, y permettra des travaux plus coûteux. Les routes se continueront à travers les ravinements et les marigots secs, d'abord par des plans inclinés et plus tard par des ponts en bois, pour la construction desquels on trouvera les matériaux sur place.

Les personnes du Sénégal, les plus compétentes sur la question des transports, contestent à l'avenir de cette colonie les avantages des routes à roulage : il est de fait que la primitive brouette elle-même a de la peine à se naturaliser à Saint-Louis; dans les rues de cette ville on voit la plupart des matériaux de construction portés sur têtes d'hommes.

Je ne reconnais qu'un obstacle réel à l'établissement du roulage au Sénégal, l'insuffisance de la matière roulable ; c'est pour créer cette matière que je propose les fermes, de même que pour réaliser les produits des fermes, je compte sur des routes plus ou moins perfectionnées, suivant la nature et la quantité des produits exportables.

On parviendra à vaincre les difficultés locales, provenant des accidents du terrain, de la nature sablonneuse du sol et des variations hygrométriques. Les roues en bois venues de France, disloquées par l'extrême sécheresse des vents d'Est du Sénégal, ne peuvent être utilisées qu'après une réparation de resserrement assez coûteuse et d'une efficacité de peu de durée. — La sécheresse causée par ces vents d'Est est si grande, qu'elle fait descendre au-dessous de zéro l'indicateur des hygromètres à cheveu ordinaires ; ce qui prouve que la faculté desséchante de ce vent l'emporte encore sur celle du procédé employé dans les laboratoires pour obtenir, avec des soins moyens, le point d'anhydrité.

Les négociants se servent utilement pour le transport de leurs marchandises, du magasin au quai, à Saint-Louis et sur les autres points commerçants, de charrettes montées sur des roues en fer qui ne sont pas influencées par les variations hygrométriques.

On a bien tenté quelquefois de faire rouler leurs

approvisionnements à la suite des colonnes expéditionnaires, mais outre que les pays le plus souvent théâtres de la guerre, le Cayor et le Valo, sont sablonneux ou coupés par des marigots, il eût trop cher coûté de tenir constamment : en haleine, un personnel exercé, des animaux dressés ; en état, un matériel qui exige un grand soin. La crainte de voir se disloquer les roues de l'affut des pièces de campagne, empêche les commandants des postes, de faire des sorties avec un personnel insuffisant à défendre des pièces démontées.

L'Exploitation du Bambouk avait adopté les roues en fer mais elle a rencontré pour organiser le roulage d'autres obstacles sérieux : d'abord la mortalité des bêtes de trait, ensuite la difficulté d'entretenir la route par laquelle le poste de Kéniéba communiquait avec le point de la rive de la Falémé où les approvisionnements étaient apportés par les bateaux à vapeur. Les Fermes n'ayant pas, comme l'Exploitation de l'or, à faire leurs transports dans la saison des pluies, n'éprouveront aucune difficulté à entretenir la voie pendant la saison sèche ; je vais rechercher si elles n'auraient aucun moyen de diminuer la mortalité des animaux.

Sur plus de quarante mulets envoyés à Kéniéba, tous arrivés bien portants de France dans la colonie, un seul a résisté au séjour dans le Bambouk. Les Yolofs avaient donné à ce mulet le nom de *Papa Gnaou* qui partage, avec quelques autres et avec le cri de l'hyène, le privilége inexplicable pour nous de mettre les noirs du Sénégal en joyeuseté communicative.

Ce mulet a eu la chance unique : d'assister à l'établissement du poste de Kéniéba et à son évacuation, à l'exploration de la Falémé, entreprise qui continuait l'exploitation du Bambouk et d'être versé sain et sauf aux Transports de la guerre. Cet animal avait mis dans sa tête de mulet qu'il ne traînerait que des charges médiocres ; ni coups ni mauvais traitements ne pouvaient vaincre sa résistance passive ; mais il enlevait avec entrain le charriot ramené à la charge qu'il voulait bien accepter.

Pour expliquer une mortalité aussi générale des bêtes de trait au Bambouk, on a dit que la race chevaline ne peut pas vivre dans cette contrée et on en donne pour preuve que les chefs de ce pays n'ont pas de chevaux. Je n'aurais pas besoin d'une mortalité absolue pour expliquer cette absence de chevaux dans le Bambouk : les chevaux de chefs coûtent cher, ils sont moins utiles dans un pays accidenté que dans les plaines et il faudrait ferrer les chevaux pour s'en servir dans des terrains pierreux; cette dernière difficulté empêche le Fouta-Djalonkais de faire entrer des animaux quelconques dans la composition de leurs caravanes.

Il est plus difficile de trouver le point de la charge

des animaux, pour le trait que pour le bât, surtout avec des routes mal établies. On sait : qu'il faut aux conducteurs d'animaux attelés beaucoup de tact, pour soutenir les efforts de traction initiale des bêtes les mieux dressées ; que la mésentente entre un animal effaré et un conducteur inhabile ou impatient, augmente par la brutalité du maître et par le découragement du serviteur.

J'ai dit que les peines morales exagéraient les effets de la malignité du climat du Sénégal et c'est aussi vrai pour les animaux de travail que pour les hommes. N'est-il pas au moins spécieux que le seul mulet, sur plus de quarante, qui ait résisté dans l'exploitation du Bambouk, soit l'animal qui s'est le plus méthodiquement obstiné à refuser toute surcharge ?

Les fermes sénégalaises auront un intérêt capital à établir des voies roulantes et elles ne dédaigneront aucun fait susceptible d'éclairer la question des transports ; elles penseront avec nous que sur un tel sujet, tout-à-fait de sa compétence,

Un mulet peut ouvrir un avis important.

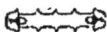

L'arachide étant le produit sur lequel je compte pour défrayer les fermes et les routes du Sénégal, je vais, sur cette marchandise, énoncer des faits, poser

des chiffres, à l'aide desquels je pourrai donner une idée des résultats économiques du moyen colonisateur que je propose.

Les arachides du Cayor sont portées à Saint-Louis ou à Gorée, points de leur livraison au commerce européen, à dos de chameaux ou de bœufs-porteurs. Les femmes riches du Cayor considèrent, comme un bon placement de leur dot, son emploi à acquérir des chameaux destinés au transport de cette marchandise. Elles se trouvent ainsi *propriétaires-armateurs* de ces *vaisseaux* du désert : elles louent leurs chameaux pour la saison à des entrepreneurs, ou elles en confient la conduite et la charge à des captifs de cases, simples *capitaines-porteurs*. La MOITIÉ de la marchandise transportée reste généralement comme *fret*, entre les mains de l'entrepreneur du transport.

Une route sur la ligne politique est très-importante et pour les fermes et pour l'Etat : elle permet aux fermes d'écouler leurs productions à mesure de la récolte, sans frais de magasins et sans perte de temps à attendre que le fleuve soit navigable; il serait d'un grand intérêt pour l'Etat de venir en aide aux fermes dans l'établissement d'une route sur cette ligne, si les ressources des fermes ne pouvaient y suffire. Par sa longueur et par son importance, qui lui donnera la priorité dans l'exécution, la route de la ligne politique mérite de servir de base à nos appréciations économiques de la viabilité du Sénégal.

La ligne politique traverse cinq degrés à vol d'oiseau, et le développement d'une route dans sa direction, à travers un pays peu accidenté, n'atteindrait pas sept cents kilomètres. En admettant, entre les fermes de ligne, une distance d'entre vingt et trente kilomètres, cette ligne comporterait trente espaces et trente fermes écoulant leurs produits par la route. En supposant que les fermes de ligne seules alimentent la voie, l'importance du transit d'exportation sur chaque espace, en comptant de l'intérieur vers la mer, serait figurée par la série des nombres naturels : 1, 2, 3, 4,..... 30. Il suffira de multiplier chacun de ces nombres par la valeur de la production d'une ferme, pour avoir la quantité des produits exportés qui transiteront par chaque fraction de route correspondante.

On peut adopter pour le rendement, minimum extrême, d'un hectare cultivé en arachide, une tonne (mille kilogrammes). Mille tonnes ou la production d'une ferme de mille hectares, étant le facteur que nous cherchons, il nous suffira de multiplier par cette valeur, la série des nombres naturels jusqu'à 30, pour obtenir le mouvement de transport sur la route des diverses espaces.

La dernière espace serait traversée par les trente mille tonnes total de la production de toutes les fermes de la ligne. Pour transporter cette quantité d'arachides, il faudrait : par terre, 30,000 charges de charrettes (charges proportionnées à la force des chevaux du pays, et à un entretien moyen de la route) ; par mer, 80 navires de 500 tonneaux (l'arachide étant une marchandise encombrante, un tonneau de déplacement correspond à un poids de ce produit inférieur à la tonne).

Ces conditions du transit sur cette dernière espace, n'y rendraient-elles pas économique l'établissement d'une voie assez perfectionnée, d'un chemin de fer américain à traction par des chevaux ? Et sur l'avant-dernière, pour un transit de 29,000 kilogrammes ? Et sur l'autre, pour 28,000 ?.... ?... ?..

Le prix de l'arachide, au port d'embarquement, Saint-Louis ou Gorée, est la valeur-somme donnée à cette marchandise, par la ferme qui l'a produite et par la route qui l'a rendue vénale : dans nos ports de la colonie l'arachide est de facile défaite au prix de **240** francs la tonne, qui correspond à celui de 3 francs le boisseau. Il me reste à faire une juste répartition de cette somme entre les deux activités créatrices de la valeur, la ferme et la route.

Pour l'agriculteur de l'intérieur du Cayor, la tonne d'arachide qu'il récolte vaut au plus 100 francs, puisqu'il paye, de la moitié du produit récolté, le transport de l'autre moitié et qu'il contribue aux bénéfices de divers intermédiaires. Le peu de valeur de l'arachide récoltée au Cayor n'empêche pas la production de cette marchandise d'y être avantageuse puisqu'elle y est toujours active.

Les fermes auront les ressources de la grande culture, le travail des animaux et le secours des instruments de travail; de plus, dans le Boudou et le Bambouk, où la valeur de la récolte non transportée sera minimum, les terres sont le plus fertiles, le travail est le moins payé. Je crois qu'en offrant sur les lieux 120 francs, de la tonne d'arachide produite dans ces conditions, nous en aurons donné un prix suffisamment rémunérateur pour la culture de cette plante.

L'arachide produite à 120 francs, dans le Boudou ou le Bambouk peut donc dépenser une valeur égale pour se faire transporter jusqu'au point, Saint-Louis ou Gorée, où le commerce offre 240 francs de cette marchandise. En faisant la répartition de ces 120 francs sur moins de 700 kilomètres de la route politique, je trouve que la marchandise aura laissé près de 0 fr., 20 c. par tonne et par kilomètre, rétribution suffisante pour un chemin de fer américain et même pour le roulage fait dans les conditions où les fermes se trouveraient. La recette brute sur les 25 kilomètres qui forment l'espace la plus voisine de la mer, seulement pour la marchandise descendant, serait de 150,000 francs par an.

Les fermes plus voisines de la mer trouveraient, dans une dépense moindre au transport, une compensation à l'infériorité de leur récolte et à la plus-value de la main d'œuvre. Les agriculteurs du Cayor seraient encouragés, par la plus grande valeur que donnerait à leurs arachides récoltées l'existence d'une voie économique, à étendre les cultures de cette plante si appropriée à leur sol ; la route leur apportant les mils du Fouta et du Bondou, ils pourraient sans crainte de famine donner à cette production industrielle un développement qui aujourd'hui serait dangereux.

J'ai tâché de ne donner que des chiffres exacts et de n'adopter que des hypothèses sinon absolument justes, du moins compensées. Ainsi j'ai admis que *toutes* les fermes de ligne ne récolteraient *que* des productions exportables, sur la *totalité* des mille hectares en culture ; que *toutes* ces productions seraient des arachides, et qu'elles suivraient *toutes* la voie. Je sais bien que les fermes voisines des cours d'eau trouveront plus économique d'en profiter pour écouler leurs produits, que de les envoyer par la voie de terre ; mais je n'ai pas parlé de la production des indigènes et des fermes libres, qui alimenteraient aussi le transit par terre. J'ai laissé de côté, pour la simplification du calcul, un grand nombre de produits tributaires forcés de la voie de terre : ceux échangés entre les fermes, les bois résultant de l'exploitation des forêts et principalement toutes les marchandises d'importation.

En France, l'arachide vaut 360 francs la tonne ; à Saint-Louis, 240 francs ; 120 francs, aux points de production éloignés de la mer : cette valeur, triple par le fait du déplacement et du changement de mains.

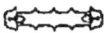

En même temps qu'on encouragera la production agricole des pays situés dans l'intérieur, en leur donnant par des routes un moyen d'écouler leurs produits, il sera facile d'augmenter cette production en les dotant de canaux d'arrosage. On établira les premiers canaux dans les directions où leurs eaux pourront recevoir une autre utilisation importante, et à ce point de vue, j'appelle l'attention sur un canal du Bambouk et sur un canal politique.

Le *canal du Bambouk* fournirait l'eau pour l'irrigation de cette contrée et pour le lavage des terres aurifères : cette dernière opération ne peut être fructueuse qu'avec le secours d'une eau canalisée. On aurait à opter entre deux origines de ce conduit ; il pourrait être un simple canal latéral sur la rive droite de la Falémé ou conduire dans la Falémé les eaux du Haut-Sénégal prises au-dessus d'une cataracte.

Le *canal politique* suivrait la ligne de ce nom. Sorti d'un des bassins supérieurs à un des barrages naturels de la Falémé, conduit par la ligne de faîte intersénégambienne, il déboucherait dans la rade de

Gorée. Ce canal pourrait recevoir des branches de renforcement du Sénégal et de la Gambie, et émettre des déversoirs dans ces deux fleuves.

Les avantages du canal politique sont considérables et multiples : en permettant d'arroser les terres après les pluies, ce canal prolongera suffisamment la saison agricole ; il rendra régulière la culture de tous les terrains du Bas-Sénégal, en inondant toutes les années les *exceptionnellement inondés*, et par ce fait il donnera au Valo une valeur agricole qui lui manque ; ce canal arrivant dans le Cayor, suppléera à l'insuffisance des pluies et permettra les cultures à trop longue échéance pour pouvoir être essayées aujourd'hui, il déplacera l'influence politique sur le Cayor, en faveur du maître de la prise d'eau dans le Bondou ; enfin, pendant les pluies, le canal charriant des matières terreuses servira à assainir le pays par le colmatage des plaines basses, et ses eaux rendront possible la culture du riz pendant plusieurs mois et sur tous les terrains.

En outre, le canal politique fournira de l'eau douce en abondance aux villes de Gorée et de Saint-Louis ; il permettra de faire sur la grand'terre de Gorée, les travaux de port les plus avancés.

Les mêmes motifs d'utilité et d'économie, qui engagent à commencer le perfectionnement de la route sur la ligne politique par son extrémité maritime, font une obligation de prendre l'intérieur pour point de départ des travaux du canal. On a vu qu'un chemin de fer n'aurait de raison d'être immédiate, que sur l'extrémité maritime de la ligne, là où le transit sera plus considérable ; les fermes de l'intérieur plus voisines de la prise d'eau pourront profiter plus tôt des avantages du canal ; l'arrosage leur vaudra, par une plus grande abondance de produits, une compensation à la moins-value de leurs récoltes trop éloignées des centres commerciaux.

En Europe, l'organisation économique est telle, que la plupart des grands travaux qui y sont exécutés, lignes de chemins de fer, canaux, ports, etc., ne prennent une valeur réelle que par leur achèvement et souvent par leur influence réciproque. Sur la ligne politique du Sénégal, en commençant l'exécution du canal et du chemin de fer par les extrémités où chacun d'eux sera le plus utile, on pourra éviter l'inconvénient, — obstacle insurmontable dans un pays non organisé — d'avoir à mettre en avant tout le capital nécessaire à l'achèvement des travaux.

Sans doute, le coup de pioche qui fera couler l'eau de la Falémé dans la rade de Gorée donnera au canal un excédant de valeur considérable ; mais il sera prudent de n'ajouter jamais un nouveau tronçon au chemin de fer et au canal, sans la certitude que ce travail créera un revenu largement rémunérateur du surcroît de dépense : sauf les frais de la prise d'eau qui forment une avance à répartir plus tard sur toute la ligne, les frais du canal, proportionnels à sa section et à son parcours, seront couverts par la plus-value des terres arrosées.

On ne saurait prévoir toutes les difficultés qu'on peut rencontrer dans l'exécution d'un canal dont le parcours n'a jamais été étudié, ni même seulement exploré ; mais il est permis de s'enquérir des données techniques générales. La longueur du canal, la différence d'altitude entre la prise d'eau et l'embouchure, etc., ne seront connues exactement qu'après une étude sérieuse de la contrée ; cependant on pourrait déduire approximativement ces notions de la configuration du terrain, de la vitesse du courant du fleuve et de la longueur de son parcours. Je préfère fixer l'attention du lecteur sur des exigences économiques avec lesquelles il faudra compter.

Le canal se ressentira de la variabilité du régime des eaux dans les rivières qui doivent l'alimenter : l'eau, surabondante pendant la saison des pluies, ira en diminuant dès le mois de novembre et cessera de couler les deux ou trois mois qui précèdent la reprise de la crue. Ce chômage correspondant à l'époque où la végétation est suspendue au Sénégal, n'affaiblira en rien l'influence du canal sur l'agriculture ; sa fonction d'alimenter les fermes d'eau pour leurs besoins économiques, serait suppléée par des réservoirs remplis en prévision de ce temps d'arrêt. L'eau ne serait employée comme force motrice que pendant la saison humide. Dans l'intérêt de la conservation du poisson, on ferait communiquer les canaux avec plusieurs bassins vastes et profonds qui n'assècheraient jamais.

Si le canal doit être utilisé pour le transport, la nécessité d'économiser l'eau pendant la saison sèche fera préférer, pour les changements brusques de niveau, le plan incliné à l'écluse. La première de ces dispositions offre tous les avantages d'une construction économique, elle n'exige pas de dépense d'eau, et elle peut s'appliquer à toutes les différences de niveau ; enfin les marchandises qui remonteront le plan incliné seront toujours entraînées sans force additionnelle, par l'excès du poids descendant des produits exportables.

Il pourra être utile dans les commencements, de ne faire qu'un établissement provisoire de prise d'eau et de ne pas donner d'emblée au canal une section en rapport avec son développement définitif ; mais on disposerait les travaux de la prise provisoire et du canal réduit, de façon à rendre faciles plus tard les constructions et l'élargissement prévus.

Les études sur les lignes et leurs travaux seraient faites aux frais de l'Etat, avec l'aide du matériel de la ferme en bêtes de somme, chars, outres, etc. On pourra sans perte de temps consacrer à ces études préparatoires, la saison sèche des trois années qu'il faut à la ferme d'essai pour être constituée définitivement. Sur le plan détaillé, fruit de cette étude, on adopterait le tracé de la route et du canal et l'emplacement des fermes de ligne ; à cause de la grande irrégularité de la réfraction pendant la saison sèche au Sénégal, il pourra être utile de faire une vérification du nivellement dans la saison des pluies.

Tout étant préparé pour l'exécution, ce sera le moment de faire appel aux capitaux privés ; mais sans trop compter sur les capitaux métropolitains. Nos colonies et leurs ressources sont peu connues en France, si ce n'est dans les ports de commerce où cette notion est tenue en réserve par le petit nombre d'armateurs spéciaux d'une colonie.

On serait peu fondé à espérer pour les fermes sénégalaises la faveur dont jouissent en France certains placements plus coloniaux de nom que de fait. Les actions des banques spéciales à chaque colonie sont recherchées, parce que tout en donnant un dividende élevé provenant d'opérations de banque faites dans les colonies, ces entreprises laissent en France le capital souscrit, le numéraire qui sert de gage à ces opérations : le gage des fermes sénégalaises consistant en matériel d'exploitation et en travaux, serait toujours sénégalais.

Pour la réussite du moyen colonisateur que je propose, je ne compte donc pas absolument sur le concours des capitaux métropolitains. Quand la démonstration économique de cet agent colonisateur sera donnée par la ferme d'essai, l'apport de capitaux étrangers permettrait de réaliser l'extension du système en moins de dix ans ; mais les ressources sénégalaises pourront suffire à transformer la colonie, avec l'aide du temps et des avances en travail faites par les indigènes, et par un moyen de battre monnaie que j'indiquerai plus loin.

DERNIERS PROPOS.

Dans le choix des notions sur le Sénégal que j'ai présentées dans la première partie de ce livre, j'ai écarté celles d'un intérêt purement pittoresque. Il suffit de passer en voyageur au milieu des populations pour connaître leurs coutumes, leurs costumes et le cérémonial par lequel elles relèvent les actes de la vie civile ou politique, la naissance, le mariage, la mort, l'élévation des chefs, etc. ; un contact plus prolongé avec les peuples indépendants du Sénégal m'a permis d'exposer de leurs mœurs, surtout les particularités intimes et utilisables.

On pourrait me reprocher que, médecin et reconnaissant les maladies du personnel et des animaux comme le seul obstacle vrai à la réussite d'une exploitation agricole du Sénégal, j'aie évité de parler, dans la seconde partie de cet ouvrage, de ces maladies et des moyens de les combattre. Mon silence sur ce sujet pourrait être interprété comme une adhésion, aux doctrines et aux pratiques médicales qui ont cours dans et sur le Sénégal.

Au point de vue médical aussi, j'ai vu le Sénégal à l'envers : j'ai eu la chance, heureuse pour un observateur, d'avoir pu étudier sous tous les aspects les grandes maladies de cette contrée : par dedans et par dehors, objectivement et subjectivement, comme malade et comme médecin.

Je ne me suis fait aucun scrupule de traiter, confondues et à la légère, des notions générales ou concernant des spécialités étrangères à ma profession ; mais il me convient de n'exposer mes idées professionnelles, qu'avec des développements et sur un ton qui paraîtraient dogmatiques à cette place, et je me bornerai ici à des réflexions qui n'auront rien de médical ; peut-être l'intention.

Si j'ai réellement signalé un moyen d'augmenter la production du Sénégal, si j'ai fourni quelques indications utiles à la réussite des fermes et des moyens de communication, je goûterai la satisfaction d'avoir rendu à notre colonie Ouest-Africaine, surtout au point de vue médical, le service le plus grand.

Je crois inutile de démontrer l'influence qu'exerceront sur la santé de tous : la généralisation des logements salubres ; dans la nourriture, l'abondance et la variété que des fermes bien conduites procureront au personnel et aux animaux de travail; enfin l'assainissement de la contrée par les travaux d'aménagement des eaux, de nivellement de terrain, nécessités par certaines cultures.

Il me suffira de signaler : l'avantage pour les européens malades d'un déplacement, vers des climats plus tempérés par la ligne de santé ou vers la patrie par la ligne politique ; l'influence hygiénique de la seule possibilité de ce déplacement.

Jamais je ne pourrai assez insister sur la valeur atténuante du climat du Sénégal des conditions morales suivantes : des relations avec les voisins, justes, basées sur la réciprocité des intérêts ; entre les travailleurs une équitable répartition des charges et des bénéfices ; la satisfaction, si rarement goûtée par les européens à la côte occidentale d'Afrique, de coopérer à une entreprise féconde en résultats sensibles,

Quelque grande que soit la valeur des remèdes, il est certain que leur action est souvent aidée et quelquefois primée par les influences hygiéniques ; le plus héroïque de tous les médicaments, le quinquina lui-même, le cède en efficacité à l'emploi au terrassement des outils les plus vulgaires, la pelle, la pioche, etc. La quinine guérit bien de la fièvre intermittente, même avec l'aide du déplacement elle ne met pas toujours l'individu à l'abri de la récidive ; en traitant les localités par des travaux appropriés, on guérit la population, en masse, sur place et pour toujours.

Les premiers, les médecins de marine seront appelés à donner des soins au personnel des fermes ; ils rendront un grand service à ces établissements et à la science médicale, en s'attachant à bien discerner par une observation judicieuse ce qui est réellement utile, dans les médications usitées et dans les précautions auxquelles on a l'habitude d'astreindre les malades.

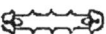

Dans nos colonies le progrès trouve souvent des obstacles dans l'obsession des agents colonisateurs, par des idées trop métropolitaines. Cet embarras peut se rencontrer sur tous les degrés de toutes les branches administratives : auprès du gouverneur, chez le magistrat, chez l'administrateur, chez le militaire, chez le conducteur de travaux, chez le médecin ; presque tous nous croyons servir la cause de la civilisation, en appliquant au Sénégal les idées françaises, législatives, administratives, médicales, etc. ! Je vais essayer de rendre ma pensée plus claire en la particularisant.

Le code du désert, qui régit les Maures du Sénégal, reconnaît la tribu comme unité responsable et chez ces peuples un créancier reste dans la légalité, en retenant comme gage un homme quelconque de la tribu de son débiteur. Sur plusieurs points de la côte occidentale d'Afrique, les intérêts du commerce ont fait admettre et l'usage a sanctionné une solidarité semblable entre les habitants d'un même village : on cause un grand préjudice à nos commerçants français lorsqu'on les prive du bénéfice de cette solidarité.

Les français qui font le commerce à la côte d'Afrique n'ont, en général, pas la prétention de réclamer l'influence des forces navales de la station, pour le recouvrement de leurs avances aux indigènes ; d'un autre côté, le droit strict impose aux dépositaires de l'autorité dans ces pays lointains, commandants de station, consuls, etc., la plus grande circonspection, lorsqu'ils sont mis en demeure de caractériser les moyens employés par nos commerçants pour recouvrer leurs créances.

De loin, on est séduit par l'aspect chevaleresque d'une protection accordée par les forces de la civilisation au sauvage contre le civilisé ; vue de plus près cette action nous paraît injuste par son impuissance à atteindre *tout* le commerce civilisé.

Un capitaine de navire, anglais ou américain, pourra, pratique acceptée légale, dans le pays, recouvrer une créance en retenant une pirogue, un captif de son débiteur ou du village de son débiteur, et un capitaine français serait empêché de recourir à ce moyen par une autorité que son obstination en un type de légalité rendra injuste et partiale ? — « Mais aussi pourquoi le capitaine de navire français fait-il des avances ? — Parce que le commerçant fait le commerce. »

Les dépositaires de l'autorité se trouvent quelquefois dans l'obligation de faire observer des lois ou des règlements dont les premiers ils déplorent l'inopportunité.

Les villages contigus à nos postes militaires sont habités par des indigènes soumis à la loi française et à ce titre empêchés de faire acte de commerce sur les personnes; mais les chefs et les habitants des villages voisins ont la faculté de posséder des captifs et d'en louer le travail aux indigènes français. Cet état de choses, contraire aux intérêts français et au bien-être des captifs, compromet évidemment la cause — pour laquelle il a été établi — de l'abolition de la captivité. Si, moyennant des garanties contre l'abus, les indigènes français pouvaient racheter des hommes libérables par un remboursement en argent ou par un temps de travail, le nombre des achats de captifs par les chefs voisins diminuerait progressivement, sous les deux influences suivantes : élévation des prix d'achat par la concurrence du rachat et diminution de la valeur réelle des captifs, par l'impossibilité de louer leur travail aux indigènes français.

Il y a six ans, je demandais à un fabricant d'huile d'arachides à Saint-Louis : — « Pourquoi ne soumissionnez-vous pas pour l'huile lampante dont l'administration de la colonie a besoin ? — J'en suis empêché par la lettre du cahier des charges qui porte huile de colza épurée. »

Les personnes qui ont toujours vécu dans les contrées populeuses où une police organisée est nécessaire, s'imaginent que dans les pays à population disséminée privés de cette institution, la vie et la propriété des individus sont à la merci du premier audacieux venu ; dans ces dernières conditions, on supplée à l'action de la police par des droits individuels plus étendus, par une plus grande solidarité et par une législation spéciale.

Au Sénégal, il est difficile à un voleur, même appartenant à un groupe nomade, de passer inaperçu ; dans cette contrée où on voyage beaucoup, la faculté de répétition contre le groupe donne toujours le moyen d'obtenir restitution, à une entreprise bien posée dans le pays.

Au Mexique, les éleveurs et les cultivateurs mettent à l'abri du vol leurs bestiaux et leurs animaux de travail, en donnant une immobilité légale à cette partie fondamentale de leurs richesses et la plus facile à déplacer : un propriétaire éleveur ou fermier a toujours le droit de retenir au passage un cavalier inconnu dans le pays, dépourvu d'un titre en règle de la propriété de sa monture.

Rien de plus difficile que d'apprécier avec justesse la valeur relative des éléments d'activité d'un pays; cette difficulté augmente pour les colonies et devient plus grande pour une colonie qui n'a pas encore trouvé sa voie. Au Sénégal, deux intérêts se trouvent plus spécialement en antagonisme : l'intérêt des activités organisées ou des grandes maisons et celui des petits exploitants, activités individuelles et locales.

Les grandes maisons sont pour la presque totalité dans les affaires du Sénégal, et il est difficile à un administrateur de se défendre contre l'influence des noms affectés des chiffres les plus forts, dans le mouvement commercial de la colonie. Quelques rares, — je ne serais pas étonné de me trouver seul, — voient l'avenir définitif de la colonie du Sénégal dans l'activité des petits. Il serait injuste et peu sage de sacrifier le positif actuel résumé dans les affaires des grandes maisons, à l'éventuel incertain que j'espère d'un plus grand essor des activités individuelles.

Je crois que les grandes maisons du Sénégal ont sur les destinées de cette colonie une influence exagérée, non parce qu'elles sont grandes, mais parce qu'elles ont des intérêts complexes, dont les plus importants sont contraires à ceux du Sénégal. Commerçant dans la colonie, ces maisons sont coloniales ; en tant qu'armateurs, elles sont métropolitaines : grâce à ce double titre, elles pressent sur les conseils coloniaux de toute leur importance métropolitaine et leurs désirs passent facilement dans les chambres de commerce pour l'expression d'un vœu colonial.

On ne doit pas s'attendre à trouver les grandes maisons indistinctement favorables à toute modification capable d'augmenter, avec le commerce de la colonie, une de leurs deux sources de bénéfices. Le commerce français en général gagnera à toute mesure, qui aura pour résultat de développer et de régulariser la production et le mouvement intérieur de la richesse dans le Sénégal ; mais l'intérêt des grandes maisons exige le maintien des difficultés politiques et commerciales au milieu desquelles elles se sont fait une position inaccessible à la concurrence : la plus grande force défensive d'une armée consiste dans les difficultés du terrain qu'elle occupe.

Pour démontrer que l'intérêt des grandes maisons, considérées comme armateurs, est menacé par l'adoption des mesures propres à donner essor à la production intérieure de la colonie, il me suffit d'énoncer les vœux vraiment coloniaux du Sénégal.

1° On pense que l'activité de la colonie gagnerait à ce que le fleuve fut accessible à tous les pavillons.

2° On peut se demander s'il est d'une économie bien entendue de recevoir du dehors les marchandises qui servent aux échanges dans la colonie, lorsqu'on peut les tirer du travail et de la production indigènes. Pourquoi les fermes que je propose ne cultiveraient-elles pas le tabac au lieu d'acheter celui qui vient d'Amérique ? Pourquoi recevoir de l'Inde par la

France des guinées dont les matières premières, le coton et l'indigo, sont des produits spontanés du terrain sénégambien ?

La Fabrique française ne peut lutter avec l'Angleterre pour la fabrication des tissus communs, romals shiloës, etc., qui servent à la majorité des échanges dans le commerce de la côte d'Afrique : croit-on qu'il en serait de même si la Fabrique française, se faisant représenter au Sénégal, venait utiliser sur place les matières premières de la colonie ? — « Mais, *se récrie-t-on de tous côtés*, un pareil avenir est la ruine de la marine marchande. » Je réponds : on a laissé établir les chemins de fer qui devaient anéantir le cabotage ; les armateurs économisent les capitaines et les matelots en faisant construire des navires plus grands et personne ne leur conteste ce droit ; on attend avec impatience la fin des travaux du percement de l'Isthme de Suez qui doit porter une atteinte profonde à la navigation à voiles et raccourcir les traversées d'au-delà des caps : on ne songe à défendre la navigation marchande que contre le danger du développement des colonies. La raison d'être de la marine à voiles diminue tandis que l'avenir intérieur des colonies ne peut que grandir : un peu de protection est souvent utile à ce qui croît, trop de protection nuit quelquefois à ce qui faiblit.

Sans intention hostile contre les grandes maisons du Sénégal, j'ai insisté à faire ressortir que, parmi leurs intérêts complexes, l'intérêt dominant, celui d'armateurs, est menacé par l'avenir producteur de la colonie. Je ne fais pas un reproche à ces maisons de défendre cet intérêt, elles sont dans leur droit de particuliers ; mais l'opinion publique et l'administration coloniale se tromperaient si, éblouies par le chiffre d'affaires coloniales de ces maisons, elles donnaient à leurs vœux une portée coloniale.

Maintenant je me sens libre d'exprimer toute mon estime et mon admiration pour les agents du commerce du Sénégal. Quelque loin que portent nos explorations, nous les trouvons à nos côtés, affrontant les mêmes périls, supportant les mêmes privations ; chefs et inférieurs briguent, comme dans l'armée, les postes les plus avancés. L'amour du lucre seul ne saurait leur communiquer un pareil entrain, une telle gaîté ; les agents du commerce, comme les agents des services publics, sont captivés par cet avenir mystérieux du Sénégal que nous avons tous pressenti par un séjour dans ce pays: tous ceux qui ont habité cette colonie ne peuvent se défendre d'être Sénégalais, et dans les grandes maisons de commerce, on a souvent de la peine à décider un des associés à tenir la résidence de France.

Les chefs de la plupart des grandes maisons de la colonie disent déjà que le fleuve du Sénégal ne peut pas rester toujours fermé au commerce étranger ; ils reconnaissent qu'ils n'ont réussi à prendre le premier rang dans le commerce sénégalais, que par suite de l'entêtement de leurs devanciers de l'*âge de la gomme* à soutenir un régime ultrà-exceptionnel. Ces chefs habiles et intelligents défendront leurs intérêts d'armateurs tant qu'ils pourront ; mais, dès que se renversant, le courant de l'opinion de métropolitain deviendra français et colonial, nous les verrons aider au mouvement, profiter de leurs avantages de premiers occupants pour garder la tête de la position. Je suis persuadé que la plupart des premiers de l'*âge du commerce des arachides* sauront rester les premiers dans l'*âge* futur *de la production*.

Les partisans du maintien des réserves métropolitaines invoquent, outre les intérêts de la navigation du commerce dont j'ai déjà parlé, ceux du Trésor et de la fabrique française. On ne peut s'empêcher de reconnaître qu'en donnant au Sénégal toute liberté de produire on s'expose à voir dans la colonie baisser le mouvement commercial extérieur, et en même temps diminuer la recette sur les droits d'entrée et de sortie ; mais le déficit serait avantageusement comblé par une augmentation dans la recette des droits sur le commerce intérieur.

L'industrie française des tissus ne saurait être menacée par le travail des indigènes sénégalais; ceux-ci pourront produire économiquement ces étoffes communes, guinées, romals, de la valeur desquelles la quantité de matière première est la principale composante ; or, pour ce genre de tissus, notre fabrique métropolitaine ne peut lutter actuellement ni contre l'Inde ni contre l'Angleterre. La fabrique de Rouen ne place avec succès à la côte occidentale d'Afrique et au Sénégal que des tissus plus soignés, dans la valeur desquels la main-d'œuvre réclame une plus grande part. Jamais pour ces tissus la fabrication indigène ne pourra nuire à l'industrie française, parce que jamais les besoins des Noirs du Sénégal ne seront assez impérieux, pour les astreindre au travail soutenu qu'imposent à leurs ouvriers les industries métropolitaines. Le Sénégal producteur, le Sénégal fabricant ne peut faire concurrence qu'à la fabrique anglaise, et Gorée est une position unique appelée à devenir le centre producteur et manufacturier de la consommation africaine.

Je ne puis me soustraire à l'obligation de parler de la Banque du Sénégal ; cette institution me paraît plus en faveur dans l'opinion en France, que dans la colonie. Ses services sont restreints par la manière dont se fait le commerce en Afrique, directement par échanges, sans valeur intermédiaire. Il y aurait place, au Sénégal modifié par les fermes, pour une institution de crédit d'une grande utilité.

Le travail français et le commerce ne peuvent s'étendre en se ramifiant dans l'intérieur du Sénégal que par l'action des petits industriels, offrant de faibles garanties pécuniaires, opérant avec les marchandises avancées par les grandes maisons de la colonie. Les fermes se trouvent dans les conditions les plus favorables pour servir d'intermédiaire à ces deux intérêts ; les Directeurs courraient un faible risque, couvert d'ailleurs par une prime, en ne livrant à l'opérateur les marchandises du négociant que par petites fractions et au fur et à mesure des livraisons de produits ; le commerçant en gros pourra transmettre le titre, que lui fournira la ferme, indiquant la nature et la quantité des produits à son compte, emmagasinés ou acheminés.

L'esprit du lecteur versé dans cette spécialité est libre de développer cette idée des fermes sénégalaises considérées comme institution de crédit, j'insisterai sur un seul point : les fermes ne pourront être d'utiles intermédiaires qu'à la condition de s'abstenir de tout trafic à leur compte. Une importante maison de commerce de Rouen avait formé un grand établissement à la côte occidentale d'Afrique ; cette maison d'armement avait eu l'heureuse pensée de se renfermer dans sa spécialité et de ne rechercher les produits, chargements de ses navires, que par des avances de marchandises faites aux petits traitants. L'opération était des plus fructueuses, lorsque dans un de ces accès de misanthropie auxquels il était sujet, l'agent principal de cette maison au Sénégal, se prit à être jaloux des petits commerçants ses clients; il persuada à ses patrons d'établir des succursales de détail pour cumuler tous les bénéfices : c'est ainsi que tuant la poule aux œufs d'or il a éloigné sa maison des affaires de la Colonie.

Pour montrer l'aptitude des indigènes du Sénégal à contracter sur la base sérieuse des intérêts, j'emprunte le récit d'un voyageur peu suspect de partialité ; je transcris ici d'un ouvrage de M. A. Raffenel, *Voyage dans l'Afrique occidentale*, le passage relatif à la cession de Sénou-Débou par l'almami Saada :

« Un petit incident nous a fort amusés pendant
» l'entretien ; outre son ministre, son tamsir et ses
» captifs de confiance, l'almamy avait aujourd'hui
» près de lui un vieillard à physionomie intelligente,
» qui s'écria tout-à-coup, en interrompant l'énumé-
» ration que nous faisions des avantages qui résulte-
» raient d'une mutuelle alliance : Les blancs nous
» détestent autant que nous les détestons ; mais nous
» aimons leurs marchandises, et ils aiment les pro-
» duits de notre pays. Voilà ce qu'il faut dire ; le
» reste n'est que mensonges.

» Cette exclamation, faite d'un air de bonhomie,
» provoqua une explosion de rire général. Nous
» crûmes cependant devoir protester contre les ter-

» mes exagérés du vieillard, et l'almamy, se joignant
» à nous, fit preuve de courtoisie et de savoir-vivre:
» on peut, dit-il, aimer à la fois et les marchandises
» et ceux qui les apportent, et je suis moi de cette
» opinion. Les assistants firent un signe d'affirma-
» tion ; mais le vieillard ne parut pas convaincu et
» se leva en secouant la tête.

» Le traité que nous venons de passer avec l'al-
» mamy, et qui ne sera exécutoire que lorsque le
» gouverneur du Sénégal y aura donné sa sanction,
» contient les clauses que j'ai déjà fait connaître.
» La troisième n'a été glissée dans ce traité que pour
» la forme, et l'almamy nous a formellement dit que
» c'était une véritable illusion de lui croire le pouvoir
» de forcer des étrangers à prendre une direction
» contraire à leur fantaisie. Quand ils ont acquitté,
» nous a-t-il dit, le droit qu'ils me doivent pour
» traverser mon pays, je ne puis aucunement les
» contraindre à changer leur route. »

Ce récit prouve que les Noirs sont mûrs pour les stipulations sérieuses; lorsqu'ils se voient par nous traités en enfants, ils supposent que nous le sommes et ils cherchent à se mettre à notre niveau. En tenant à une clause inacceptable, nos négociateurs ont donné au peuple d'almani Saada une idée bien défavorable de leur capacité diplomatique.

Par le *glissement*, dans un traité utile, d'une clause *pour la forme* qui espérait-on éblouir ou tromper?

Les Noirs en signalaient l'inanité ; c'étaient donc les Blancs, l'opinion publique ? Voilà le résultat des finesses d'une diplomatie usée !

Les fermes traiteront les Noirs en hommes et une estime et une confiance réciproques s'établiront au grand avantage de l'entreprise, et à la plus grande considération des indigènes pour la colonie et pour la France.

J'ai bien indiqué dans les fermes sénégalaises un moyen colonisateur du Sénégal ; mais où trouvera-t-on, pour les mettre à la tête de ces établissements, des hommes jeunes et d'une santé suffisante, ayant dans le commandement une autorité tempérée par la douceur, agriculteurs capables et connaissant le Sénégal ?

Je crois que les fermes sénégalaises ont, dans leur nécessité d'être et dans les ressources du pays, des conditions de réussite qui dispenseront leurs directeurs de réunir des qualités exceptionnelles. La nécessité de faire, donnera au directeur l'autorité ; l'obligation de faire avec des hommes, lui donnera la douceur. Quant à la connaissance du pays, il attendra les effets de l'influence du milieu dans lequel il vivra. Je ne désirerais pas dans un directeur de fermes sénégalaises des connaissances agricoles trop précises ; il aura à consulter les anciens du pays sur les époques des travaux et des diverses cultures ; il lui suffira de connaître l'emploi des instruments perfectionnés, et d'avoir en agriculture des notions générales assez peu arrêtées pour que l'expérience puisse les modifier sans trop de peine.

A cause même de ma confiance dans la valeur colonisatrice des fermes sénégalaises, je craindrais de les voir essayer avant que leur utilité soit bien reconnue en théorie par l'opinion publique et spécialement par les personnes qui s'intéressent aux colonies en général et au Sénégal en particulier ; je tremblerais plus encore de les voir entreprendre, sans l'intention bien arrêtée de leur laisser tous les moyens d'action, en les dégageant des entraves du régime colonial.

Tant que le gouvernement se trouvera retenu par l'importance des intérêts qui reposent sur le maintien des réserves métropolitaines, il sera réduit à chercher la prospérité du Sénégal dans un cercle de moyens tous inefficacement pris et repris depuis des siècles. On cherchera une amélioration : tantôt, dans la recommandation d'un produit particulier, l'indigo, le coton ; tantôt, en donnant plus de faveur à un point particulier de la colonie, le Valo, le Cayor, le Haut-Sénégal, Gorée, la Cazamance, le Rio-Nunez, etc.; le plus souvent on fondera de grandes espérances sur un changement de personnes ou de spécialité au gouvernement de la colonie.

Qu'importe au Sénégal que son gouverneur soit militaire, marin ou civil? Les tendances vers une administration plus ou moins civile me paraissent devoir influer moins qu'on ne le dit sur la prospérité du Sénégal. Il y a si peu d'éléments civils dans cette colonie non agricole et le commerce m'y paraît suffisamment protégé contre l'incivilisme d'un gouverneur, par l'attention du gouvernement à l'expression des vœux des chambres de commerce.

On reproche à tort leurs expéditions aux gouverneurs militaires du Sénégal. Peut-on citer une seule guerre entreprise dans cette colonie d'après les seuls désirs d'un gouverneur, sans qu'elle ait été réclamée par des intérêts commerciaux? Je sais que le commerce bientôt las des expéditions qu'il a conseillées, voudrait les voir finies aussitôt que commencées; il pense moins aux dégâts que faisait le lièvre dans son jardin et plus aux inconvénients de la chasse.

L'instabilité de notre politique au Sénégal est moins due à notre susceptibilité militaire qu'aux exigences de notre position commerciale. On ne pourra pas reprocher une humeur batailleuse à la Belgique, ce petit royaume que maintiennent dans un juste tempérament, sa nouveauté, sa mignonne étendue, la sagesse de son souverain et l'activité laborieuse de ses habitants; un établissement belge à la côte d'Afrique a dû se retirer après un début heureux : résultat forcé d'une extension trop grande donnée à une entreprise exclusivement commerciale !

Le commerce du Sénégal aurait subi une grande déchéance par la dépréciation de la gomme, si le trafic des arachides n'avait apporté à sa prospérité plus qu'une compensation. Les besoins de l'industrie européenne sont toujours variables; l'arachide n'est pas à l'abri d'une dépréciation; ce produit est actuellement menacé dans ses deux principales utilisations, pour l'éclairage par le pétrole, dans la savonnerie par les suifs d'Amérique. Les armateurs pour le Sénégal ont-ils envisagé le péril dont cette révolution industrielle menace leurs intérêts? Les administrateurs ne pourraient-ils pas avoir à se reprocher, en persévérant dans un régime protecteur, de perdre la colonie sans sauver les intérêts qu'ils veulent sauvegarder ?

Mais les fermes résisteraient-elles à la dépréciation du produit dont j'ai fait le palladium de l'avenir du Sénégal ? Je crois que la ligne politique étant terminée, les fermes débarrassées des entraves du régime colonial, et libres de varier leur production et de lui donner sa dernière valeur, seront en mesure de disputer à quelque pays producteur que ce soit les marchés des centres industriels d'Europe et qu'à la côte d'Afrique, leur industrie n'aurait à redouter aucune concurrence.

Mais je craindrais que, pour établir des fermes sénégalaises après une forte dépréciation de l'arachide, il ne fallût : disposer d'un capital quadruple de celui que j'ai indiqué, trouver des directeurs exceptionnellement habiles, et être aidé encore par des circonstances inespérément favorables !

FIN.

TABLE DES MATIÈRES.

Généralités sur les colonies 1
Préambule 13

ÉTUDE DU SÉNÉGAL.

LES ÉTATS INDÉPENDANTS.

Les choses 23
Les hommes 62
Le travail 127

SÉNÉGAL MODIFIÉ.

Agents civilisateurs. — Données colonisatrices 227

MOYEN COLONISATEUR.

Prémisses 349
Fermes 353
Eaux et chemins 388
Derniers propos 405

FIN DE LA TABLE.

7061 Toulon, imp. d'E. Aurel.

www.ingramcontent.com/pod-product-compliance
Lightning Source LLC
Chambersburg PA
CBHW050905230426
43666CB00010B/2034